《根与魂》编委会

三明市艺术馆 编

根与魂

——三明非物质文化遗产

洪明升 主编

海峡出版发行集团 | 海峡文艺出版社

说　明

　　一、本书为介绍福建省三明市非物质文化遗产情况的专题著作，编者努力运用历史唯物主义的立场、观点及方法，据实记述三明非遗各项目的源流、特征、结构、价值和影响，力求为三明非遗的挖掘、保护、传承与开发提供较为可靠的资料。

　　二、本书载入的内容截至2018年12月31日。

　　三、本书内文所涉及地名一律采用今名。

　　四、本书用图大多为各文化馆长（编委）和馆内人员所摄，少量为社会人士所摄，由于涉及面太广，不再一一署名，特此声明并致谢。

序

　　三明是一个望得见山、看得见水、记得住乡愁的美丽山城。悠悠历史长河给这片古老而充满活力的土地，留下了丰厚的文化遗产，其中的非物质文化遗产便瑰丽多姿，异彩纷呈。在2010年出版《守望与传承——三明市非物质文化遗产名录》的基础上，再次编辑出版《根与魂——三明非物质文化遗产》，就为集中展现这份美丽与独特。

　　近几年来，在市委市政府的高度重视和支持下，在全市各级各部门的共同努力下，各级宣传文化部门认真贯彻落实《中华人民共和国非物质文化遗产法》《公共文化服务保障法》《关于实施中华优秀传统文化传承发展工程的意见》，全市非物质文化遗产得以有力传承和保护。一方面，大力开展非物质文化遗产普查工作，全市共收集非物质文化遗产线索18931条，调查项目4534个，截至目前，有国家级非物质文化遗产项目5个、省级非物质文化遗产项目39个、市级非物质文化遗产项目146个，有国家级非物质文化遗产传承人4人、省级非物质文化遗产传承人29人、市级非物质文化遗产传承人52人，体现了广泛性、多样性、特色性。另一方面，广泛开展非物质文化遗产宣传普及活动，通过举办培训班、进社区进校园展示、开展"一月一轮展"等活动，让更多的人知道和了解非物质文化遗产，并加入了保护非物质文化遗产的队伍中来。

　　党的十九大报告提出，要"加强文物保护利用和文化遗产保护传承"。非物质文化遗产是民族精神情感的重要载体，是人类社会得以延续的文化命脉。保护传承非物质文化遗产，是一项全民性、长期性的重要工作。我们要深入学习贯彻习近平新时代中国特色社会主义思想和党的十九大精神，坚定文化自信，加大工作力度，采取有效措施，把更多的非物质文化遗产项目保护下来，重视和加强非物质文化遗产传承人的生存和传艺环境建设，为传承和弘扬优秀传统文化做出更多贡献。

三明市文化和旅游局党组书记　陈丽珍

2019年9月

三明市非物质文化遗产名录

目录

传统戏剧

曲艺

传统体育、游艺与杂技

传统技艺

目录

传统医药

民俗

三明市非物质文化遗产代表性传承人

目录

三明市非物质文化遗产名录

民 间 文 学

　　民间文学是人民群众口头创作，并在广泛流传中集体加工的文学，是人民群众思想意识和情感意志的反映。

　　健康向上的民间文学，对道德教化、世俗风气的形成有深远的意义。将乐的民间故事"李寄斩蛇"，起源于东晋，距今已1600余年，仍是多个艺术领域取之不尽的创作题材，频频出现在大众视野中。"程门立雪"典故更是被誉为尊师重教的千古典范，影响着后世的治学、求学者，陶冶人们的道德品质和情操。元代郭居敬编著的《二十四孝》，其核心理念，在几百年间贯穿于中国治国、治家的轨迹之间。这些，都验证了民间文学的持久魅力。

李寄斩蛇传说

李寄斩蛇的传说出自东晋著名文史学家干宝所著的《搜神记》，距今已1600多年。它生动地体现了将乐少女英雄李寄为民除害的精神和机智的品格，反映了人民大众与邪恶、灾害作斗争的愿望，加之故事情节奇崛，人物生动丰满，深受人们喜爱。传说还反映了战国以来不同时期的主要社会思想、信仰与价值观及民族深层心理，有重要的历史价值。故事中丰富的民风、民俗等内容，对了解闽西北的风土人情有重要的参考意义。

将乐人以李寄为荣，在故事流传中发挥大众智慧，取精华，弃糟粕，突出赞颂了李寄不畏凶暴、敢于斗争、善于斗争的大智大勇，同时也暴露了封建制度的弊端，使得人物形象对比更加鲜明。为彰显李寄正义果敢的精神，将乐县在水南江滨公园树立了"李寄斩蛇"雕像，建立了少儿教育基地。将乐文艺界还创作了不少有关李寄的作品，其中南词曲艺剧本《李寄斩蛇》获得福建省首届"丹桂奖"少儿曲艺大赛儿童组二等奖，并被选送参加全国少儿曲艺大赛，荣获三等奖，使得这个古老的民间故事登上了现代文艺舞台。

如今，李寄斩蛇的故事，常以绘本、戏、曲等形式出现，大大丰富了中国民间文艺的宝库，充分展示了民间文学的魅力。2017年1月，民间文学李寄斩蛇传说入选福建省第五批非物质文化遗产名录。

《四库全书》记载的"李寄斩蛇"

将乐水南公园李寄塑像

将乐南词说唱《李寄斩蛇》参加全国少儿曲艺大赛

程门立雪典故

闽学四贤雕像

成语"程门立雪"出自《宋史·杨时传》："至是，杨时见程颐于洛，时盖年四十矣。一日见颐，颐偶瞑坐，时与游酢侍立不去。颐既觉，则门外雪深一尺矣。"说的是北宋元祐八年（1093）冬，进士杨时与同门学友游酢一道向大儒程颐求教，正遇上程老先生闭目养神，两人不顾天下大雪，恭恭敬敬侍立门外，不言不动。大半天过去了，程颐醒来，惊见杨时、游酢站在门前，此时门外积雪已经一尺多厚，而杨时和游酢并没有一丝疲倦和不耐烦的神情。后人将此事称为"程门立雪"，表示求学者尊敬师长和心诚意坚。其时杨时已是不惑之年，学有所成，其尊师敬贤尚能如此，可谓世人楷模。在程门立雪的精神感召下，大批学者极力倡道东南，从学者千余人，不乏名动天下的学者。由于杨时及其弟子用心倡道，使理学中心逐渐由北至南，至朱熹时步入巅峰。后人尊杨时为"闽学鼻祖"。

程门立雪阐明的正是《礼记·大学》中所言的"致知在格物，物格而后知至"之理，其精神核心就是尊师敬贤、敬畏学术、格物致知，这是杨时留给后世的一份极为珍贵的精神财富。该典故除了被录入《辞海》记载于《宋史·杨时传》外，还载入诸多民间故事选集，历代相传，为延续中华文脉做出了重要贡献。杨时的理学思想不仅在国内广为传播，还流入日本、韩国等国。2011年8月15日，韩国大邱市李甲奎教授带领师生到将乐考察杨时文化时说："我们是特地来寻韩国儒学文化之根的。"并留下了"韩国晚生，吾欲立雪"的感言，充分反映了杨时"程门立雪"精神的影响力。

如今，杨时故里仍存明代所建棂星门石牌坊、清代所建德星坊"德配天地""倡道东南"等石碑和匾额，这些光辉的史迹倍受后世尊崇。三明是新兴工业城，但三明人没有忘却这片钟灵毓秀的土地所孕育出的菁英人杰，从镌刻在沙溪东岸文化长廊中的龟山图文、高耸在百里绿道观景台上的"道南亭"、仙人谷绿树掩映中的"四贤"诗文长廊和新建的台江四贤文化公园，无不彰显着对这位闽中先哲的崇敬。将乐人更是世代景仰这位龙池乡贤，择地建有杨时文化园、杨时公园等，将乐文化界以《程门立雪》为蓝本，创作的歌曲和南词、评书等曲艺作品广为传唱，并被杨氏宗亲播向海外。2018年7月，"程门立雪"典故入选三明市第五批非物质文化遗产名录。

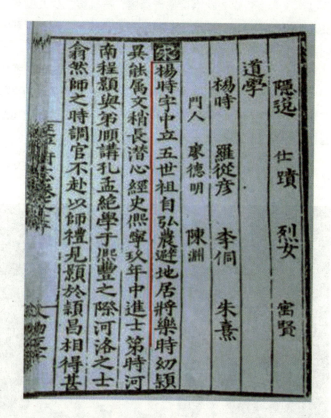

清嘉庆延平府志载"程门立雪"

孝文化渗入尤溪各景点

日本龙谷大学收藏的明嘉靖《二十四孝》版本

三明郭居敬"二十四孝"（尤溪、大田）

华夏数千年历史培育、诞生和发展了孝文化。东汉独尊儒术，"以孝治天下"，朝廷讲求"忠臣必出孝子之门"，延至宋代，程朱理学更是把孝推升到"天理"的高度。元代，尤溪儒生郭居敬编著了图文《二十四孝》，其核心理念贯穿明、清数百年，影响是全国性的。

郭居敬，元代尤溪县小村人（后为广平村，今为大田县广平镇）。笃学儒生，好诗文，事亲至孝，隐居不仕。他选择了虞舜以下二十四位孝子的感人故事并配诗作序，编撰成《全相二十四孝诗选》，后又作描述文人文房文事的《百香诗》，广为世人所知。在"孝"的理念占据十分重要地位的封建社会，《二十四孝》具有较强的现实性；书中所选孝子孝行为各个阶层的人树立了榜样，具有广泛的代表性。因此，《二十四孝》不但成为明清儿童的孝道启蒙教材，在国内广泛流传，还传播到了日本、朝鲜、韩国、新加坡、越南等周边国家。

尤溪、大田两地在挖掘和保护非物质文化遗产工作中，重视对郭居敬孝文化的研究。尤溪县于2008年编辑刊印了《郭居敬与全相二十四孝》和绝版诗词《百香诗》；2012年出版《手绘二十四孝》邮票珍藏册，并积极向邮政总局申报，于2014年成功推动二十四孝故事入选《中华孝道》特种邮票。近年又将"郭居敬与二十四孝故事"融入尤溪"百孝园"、朱子文化广场、紫阳公园等景区文化建设中去，以巨型文化柱、影雕、小景等艺术形式，展现传统孝道文化，让市民和过往游客得到熏陶。大田县于2016年起，组织专业人员对郭居敬的生平及其作品"二十四孝"及"百香诗"的时代价值进行了深入探讨，收集整理了郭居敬为当地盲人谋生编写的"二十四孝"民间说唱孝典《目怜拱》，编印了《二十四孝与百香诗》《郭居敬生平与作品研究》和《郭居敬孝文化》等文集。近年又结合县城整体规划，建设了岩城广场"二十四孝柱"、均溪河滨栈道"二十四孝"浮雕护栏，修建"二十四孝"文化墙；在广平镇建成了居敬书院、郭居敬研究院、二十四孝研究院、百香诗院。同时，举办两届全县"十佳小孝星"评选活动，将孝星孝行故事编印成《孝满岩城》的学校课外读物：开展"孝老爱亲"道德模范评选、郭居敬孝文化宣传周活动。

研究郭居敬孝道文化，坚持古为今用、推陈出新的原则，让孝文化融入人们的日常生活中，营造孝老爱亲、文明和谐的浓厚氛围，促进社会和谐，对于今天的城乡文明建设仍有现实意义。2018年7月，三明郭居敬"二十四孝"（尤溪、大田）入选三明市第五批非物质文化遗产名录。

郭居敬纪念馆

传统音乐

　　客家山歌是中华民族传统音乐的瑰宝。三明宁化沉淀着千余首传世的客家山歌，携带着中原文化基因，彰显着民间歌手的智慧和才艺，跟随客家先人一路南迁，驻脚闽粤赣三角地区，成为客家人聚居地一道靓丽的风景。

　　闽派古琴在中国音乐艺术界具有一席之地。永安闽派古琴的兴起，缘于明季永安籍音乐大家杨表正，其所著《琴谱大全》与"正文对音"理论，对以后闽派古琴的生成有一定贡献。如今，那空灵、脱俗的古琴声常飘荡在燕城上空，带动了永安古琴艺术的发展。

宁化客家山歌

宁化是客家祖地，也是客家山歌县。西晋末年，大批客家先民自中原南渡，迁徙到福建宁化县一带，伴随而来的是丰富多彩的中原文化，其中的诗歌与民谣，与当地原来的语言、语音、习惯相融合，形成客家山歌，相传至今。宁化客家山歌是客家祖祖辈辈在长期的劳动生活中集体创作的民间歌曲，是宁化民间语言艺术的结晶，是客家文化的重要组成部分。

宁化客家山歌的内容以劳作山歌与爱情山歌这两种最为常见。这些山歌内容来源于宁化客家人的生活实践，生动地表现了宁化客家人的感情、愿望、理想和追求，大致有赞美大自然、赞颂英雄人物的，有诉说旧社会劳动人民苦难生活的，有反映妇女争取自由、解放的，有表达青年男女恋爱婚姻的，有揭露腐朽没落的封建礼教的，有劝喻保守优良品德及风土人情、风光景物等。格律多样，大致有七言四句式，五、七言交叉六句式，五、九言交叉三句式等，并且采用大量的衬词，使山歌更加流畅，更加口语

载歌载舞

化，更具地方语言特色。调式完备，宫、商、角、徵、羽均具备。宁化山歌比兴生动，贴近生活，为男女老少喜闻乐见。

宁化客家山歌文采富丽，曲调优美，既保留了北方中原古音的风格，又有南方楚音的格律，听起来高亢抑扬、委婉多情、清新有味，深受客家人的喜爱。传承宁化客家山歌对保留中原传统音乐的韵律，研究客家民间歌曲，传播、发展及创作和繁荣民间风格的音乐作品，开展民族音乐活动等，都有较高的历史、文化价值。2007年8月，宁化客家山歌入选福建省第二批非物质文化遗产名录。

山歌擂台赛

清流长校十番锣鼓

十番锣鼓阵容

清流长校十番锣鼓，明永乐年间（1403—1424）由中原传入。

"十番锣鼓"的"十"指乐器多，"番"指花样翻新。十番锣鼓最初只有铜鼓、哒鼓、大锣、小锣、大钹、小钹，后来增加了碰铃、笛子、二胡、板胡、六角琴、杨琴等众多乐器。演奏人员分为打击乐、丝弦乐两组，乐队依序为笛子引路，丝弦乐居前，打击乐垫后。演奏时，技艺高超的笛子手决定乐队选择何种曲目，他用笛子送出一个音符，众乐手立即同步跟上。打击乐组的第一位是"十番锣鼓"的总指挥，他左手执铜墙铁壁鼓、哒鼓，右手握鼓槌，时而击铜鼓，时而击嗒鼓，时而敲鼓边，时而敲鼓檐，鼓槌有如蜻蜓点水，有板有眼，板眼分明，指挥着乐队演奏。其他演奏者多数由民间鼓乐班中的乐手和道观中的道士组成。史上曾出了不少闻名的演奏师傅，如：清代光绪年间江坊村的曲艺大师江回春，他对琴、笛、鼓手、鼓板无一不精；当代留坑村乐手童生以"一把二胡一台戏"出名，其扬琴独奏曾荣获清流民间曲艺演奏一等奖，他还整理、编写了《民间曲艺集》《十番锣鼓谱》各一集，对长校十番锣鼓的继承与发展起到重要的作用。

十番锣鼓有坐着演奏和行进演奏两种方式，所以叫"摆十番"。常用的锣鼓谱有长流水（走马锣鼓）、起板锣鼓和过门锣鼓三大类，起板锣鼓用于开场，长流水用于较长的路途行进，过门锣鼓最为复杂，难度也大，它与曲调配合，时而穿插、时而过门，讲究紧凑、整齐的效果。采用的曲调很多，有40余种民间小调，常演奏的有《八板头》《十杯酒》《怀胎》《瓜子仁》《玉米缨》《孟姜女》《打骨牌》《耍金扇》《闹五更》《春串子》等。其中，《八板头》俗称"浪琴调"，十番锣鼓一开始就奏这首曲调，以此曲进行和弦。丝弦乐器讲究四大线，即上六线、何尺线、陈五线、四宫线。上六线相当于现在音乐的1—5弦，何尺线相当于5—2弦，陈五线相当于2—6弦，四宫线相当于6—3弦，也就是上古乐律中宫、商、角、徵、羽五音的演变。

过去长校每村都有十番锣鼓，最多时整个乡有一百多堂，仅江坊村就有十多堂，较大的村还延伸到家族，房房有十番，甚者把是否有十番视为房族地位高低的标志之一。大凡逢年过节、迎亲贺寿、上梁入屋、扫墓祭祖、迎神出案、游族谱、抬龙灯等都用十番锣鼓，特别是正月十五闹元宵，一条龙灯就配有一堂十番锣鼓，在群众生活中有着广泛的需求和深厚的基础。1956年，江坊村十番锣鼓队参加清流县文艺调演，其民间小曲《王婆骂鸡》荣获第一名。2007年5月，长校镇入选"福建民间艺术（十番锣鼓）之乡"名录。

2009年5月，清流长校十番锣鼓入选福建省第三批非物质文化遗产名录。

广场献艺

闽派古琴（永安）

古琴是当今世界起源较早、技术较成熟、音乐理论较完善、至今仍在演奏的音乐艺术，位列"琴棋书画"四艺之首，在中国古代乐坛上地位崇高。闽派古琴气韵清高纯古，没有靡靡俗韵，且音色优雅，刚柔相济，泛音轻灵清越，散音舒缓凝重，厚重中透着清婉，苍古里渗着甜润，使人神清气爽。

闽派古琴在永安葆有深厚的文化底蕴，前后相继成立了研究、推广古琴文化艺术的国有事业单位——永安市西峰山琴院，建有被中国琴界誉为"华夏第一琴堂"的"劲草琴堂"，福建省艺术研究院闽派古琴艺术研究中心也落户永安，这一切都与我国明代永安贡川籍著名音乐家杨表正有着密不可分的关系。

杨表正，明季古琴宗师，弦歌派代表人物，他对古琴的历史、曲谱、歌词、琴学理论有很深的造诣，所著《重修正文对音捷要真传琴谱大全》确定了他在中华古琴发展上不可替代的历史地位，也为闽派古琴提供了理论基础。在我国古琴艺术遗产的大型资料汇编《琴曲集成》第四集的"剧本提要"中介绍说："杨表正在万历初年强调'正文对音'与浙派'去文以存勾踢'对峙，并为大量琴曲补

名家演奏

文而且能大胆创作，有维江派于不坠之功。"

永安在闽派古琴继承和发展中起了重要的作用。2009年5月，永安闽派古琴入选福建省第三批非物质文化遗产名录。

清音绕梁

将乐食闹音乐

将乐食闹音乐是福建传统音乐中独特的品种，缘起于将乐民俗，在民间流传广泛，至今已传承至第五代。

食闹音乐曲牌丰富，分为喜庆音乐、龙灯锣鼓和丧葬音乐。喜庆音乐又分文场和武场两种。文场喜庆曲牌有《金纽丝》《翰香坛》《天仙子》《五调闹长沙》《闹长沙》《普庵咒》等。其中有一种特别的文场形式叫"闹香花坛"，即乐队踩街，以演奏江南小曲为主，多用于旧时迎神赛会。武场喜庆曲牌有《状元游街》《将军令》《一枝花》《得胜令》《广东歌》《大马队》《闹长沙》等。龙灯锣鼓可在喜庆曲牌的基础上加上特定的踩街、入户、回龙、舞龙等锣鼓乐段。丧葬曲谱则是一个完全独立、绝对不能与其他音乐混用的套曲，常用的曲牌有《祭坛箫》《七星箫》《沙王箫》《拜箫》《清字箫》《天开门》《泣颜回》《锦毛祠》《斋金纽丝》《斋大马队》《七星鼓》和《七星箫鼓》等。使用的乐器有梅花（大唢呐、大吹）、喳子（小唢呐）、横竹（笛子）、椰胡、二胡、琵琶、三弦、扬琴、鼓、平锣、小锣、大钹、小钹、镜锣和云铮等。

民间食闹乐队举办交流活动

将乐食闹音乐根植于民俗，运用十分普及，在逢年过节、迎神赛会、结婚寿诞和节庆舞龙等喜庆场面和丧葬仪式等民俗活动中曾有着不可替代的作用。它给将乐百姓带来生活娱乐的同时，也成为音乐熏陶、传播的重要方法。

2011年12月，将乐食闹音乐入选福建省第四批非物质文化遗产名录。

食闹乐队志愿活动

古乐齐奏

泰宁上青古乐

　　泰宁上青古乐起源于宋代。据《八闽通史》《泰宁县志》记载，泰宁县在宋代就已是南方道教流行的中心区域之一，并逐步影响和辐射闽西北和闽浙赣山区接合部十几个县。这些在泰宁周边县、乡、村流行的道教基本上属于建宁籍道长"雷渊真人"黄舜申传播的清微派道教，该教派在举行法事活动中所运用的音乐便是"上青道曲"。

　　上青道曲继承并发展了宋代以来流行于泰宁周边的清微派和普庵派道教音乐的精华，包括北道曲、道阐腔、南词、传统民歌和民间吹奏乐，形式上分为经腔（声乐）和牌子（演奏乐）。经腔又分"诵经腔"和"科仪腔"，"诵经腔"大部分只有诵念，而"科仪腔"又称"韵腔"，是道曲的主要部分。道曲内容丰富、曲目繁多、风格独特，有独唱、齐唱、吟唱的歌曲和吹奏、弹、拉、打击器乐的演奏曲目，大部分唱曲和吹奏乐为泰宁和周边区域所独有。现存上青古乐不仅包括道乐，还保留了不少民间乐曲，它们常被用于民间民俗活动、婚寿喜丧、乡镇文艺活动中，成为群众喜闻乐见的传统曲目。由于处于同一地域，上青道曲对后来的泰宁梅林戏也产生了一定的影响。上青古乐对福建道教史和道教古曲的研究都具有历史和艺术价值。

　　2017年1月，泰宁上青古乐入选福建省第五批非物质文化遗产名录。

团队习曲谱

三明龙船歌

三明龙船歌产生于清代康熙年间，流传于三明市的三元区、梅列区、永安市的贡川和周边乡镇，是三明民间节庆的传统歌谣。每年端午节或农历的五月初四、初五、十三，各村村民抬着龙舟纷纷下水，等得鼓点声、唢呐声起，跟随着划桨节拍，齐声高唱龙船歌，水域间，龙船歌声遥相呼应，形成了古朴的民俗风景。

三明龙船歌有七种曲调，以七言诗句成歌，四句式，依据当地方言节律，隔句押韵，朗朗上口，音律高亢雄浑，以鼓和唢呐伴奏，激扬悦耳，有鲜明的客家山歌韵味。康熙之初，三明龙船歌仅由口头传唱，后由三元籍进士邓文修，博采当地传统龙船歌，汇编成龙船歌文本，又经几代人不断扩充、修订，形成如今文本。内容大体可分为敬神祈福类、赞颂英雄类、抒情言志类等，在不同场景、不同水域咏唱不同内容的歌词，或雄壮高亢，或抒情言志，或虔诚祈福，如造船时唱："后门杉树几千年，请得鲁班来造船。造得船来水上走，划船弟子保安康。"龙舟下水时唱"新造龙船两面黄，划到大溪请尊王。请得尊王心欢喜，划船弟子保安康。"逆水行舟或遇急流险滩时唱："英雄将军是英雄，唯有常山赵子龙。子龙射断船帆绳，龙舟得胜转回朝。"河面宽泛平缓时唱："喜乐欢喜喜乐欢，秀才欢喜去求官。求得官来凉伞盖，回来白马紫金鞍。"

旧时从农历四月初八晚开始，歌手聚于禾场坪，一人领唱众人和，连唱20多晚，至端午乃止。近年，龙船歌频繁出现在各种大型民俗活动中。1980年参加韶关地区文艺会演获二等奖；2010年在三明市梅列区非遗节演出中获集体优秀奖；在三明市举办的首届客家山歌赛中，龙舟队表演获团体第三名；2015年接受中央电视台中文国际频道《远方的家》江河万里行栏目专题采谈，并于当年5月2日在央视播出。

永安贡川龙船歌是每年端午节龙舟竞渡时贡川人所唱的民间歌谣。它以贡川方言演唱，歌词押韵，朗朗上口，别有气势，有着鲜明的永安原唱山歌的特色。歌词内容大体可分为造船敬神类、思圣赞英类、抒景言志类等。全曲歌词约400句，前6段由划手们齐唱，随后是一人主唱众人和。当龙舟划到"地藏堂"时，人们就唱"天上张老没头毛，地下张老没老婆……"；当见到姑娘们在看划龙船，就唱"十八姑娘要吃瓜，去到瓜地刚开花。十八姑娘要吃桃，去到桃树刚长毛。十八姑娘要吃梨，去到梨树两头垂"；过行时就唱"子龙射断风帆索，张飞喊断百人桥……"

龙船歌精彩，划龙舟习俗同样精彩。每年五月初一，贡川镇所属集凤、延爽、观成、攀龙4个村的龙舟，分别在巫峡头、会清桥、大榕树、攀龙门4个集合点下水，再分别划到巫峡头，共同前往龙王庙去拜请龙王前来观战。待道士做完法事，各自纷纷划着船顺流而下，划手们开始唱起龙船歌，边唱边划，一直划到北门锦墩水域准备比赛。初五，每年一度的龙舟竞渡揭开序幕，高潮叠起。大凡有新造龙舟，从动工开始就有严格的程式，下水仪式更为隆重，须在农历五月初一至初三这3天里，择吉日吉时举行隆重的祭神祈福仪式。仪式由本村年长有福的老者主持，主祭人燃香叩拜天地后朗读祭文，禀告龙船开工时间、竣工时辰、乡民捐资名单及数额，之后率众村民三拜三叩首，祭礼以全羊、全猪或三牲为供品，请各路神灵享用，以祈保佑新龙舟顺风顺水，划手出入平安。祭神仪式完毕，燃放鞭炮，敲起锣鼓，吹着唢呐，在高亢的龙船歌声中新船下水，此时主祭人率领众划手登上新船，并领头唱起龙船歌，在众划手应和下，龙舟沿河道周游一圈，沿途村庄摆有茶桌迎送龙船过村，划手们则高唱龙船歌，以礼答谢，淳朴的风俗延袭到今。

各地的龙船歌均表达了劳动人民爱国爱乡的崇高情怀和热爱生活、建设美好家园的理想。2015年10月，三明龙船歌入选三明市非物质文化遗产第三批扩展名录；2018年7月，三明龙船歌（贡川）入选三明市第三批非物质文化遗产扩展名录。

气势磅礴

岸边习歌

明溪御帘明朝宫廷打击乐——十二换

　　明溪御帘明朝宫廷打击乐——十二换，原为明朝皇家祭天活动所奏乐曲，明景泰五年（1455），由时任宫廷进奉御左少监的明溪籍进士张昇传入明溪乐坊。他带回了打击乐——十二换的乐谱，亲自传授演奏技艺，并于每年正月初九在家乡御帘村开展祭天活动，一直沿袭至今。正月初九，御帘张氏族长率数百族人，组成幡旗队，在锣鼓鞭炮声中，队伍先绕村游行一周，再直奔进褛坪，参加祭天仪式。仪式气氛庄重，放火铳、吹大号，此时乐起，先奏响"闹台""火炮"两节，以表示敬畏上天，恭迎众神，接着由乐师班演奏宫廷打击乐——十二换，主祭人方可焚香祭天，祈求风调雨顺、五谷丰登。十二换由十二套不同的演奏技艺组成，乐器涉及北鼓、中鼓、大锣、小锣、大钹、小钹、唢呐、京胡等，演奏的作品为"十二换"：大——大工；押——押横龙；五——五垂；小——小工；鬼——鬼拙仟；五——五垂；全——全捆；两——两刀半；五——五垂；到——到横龙；鼓——鼓上师；正——正鼓。十二换演奏时声振霄汉，气势非凡，在明溪御帘村流传至今500余年。

　　2015年10月，明溪御帘明朝宫廷打击乐——十二换入选三明市第四批非物质文化遗产名录。

在节奏中回忆

泰宁山歌

泰宁山歌在央视农民春晚

泰宁山歌是先辈们以歌谣形式，叙述历史特定的事件和事物，是泰宁百姓传承历史故事、抒发情感、表达情绪、诉说心声的艺术载体。

泰宁山歌内容丰富，涵盖了当地社会生活的方方面面，大致可分为劳动歌、仪式歌、时政歌、生活歌、历史传说歌、情歌、儿歌和现代歌几大类。山歌旋律优美，紧扣方言特点，多装饰音，几乎所有曲调中都有颤音、下滑音、倚音等装饰音，在演唱中具备哭腔特色，旋律回环曲折、委婉动听。歌词生动朴实，善用比兴，韵脚整齐，为7字4句式，每句为"223"组合，词曲不固定，多是即兴编唱，可以一曲多词，反复演唱。山歌的表现手法多样，有的风趣，有的幽默，有的喜庆，有的悲苦，演绎时多采用男女对唱、一问一答的形式。在泰宁乡镇的田间地头，寻常百姓家，各种场合都能听到群众自编自唱的山歌，例如集体劳动时唱劳动歌，以号子形式协调动作；而题材广泛、知识性强的锁歌则通过一问一答，一锁一开，对天文地理、衣食住行、生产知识、劳作技能等内容进行传唱，将知识传承下去。情歌是泰宁山歌中最丰富最大量的歌谣，情歌内容多样，格式不一，短的四句，长的数十句，甚至百余句，演唱形式有独唱和对唱，曲调多样，遇内容长的多用一个曲调无限反复，如泣如诉，娓娓动听。城乡百姓唱情歌各有各的特点，城里人演唱时常以比喻、双关等较为文雅的歌词呈现，而山乡村民唱情歌特点是粗犷大胆直白，令听者忍俊不禁。

泰宁山歌有着光荣的历史。泰宁是第二次国内革命战争时期中央苏区县之一，1931年到1934年，红军三进三出解放泰宁，期间泰宁人民编唱了许多革命山歌，如《剪掉辫子当红军》《红军哥哥俺的兵》等，表达了对共产党的拥护和热爱，为宣传革命思想、号召青年当红军、解放劳苦大众起到了积极作用。那些激情燃烧的山歌，从红土地的上空一直唱到了全中国。

为了更好的传承蕴藏量丰富的泰宁山歌，泰宁县成立了山歌协会，会员遍布各乡镇，他们挖掘整理出百余首传统山歌，并将山歌改编为表演唱、山歌剧等多种形式的文艺作品。2010年泰宁县申报世界自然遗产专家赴泰宁考察时，泰宁以万人演唱山歌的形式，为申报世界自然遗产写下了浓墨重彩的一笔。同时，泰宁山歌还参加了中央电视台"乡村大世界"、"欢乐中国行"、深圳世界文化博览会、浙江省首届廿八都古镇民谣音乐节、"农民春晚"等表演，在三明市首届客家山歌大赛上获得银奖后，还与福建电视台新闻频道合作拍摄"留住老山歌"专题节目。

2018年7月，泰宁山歌入选三明市第五批非物质文化遗产名录。

永安贡川吹打乐

永安贡川吹打乐自明代流传至今，是具有地域特色的传统音乐艺术，被广泛应用于民间的婚丧嫁娶和岁时节庆活动。

贡川吹打乐由唢呐、鼓、大锣、小锣、三音锣、大钹、小钹等乐器组成，合奏时音响效果好，气氛浓烈。每当民间庙会、迎抬戏、划龙舟、舞龙灯时，都会出现吹打乐班的身影。艺人们手中的乐器很特别，锁呐是自制的，发音孔等距离，两孔间的平均为2.5厘米，出演时一般由2支唢呐组合，高音唢呐称"上筒"，低音唢呐称"下筒"，两支唢呐的高低音相差大2度，演奏时同奏一个旋律，并采用随腔式的演奏以丰富乐曲的表现力。锣钹组合中的三音锣也是自制的，直径为8—10厘米，由大到小排列，敲打时可发出不同的音效。贡川吹打乐保留的曲目有《游城》《大开门》《哪吒令》《人平令》《金盆狮子》《贵子》《喜庆丰收》《中秋赏月》《将军令》《起手快》《得胜回》《一枝花》等12首，另外已知《下小楼》《三下落》《刘备入川》3首失传。

贡川吹打乐承载着贡川人独特而丰富的想象力、和文化意识，是贡川传统文化的珍贵记忆。

2018年7月，永安贡川吹打乐入选三明市第五批非物质文化遗产名录。

民乐遗响

槐南唱曲

永安市槐南镇罗氏族谱有载，"槐南唱曲"始于150多年前，缘于村中戏曲爱好者的自娱自乐，他们在农闲时三五结帮，用当地流传的大腔戏、小腔戏的腔调唱曲，久而久之，随着戏文内容的逐渐增加，慢慢唱得有模有样了。于是，槐南西华五大姓族长商议，拨田租购置了唢呐、竹笛、杨琴、二胡、锣鼓等乐器，扶持成立"帮唱团"，并约定以十人为一伍，每人持一件乐器，他们既是演员，又是演奏员。

帮唱团一出现，立刻引起了村人的兴趣，村中有红白喜事，人家常请他们去做场。他们到主人家，稍作休息就鸣锣开唱，唱罢班主会将事先备好的福字送给东家，而东家则以一包冰糖作为回礼。乡人觉得请帮唱团来家活跃气氛，是一件体面事，随后盖房祝寿做生意开业也请他们去。帮唱团节目只唱不演，唱腔富有地方戏剧韵味，很合当地人口味，且演唱的时长灵活，若是店铺开张，十几分钟即可；祝寿或婚嫁可一两个小时；而若做白事，有可能长达一两日。这为雇主提供了方便，所以颇受欢迎，不仅本村人请，连邻近乡村，远至大田的广平、建设等乡镇也来人邀请。

槐南唱曲现存曲谱仍有民国年间手抄工尺谱本和唱曲本，记录了9出大腔及小腔剧目，包括大腔曲目《大八仙》和小腔曲目《闹京殿》《结奏》《刘锡得子》《女斩子》《木桂英》等，用于迎铁枝、迎古城、祝寿、乔迁、娶亲、开业、办丧等民俗活动。

2018年7月，槐南唱曲入选三明市第五批非物质文化遗产名录。

团队习曲谱

将乐擂茶歌谣

将乐擂茶歌谣，是古老擂茶制作过程和食用习俗伴生的歌谣，是将乐民间音乐的重要遗存。

将乐擂茶歌谣以《月光仔》为主要代表，旋律以民族调式的宫、商、羽为骨干音，紧密配合将乐客家方言音调，演唱时更显流畅，亲切，自然；其节拍贴合擂茶制作的韵律，歌词以民间歌谣"鱼咬尾"的形式延伸、拓展，为制作过程带来了极好的辅助感和配合感。

月光仔

月光仔，月嬷嬷，喊你下来食擂茶。

擂茶香，配老姜；老姜辣，配薯莶；

薯莶咸，配菠菱；菠菱淡，配苋菜杆；

苋菜杆里康康红，杨梅树上挂灯笼。

挂的灯笼靓是靓，穿起红裤披脚跟；

挂的灯笼歉是歉，穿起红裤披脚欠。

《月光仔》呈现了擂茶的传统茶点、美食，最终又以挂果的杨梅浪漫、夸张地归结到灯笼高挂的吉兆图景中，充满浪漫主义气息。擂茶歌谣主要应用在擂制过程中的"擂茶"、邀请客人时的"喊茶"、敬茶品茶时的"食茶"等环节，实现了"茶曲合一"的理想效果，让客家擂茶习俗有了与众不同的独特魅力，让人感受到擂茶之乡独特、纯净、祥和、融洽的生活气息。

擂茶在将乐随处可见，传统的擂茶习俗已渗入将乐百姓的日常生活中。民间造屋乔迁、婚嫁喜事、生日寿诞、开业庆典、欢庆佳节等，都以擂茶款待佳宾，而擂茶歌谣则应景而生，在宾客面前展开了一幅"闻香识茶味，听声知茶情"的充满生活情趣的画面。近年，将乐文艺工作者创作的《客家擂茶谣》频频获奖，其中，2010年7月获三明市首届客家山歌比赛一等奖，2010年9月获中国音乐家协会与中共龙岩市委举办的"首届海峡客家歌曲创作演唱比赛"十大金曲奖和最佳作曲奖，2010年11月发表于中国音乐家协会核心刊物《歌曲》，2011年12月参加广西北海世界客属第24届恳亲大会开幕式文艺晚会，2014年12月《碗碗擂茶片片心》获福建省音乐舞蹈节创作奖、演出奖。

2018年7月，将乐擂茶歌谣入选三明市第五批非物质文化遗产名录。

南词擂茶谣

传 统 舞 蹈

从远古人类在获取食物后狂放的手舞足蹈，到今日代表着中华民族形象的东方舞蹈艺术，中国传统舞蹈经历了漫长的岁月淬炼，给我们留下了弥足珍贵的非物质文化遗产。

龙灯舞蹈和傩舞是三明地区传统舞蹈的代表。神奇的大田板灯龙，3米高昂的龙头，3000米逶迤龙身，尽显中华龙的威严与气派。还有那粗犷古拙的大源傩、五经魁，伴随着空灵的打击乐，带着千年图腾和舞蹈的原汁原味，向人们走来，让人在震撼中体验非遗中的古文化魅力。

龙舞（大田板灯龙）

大田板灯龙源于大田县城区玉田村范氏家族。范氏族谱记载，唐朝末年，为避战乱，玉田村范氏开基祖范元超从中原迁入玉田，因思乡心切，常忆起故土龙舟竞渡的热闹场景，于是令族人用一张张长条板凳衔接成龙，在龙节上大书祖籍地堂号"高平郡"，由各房头后生们扛着游走，称"板凳龙"，并于每年元宵节午时开祠堂正门，抬龙祭祖，晚6时出龙游行至子时，以此寄托对中原故土的怀念之情。这种怀念方式为邻近村民效仿，并约定每年元宵游龙，形成习俗，延续至今。

斗转星移，随着加入的人越来越多，板凳龙的形态也有了美化，如今的板凳龙分龙头、龙身、龙尾三部分，龙头高达3米，形象威猛，用竹篾扎出骨架，裱上油纸，贴上用彩纸剪裁好的胡须和龙鳞；龙身仍由一节节板凳组成，每节2米，板凳的两端各挖一个圆孔用来连接；龙尾较长，尾鳍、龙鳞齐全。每节板凳上固定着3个灯座，灯座四方画上龙鳞、花草或书写上祈颂语，上安灯笼，灯笼顶部装饰着彩色飘带，游龙时点亮"龙烛"即成"龙灯"，叫"板灯龙"。元宵游板灯龙早已成为大田全民参与的民俗活动，届时各乡镇、村每户出一节龙身，组成长龙，由村中长老率领，从各自祖房出发，浩浩荡荡前往集中地。各村汇聚来的板龙几百节为常见，最多时达千余节，总长3000多米，蔚为壮观。欢腾的人们用鞭炮和烟花迎接"龙"的光临，俗称"迎龙"，以祈求风调雨顺、平平安安。要留龙以迎祥纳福的人家，必须事先在厅堂摆设香案，罗列供品，龙到门前拜房后，主人要请"龙头酒"，并给扛龙头的人敬茶、敬烟、分红包。大田迎龙以红星、桃源、武陵等乡镇最为有名，有的正月初九就开始了，上华村甚至到了正月二十还在迎龙，可以想见板灯龙在当地受欢迎的程度。清康熙乙丑年（1685），大田知县叶振甲在《咏元宵绝句》诗里写道："元夕传柑宴，春游满路灯。太平驰宝钥，多稼验丰登。"又一首曰："簇簇绛云红，星球滚数重。涌来人似海，游出火中龙。"这些都是大田板灯龙民俗活动盛况的真实写照。

2008年6月，龙舞（大田板灯龙）入选国家级第一批非物质文化遗产扩展名录。

神龙夜游

龙马精神

泰宁大源傩舞

泰宁大源傩舞源于北宋初年，流传于闽赣边界。相传南唐时期（937），大源村先祖严续在朝廷做官时遭人诬告入狱，幸得当时的禁官赵元德密释，逃亡到大源村，为大源严姓开基祖。诬案平息后，严续再度出山，官居一品，皇上为表宠信，把宫廷里的"和藩舞"（即傩舞）赐给他，让他带回家乡祭祖。

大源傩舞表演者头戴面具，胳膊赤裸，下身着短裙，穿草鞋，表演动作粗犷简朴，刚劲有力。面具形象各异，有弥勒、四大天王、风雨雷电水火太阳、护法、金童玉女等扮相，他们角色特征分明，各司其职。护法主施大鼓，为武乐指挥，武乐有大鼓、大锣、大钹，既起烘托气氛的作用，也是队伍的总指挥；弥勒手持木鱼，敲击不同的节奏，引导后面的鼓队，动作有罗汉伏虎、猫咪洗脸、王恩晒诗等七十二式基本武功招式；四大天王手持双尺，是队伍的护卫，他们有开天门、挑四方、金钟罩等三十六式基本武功招式；风雨雷电水火太阳等自然神，他

神傩聚首

们手持太极小鼓，在武乐的指挥下不断变换队形，在木鱼的指挥下敲击不同的鼓点，动作勇猛，欢快活跃，有簇鼓、翻鼓、对鼓、挤鼓、踏卦等样式；金童玉女手持如意、元宝、寿桃等送福呈祥；随后是四人抬的赵元德夫妇塑像及戒尺队伍。

每年的正月初一、正月十五、五月二十五、十月十五是傩舞队出演的固定日子。其中正月乃一年复始祈佑万象更新之意，五月二十五乃春播后祈求风调雨顺之意，而十月十五则为庆丰收之意。傩舞分踩街表演和舞台表演，游行时走街串巷，或田野、驿道；舞台表演时或宗祠、庙宇，或空旷大坪，乡人燃香放炮，迎接神傩，辟邪祈福。大源傩舞经过千年传承发展，已经成为独具特色的民间传统舞蹈。

2005年10月，泰宁大源傩舞入选福建省第一批非物质文化遗产名录。

清流李家五经魁

李家五经魁，俗称"舞大鬼"，始于明嘉靖之初（约1522），源于清流县李家乡。李家乡老翁李得保，家族人丁兴旺，父子颇有文才，一年春节，次子用纸壳做了五张"金魁"面具，由五个孙子戴着，手里各拿写着"恭贺新禧""吉祥如意""人寿年丰""福如东海""寿比南山"的红布条，并为他们排练了简单的舞蹈动作，去向老人拜年。此举很得族中长老欣赏，当下约定每年正月初三及正月十四，邀请他们为各户拜年，祈求风调雨顺、五谷丰登、人畜平安，从此约定俗成，流传至今。

五经魁表演中的5个人物分别是雷震子、钟馗、包拯、寇准、李广，有各自的脸谱、服饰、道具：雷震子，

五魁出巡

五魁拜年

红脸鹰嘴，身着红色彩衣，手执铜锣与九节锣锤；钟馗，青面獠牙，眼似铜铃，身着绿色衣裙，手握铁笔；包拯，黑脸长须，身着黑袍，手摇铁骨绸扇；寇准，黄脸长须，身着黄色蟒袍，手持龙头拐杖；李广，清秀白脸，身着黄金甲胄，手挥大刀。扮演他们的理由是：雷震子辅助周文王兴兵伐纣，救民于倒悬；钟馗捉鬼除妖，消除人间鬼魅

祸害；包拯伸张正义，不畏权势，铁面无私；寇准刚直不阿，力排众议，促成宋真宗抗击强辽入侵；李广扫荡外寇，保卫国土，威震边陲。制作者根据这五个不同历史人物的不同性格，制作了五个不同的脸谱面具，穿着不同的服饰并设计了不同的舞蹈动作进行表演。演出队伍由10人分两组组成，每两人扮演同一角色，行走时队列成两列或一列，人物排序规矩明确，雷震子鸣锣开道，后面跟着手舞足蹈的钟馗，随后是面容严肃的包拯和举止端庄的寇准，李广则舞动大刀居后压阵。

李家五经魁一年出演两次，正月初三叫"经魁出行"，给乡亲拜年；正月十四是当地庙会，"五经魁"再次巡演，巡演队伍后面多了镇武祖师神像、花笼以及唢呐、十番锣鼓伴奏队。所到之处，沿途户主均焚香鸣炮迎接，并赠送红包。巡演在李村、鲜水、河背三个村之间进行，全程20里。"五经魁"渊源久远，寓意独特，历久不衰，扮演者服饰色彩丰富，边走边对舞，舞姿优美，动作利落，配合默契，倍受乡亲欢迎。

2007年8月，清流李家五经魁入选福建省第二批非物质文化遗产名录。

龙角舞（永安）

龙角舞又名锡角舞，俗称"跳神"，是宋代流行于东南亚的一种仪式性祭祀舞蹈，据传由上坪籍官吏陈麟带回永安上坪。

锡角舞通常由6—8名青年男子组成，分别手持尺板、木鱼、小铜锣、小扁鼓等乐器，边行进边敲响乐器，变换队形跳舞。虽然锡角舞队的表演形式多样，服装道具各异，有戴面具的和不戴面具的，但锡角却是必备的。锡角呈月亮型，长2米左右，音质极为古朴雄浑，能令听闻者情绪激昂。在锡角号声引领下，舞蹈队开始在列阵、穿插、排字、叠罗汉等队形变化中表演。乐班伴奏，以打击乐为主，备有鼓、钹、锣、铃铛、镲、三音锣、木鱼等乐器。锡角舞动作富有技巧，如："锁链罡"，用右脚拇指和食指夹住左脚拇指，左脚跟右移，接前掌右移；"失亥罡"则用右脚拇指与食指夹住左脚后跟筋，左脚跟右移，接前掌右移，与此同时，握铃刀的手随着节奏，以腕为动律，一上一下舞动铃刀，身体随之左右移动，以形成神态、情态、动态的有序组合和节律运动的舞蹈图腾。

过去，在各种迎神庙会上，巫师必跳此舞，其内容以古田县临水夫人陈靖姑上庐山学法、消灭蛇妖为中心，展现了各种驱除邪魔的情节和动作。

1949年以前，当地人在每年的迎神庙会上均跳锡角舞，借以通神驱鬼、驱邪除魔，祈求家乡五谷丰登、六畜兴旺。如今，当地人在节庆期间跳锡角舞，寓意是庆祝丰收、祝福平安，增添喜庆气氛。

2009年5月，龙角舞入选福建省第三批非物质文化遗产名录。

龙角声声

闻号起舞

泰宁大源赤膊灯

泰宁大源赤膊灯原称"火龙"，始于宋熙宁年间（1068—1077年）。相传为大源乡严氏先民自创的迎灯民俗。

赤膊灯是独特的龙形桥灯，因不用灯笼，所以叫"赤膊灯"。其形制与表演方式也与别处桥灯不同，别处是将灯桥扛在肩上或举在手上，而赤膊灯则是倒提在手上；别处桥灯用灯笼罩着蜡烛，赤膊灯的"灯"是"风吹不灭、雨打不熄"的特制蜡烛；灯的盏数也不一样，赤膊灯用六盏，其他桥灯则用四盏；赤膊灯的灯桥也更长，除了两头连接孔外，中间备有距离相等的6个插烛小孔。赤膊灯的制作颇有讲究，龙头、龙尾用上等硬木精雕细刻、髹漆涂饰而成；龙身由长2.6米、宽22厘米的杉木板凿孔制成，每户必备一板以供用时连接。蜡烛则归一户世袭传承人按祖传秘方配料制作而成，出龙日每户6支，由族长统一分发。

上大源、下大源各有一条，分别为公龙和母龙。公龙龙头插齿烛7支属阳，肩烛4支，取四季顺利之意，合起来11支，寓意新的一年一切从头开始；母龙龙头齿烛6支属阴，肩烛4支，寓四季发财之意，合起来10支，是十全十美之意；龙身木板两端各插一束香，两排分插6支烛，寓六六大顺之意；龙尾插9支烛，寓长远长久、长发其祥之意；龙肩插书有"圣令"字样小红旗一面，意为奉"天帝旨决"视察民间。

大源赤膊灯在每年正月十四、十五日出灯，届时，以起灯锣鼓为号，锣鼓一响，村民们扛起自家的灯桥，到指定地点串联。龙头在前，龙尾在后，龙身由数十户村民的灯桥组成，龙身串联的先后顺序按先前抓阄而定。迎灯队伍排列有序，武乐居前，大鼓、大锣、大钹，铿锵开道，营造狂欢气氛。跟随其后的是文乐，二胡、唢呐、笛子等吹奏出优雅悦耳的曲调，营造出海清河晏的盛年气氛。起灯令下，大家点燃蜡烛，在锣鼓鞭炮声中起灯出游，龙灯在田间、村间及各家门前游走，所到之处鞭炮香烛相迎，祝福之声不断。闹灯到夜深，最后在大坪排成"福"字、"寿"字造型，祝福所有人在新的一年里快乐健康、万事胜意。游灯在一片喝采欢呼声中结束。

一年一度的迎灯活动，包含了先民火崇拜的遗存，也寄托着村民祈求风调雨顺、五谷丰登、祛灾纳福、保一方平安的美好愿望。2010年，大源村获称"中国历史文化名镇名村"。

2009年5月，泰宁大源赤膊灯入选福建省第三批非物质文化遗产名录。

公龙和母龙

宁化古游傩

　　宁化县安乐乡夏坊村古游傩从明清时期流传至今。相传村里吴姓祖先外出经商，行舟途遇大水，多船沉覆，吴姓商船尚安，只见河面上漂来两只箱子，就请艄公把箱子打捞上来抬回客店，焚香默祷后把箱子打开，发现里面装的是七具形态狰狞的面具，于是便把面具带回摆在厅堂上加以祭祀，以求平安。岁月推移，演变为以后的"梅山七圣"崇拜，祭祀也从吴姓扩大到夏姓、赖姓，至清末发展成全村人共同参与的庙会。"七圣"神威、灵验的传说故事流传开来，村民口耳相传，庙会日，远近十里八乡的民众都纷纷来到夏坊村赶庙会，信徒们怀着对"七圣"的崇敬和畏惧，跪求各种赐福，如求子、治病、解困、预卜凶吉等，并接受"七圣"傩的竹枝鞭打，幸运的还讨到了"七圣"的竹枝回家，成为夏坊村世代相传的民俗节庆。

　　古游傩庙会定于每年正月十三举行。十三日子时，"七圣庙"就持续放铳，燃放鞭炮，村人纷纷携带供品到"七圣庙"上香祭祀，迎接古游傩巡游。8点，分别由吴姓、夏姓、赖姓推荐的"梅山七圣"的七名装扮者，在吴姓祖堂进行秘密的请神仪式。9点，已经装扮妥当的"七圣"依次从吴姓祖堂里出来，顿时神铳、鞭炮声大作，每个神圣在硝烟中跨出门槛时，左手都会接过长老递上的一

面镜子和一本通书，当空一照，口中念念有词，然后再还给长老，如此逐一而过。"七圣"出发后，这镜子和通书就被视为圣物，挂在吴姓祖堂门口。"七圣"的傩面分别代表猿猴、猪、羊、狗、牛、蛇、蜈蚣七种动物精灵。"七圣"全部赤裸上身，头上、身上插的都是锋利的刀、锯，用"V"型法器固定，鲜血淋淋。"一圣"红脸，怒目、咧嘴、獠牙、头扎绿巾，下身着黄裙，头上插上一把红色锯子；"二圣""三圣"为黑脸，怒目、咧嘴、獠牙，头扎红巾，下着黄裙，头上插上一把砍肉刀。"四圣""五圣"为黑脸，怒目、舌头吐出，头扎红巾，下着蓝裙，腹部穿过一把尖刀。"六圣""七圣"为黑脸，怒目、横斜咧嘴，头扎红巾，下着蓝裙，左手腕穿过一把尖刀。"七圣"之后是锣鼓队以及十棚古事，村中孩子们扛着彩旗紧随队伍参加游傩。"七圣"全村巡游，所经之处，家家户户都摆设供品，上香点烛，鞭炮齐鸣，老老少少都出来，双手合十祭拜迎接。"七圣"手上各持一根竹枝，左右挥动，上千的村民都主动接受竹枝抽打，以示能得神灵庇佑，驱邪保平安。2009年5月，宁化古游傩入选福建省第三批非物质文化遗产名录。

从烟火弥漫中走来

赤膊出行

大田华溪稻草龙

大田华溪稻草龙源于大田县太华镇华溪村，据传始于宋代陈氏先祖陈七公。

稻草龙由村民们用当年秋收后的稻草扎成，龙头也是由稻草扎成，上插两根竹子，挂上两盏灯笼，叫龙眼；龙须用竹篾绑住一个地瓜或大芋头，上插三炷香；龙珠也是用地瓜或大芋头，上面插满香火，用以引路；龙身则是一根大草绳，从二三十节到百余节不等，3—5米一节，插满香火的叫香线龙，挂灯笼的叫灯龙。出龙日，由大人扛龙头龙尾，提龙绳的大多是小孩子，寄寓儿孙辈平安长大早日成才。

每年农历正月初九是天公生日，也是华溪村草龙出游和全村村民迎龙日。当日，老人们在祖屋先扎好草龙，准备妥贴，待夜色降临，祖屋前三声铳响，锣鼓队开路，草龙先绕祖殿祖屋行礼，然后出游，从村头至村尾，所到之处，礼炮爆响，鞭炮齐

焰火助威

鸣。在满天烟火中，村民迎龙。

迎稻草龙风俗也曾存在于邻近的山川村回族村，不同之处是他们把插满香火的稻草绳联结起来，抬着祖宗的塑像跟在其后出游，然后裹米粽祭祀先祖。山川回族民众端午没吃粽子，却在元宵节裹粽称"灯粽"。

如今回族村村民已不再迎稻草龙，改为人手一盏灯，或手提，或用棍子挑着斜插在衣领上，称为"迎灯"，而华溪草龙旧俗一直传承至今。2007年4月，大田华溪稻草龙入选三明市第一批非物质文化遗产名录。

草龙出游

泰宁池潭文傩

泰宁池潭文傩源于开善乡池潭村，始于宋元时期，是傩舞中少见的流派之一。据池潭村《张氏族谱》记载，北宋开宝年间（约969），泰宁籍朝廷宫女张氏告老还乡，把皇宫中宫女跳的一种娱神娱人、谐趣逗乐的舞蹈传授给村里农妇，遇年节或农闲，大家欢聚一堂，吹箫跳舞，欢声笑语，好不热闹。后来，人们在原舞蹈基础上加入了跳神动作，相对固定地成了村民们祈求风调雨顺和驱邪避灾的仪式性舞蹈，后常被用于寺观以及其他宗教活动场所呼风唤雨、祈福驱邪仪式，以其特色在民间流传下来。

池潭文傩以正义战邪恶和呼风唤雨的主题展开，演绎中展现出"天官赐福""旧园丰稔""天下太平"等吉祥画面，使得整个舞蹈始终洋溢着欢乐祥和的气氛。6个跳神者各持面具，这些面具为立体雕刻，纱布蒙面，辅以桐油和石膏制成，不同颜色分别代表不同的神灵或故事人物。白脸为弥勒佛，大肚浑圆，手持木鱼，管天之菩萨；黑脸为乌精怪，面目狰狞，持双木尺，管地之鬼神；青、赤、蓝、黄4色代表四大天王。跳神者身穿黄色对襟黑镶边的衣裳，衣裳绣有云纹状"山"字，腿缠黄带绑腿，脚蹬草鞋，按不同角色戴着面具拟神起舞。乐队由大锣鼓、二胡、唢呐、喇叭等乐器组成，乐谱依道曲音乐改进，专为文傩奏乐。器乐声起，文傩成纵队出场，首先是并排3神，左右2人各掌1面"国泰民安""风调雨顺"大幡，中间1人挑着双笼香担，前装燃香香炉，后装五果五斋，用于供神；其次，弥勒佛领头登场，后跟2纵队，各队有5神，均为女性扮演，左队敲小锣，右队打小鼓；鬼神最后出场。全队各神按乐队节拍舞蹈，弥勒佛和乌精怪在中间表演打斗嬉戏，5对人等变换队形穿插其中，队形变换轻柔明快，舞蹈动作舒缓优美。队伍或绕村而行或驻足表演，沿途村民欢声笑语簇拥其后，跳神者会把香担里经过神灵品尝的五果五斋洒向人群，大家一哄而上，争抢"福气"，分享神灵的庇佑。

池潭村历史上是金溪流域重要的物资集散中心，各种文化形态有机会在这里碰撞融合，池潭文傩和大源傩舞呼应，自古就有"北武南文"的说法，但文傩毕竟烙下了宫中女子舞蹈的印痕，队形流畅协调，层次分明，表演者和悦温婉，服装、造型、道具与"文"主题相一致，起到了舒缓柔和的视觉效果，乐队的演奏乐感清晰丰富，与大源傩有很大的不同。

2018年7月，泰宁池潭文傩入选三明市第五批非物质文化遗产名录。

广场献艺

文傩道具

夏茂游鱼

游鱼是沙县夏茂镇节俗伴生的民间舞蹈，是一项与明朝洪武年间抗倭海战有关的民俗事象，于洪武十八年（1385）由迁居夏茂的江西人传入，延袭至今。

夏茂古老民谣唱道："正月里来闹鱼灯，洪武兵马到浙东。先行大将胡大海，殿后督军常遇春。"讲述的是明朝初年，将军胡大海领兵在浙东沿海抗倭，战斗中得到鱼类神助，最终大败倭寇的故事。此后，就有了鱼神灵信仰，人们在每年春节以游鱼灯为祭祀仪式，纪念抗倭事迹，祈求人寿年丰。游鱼的主要道具鱼灯，以竹扎骨架色纸糊面制成，全长1.2米，直径为40到50厘米，分鱼头、鱼身、鱼尾3节，可灵活转动，中插竹竿为把手，鱼肚内点红烛。多以吉数16条鱼组成游鱼队，分鲤鱼和鳄鱼各4对，游鱼队员阵容强大，必得30多人，分甲、乙两组，甲组首先进场表演，乙组候场替补轮换。男穿白色或黄色汉服，系红色腰带，着布鞋；女穿红色汉服，围白色围兜，着布鞋。

夏茂游鱼表演形式以队列变化和民间舞蹈为主，有走圆场、方阵、大营、一字长蛇阵、八卦迷魂阵、编篱阵、四角循、五梅花、单剪刀、双鱼钻洞、双鱼相会、扎篱笆、月牙形、双鱼下洞、双剪舞、双联舞以及双鱼上水、二龙喷水、鲤鱼摆尾、双鱼争食、鲤鱼戏水、鱼跃龙门、鲤鱼抢珠等20种队列演变套路，肢体动作套路颇多，包含在平、侧、卧、翩、沉、浮等灵活自如的舞姿之中。乐队4人，以锣、鼓、铁镲、铜钹等打击乐器伴奏，紧跟着队列变化改变器乐节奏。

老艺人扎制游鱼

每年正月初一至元宵，是各支游鱼队一展身手的欢乐日子。夏茂人或以自然村为单位，或以姓氏宗亲为单位，组队开展游鱼竞技活动。伴随着富有节奏的锣鼓声，游鱼队伍开始穿梭在夏茂街巷和各村，鱼灯所游之处，沿街百姓争相燃放鞭炮烟花迎接。凡当年主持游鱼活动自然村村民，还必须摆上一桌小宴席，备一些点心，放一串鞭炮，给个红包，迎接游鱼队伍进门添福，如有特别祈福或许愿的人家，也可将游鱼队伍请进家里表演，增添喜气。但这鱼儿进门却有讲究，必须要一对红鱼先进，鱼头先入，两条鱼碰一下嘴，在厅堂游弋一圈而后鱼尾朝外，缓缓退出，有的庄户人家还会将鱼尾撕走一片，在自家的猪圈边焚化，祈求自家的养的猪膘长得快。1985年，夏茂游鱼曾经游上舞台，参加县、市文艺会演。

2018年7月，夏茂游鱼入选三明市第五批非物质文化遗产名录。

传统戏剧

　　福建是戏剧大省，遍布各地的大小戏班、剧团在各自的舞台上演绎着人世间的悲欢离合。看台下，多少人仰天长叹，多少人泪下如雨，真所谓舞台小天地，天地大舞台。

　　1983年，三明市文化局进行了一次全市群众文化情况普查，仅农村业余戏班、剧社就有201个，剧种21种。剧团演职员除极少数专业师傅外，其余均为普通农民，他们平日是农事好手，登台是戏里角色，是群众眼里的"能人"，年节庙会是他们一展身手的良机。广袤的农村沃土，培植着永不凋谢的戏剧之花。

永安大腔戏

永安大腔戏起源于元末，形成于明代中期，是弋阳腔的一个流派，缘其特有的原始古朴戏曲艺术体系，成为全国独一无二的山区戏剧剧种。

元泰定二年（1325），福建永安青水乡丰田村熊氏族人到江西石城宗祠祭祖，向当地艺人学习弋阳腔杂戏并带回了很多剧本，回村后融合当地乡音乡调、音乐、戏剧、宗教、木偶等产生了大腔声腔，继而创立了大腔戏班。大腔戏既保留杂戏本体、优势、特点、风格，又不失艺术精华。唱腔为曲牌连套体，字多腔少，因是"大锣大鼓唱大戏，大嗓子唱高腔"，故称大腔戏。大腔戏器乐"不被管弦、锣鼓助节"，"一哒启音、全乐齐奏"，锣鼓过门，没有丝弦伴奏，其音乐为"唱、帮、打"三个部分有机结合，主要乐器有哒、大锣、小锣、大鼓、板鼓、钹、唢呐等7大件，既有音乐"其节于鼓、其调于喧"，亦有"紧板、慢板"风格。大腔戏具有"错用乡语、顺口而歌、改调而歌、随心令"等个性，保留"徒歌与帮腔"演唱形式，以"向无曲谱、兴沿土俗、以一人唱而众和之、曲牌联套体、滚调"结构等共性特征，演出有"字多

独特的脸谱

者少，一泄而尽，一人启口，众人帮腔"，"前台演唱，后台帮腔，一人成声、众人相和"的特色。行当分生、旦、净、末、丑五大类，"九行头"即正生、小生、副生、老生、占生等，"九大名旦"有正旦、小旦、老旦、花旦、夫旦、占旦、大花、二花、三花等，此外还有老旦和贴旦，有20个大脸谱40个小脸谱，各尽其妙。"儒巾、须套、生巾帽、五阔衣"是大腔戏的象征性明代服饰。化妆"红、黑、白"三色，挂上别具一格的"须套"，即可登台表演。戏台构造"三青宫"（杉、竹、梅和春花）、"三青一剪"拱门和对联，陈设"一桌二凳一桌帏"。戏班一般由20人组成，传承技艺"以师带徒、言传身授"世代相沿。大腔戏的传统剧目有一百多个，常演的有《白兔记》《金印记》《中三元》《葵花记》《取盔甲》《黄飞虎》《破庆阳》《三代荣》《合刀记》《白罗衫》《月台梦》《卖水记》等。

丰田村的大腔戏班除自娱自乐外，还常在村里的迎神赛会、祭祖和节庆活动中演出，几百年间从未中断，随着熊姓家族部分成员向周边地区的迁徙，大腔戏传播到了大田、尤溪、沙县等地。由于大腔戏的表演动作、舞台调度、舞美形式等都属于明代戏剧的珍贵遗存，是中国戏曲史、文化史、社会生活史研究的第一手重要资料。2006年5月，永安大腔戏列入首批国家级非物质文化遗产名录。

亮相嘉陵江

泰宁梅林戏

泰宁梅林戏俗称土戏。清乾嘉（1775—1820年）年间，徽调经江西、浙江传入泰宁，与当地方言和民歌小调、道教音乐相融合，形成了独特的地方剧种。

梅林戏的唱腔以皮簧、铙子、吹腔为主，此外还有南词北调、弦索、徽州词、浙江调、四平调、青板、小调等，道白用当地官话。梅林戏行当齐全，角色配套，具备严格鲜明的戏曲程式，有"五门十七行头"之说，"十七行头"即正生、副生、小生、老生、娃娃生、头梁旦、二梁旦、三梁旦、花旦、金榜旦、茶盘旦、彩旦、老旦，大花、二花、三花、四花。伴奏乐器分文乐和武乐两类，文乐包括京胡、二胡、三弦、月琴、琵琶、扬琴、唢呐、竹笛等，武乐包括大鼓、大平鼓、京锣、小锣、大小钹等。其表演风格古朴粗犷，唱、做、念、打都具有鲜明的个性。表演中有类似古时"娱神"和提线木偶的科介动作，还有"耍獠牙""叶火变裙""变脸""耍叉""挺僵尸""下高台"等众多的传统特技。梅林戏有传统剧目330多个，已收集记录的剧本有130多个，经整理上演的较好传统剧目包括《飞龙带》《蓝腰带》《鸳鸯带》《雌雄鞭》等30多个。

梅林戏在泰宁流传广泛，无论大小节庆、乡村庙会、婚丧俗事，无不请来梅林戏班演出。随着岁月流传，梅林戏逐步从泰宁向邵武、顺昌、光泽以及浙江温州，江西石城、黎川、广昌等地辐射，早期盛行的演出班子有"四季班""火贤班"和以后相继成立的"福顺班""福善班"等专业戏班，演出剧目达800多个。

泰宁梅林戏在外演出享誉颇多。其中，1992年6月，梅林戏剧团《贬官记》在泉州参加"全国优秀剧目展演"，获"天下第一团"称号；2004年5月，梅林戏《冤家》在山东"国际第二届小戏艺术节"获得银奖；2007年6月5日，泰宁县梅林戏剧团首次晋京展演，表演的传统折子戏《背子赶会》惊艳京师。

梅林戏至今仍较好地保存徽派的艺术特征，对于研究徽派艺术，追溯徽派艺术原形，探寻中国戏剧史等方面，是不可多得的实物资料。2006年5月，梅林戏被列入首批国家级非物质文化遗产名录。

梅林风采

《关公怒》剧照

《贬官记》剧照

沙县肩头棚

　　沙县肩头棚，也称肩膀戏，发端于清朝末年。《沙县志》记载，清宣统年间，沙县民间戏剧十分活跃，各戏班竞相演出，时有"玉枕轩"领班连细狗别出心裁，创造了一种小孩站在大人肩膀上表演的戏剧，以此流传下独特的艺术表演形式。

　　肩头棚由五、六岁小孩站在大人的肩膀上表演，小孩负责演唱和手部、头部动作，行当分工一般有小生、小旦、小丑，号称"三小"；大人肩托小演员，负责台位变换和脚部动作，上下两人配合默契，浑然一体。肩头棚唱腔多为民间曲调，常用的有花鼓调、补缸调、小放牛等，后来也吸收南词和土戏的音乐曲调，如南词北调、二簧、西皮等，《南词曲》有南词头、正韵、北调、南词等调，《西皮台》有上小楼、新八板、谢水仙、新金中汉、延平板、老金中汉、露台串、老八板、西皮串等曲调，使唱腔更加丰富。乐师们按照工尺谱演奏，乐器有京胡、二胡、三弦、月琴、笙、笛等，打击乐有硬鼓、大锣、小锣、大钹、二钹、木鱼、打板等，锣鼓经与京剧近似。主要剧目有《花子过关》《小放牛》《补缸》《四郎探母》《平贵别窑》等，表演剧目有传统的《小放牛》《补缸》《花子过关》《姑嫂打渔》《卖草垫》等，新编剧目有《猪八戒巡山》《济公扮新娘》《八仙聚会小吃城》等。

　　肩膀戏班有一定的规模，每台戏都有三四组或五六组演员，各组轮番上阵表演，再加上鼓乐队和备用的替换大人演员，人数不少。肩头棚的特点是演技奇特，唱腔动听，形态逼真，表演细腻，戏路宽广，不拘演出场所，还不分朝向，前后左右的观众均可一览无遗，即便在行进途中，也是一路鞭炮齐鸣，气氛热烈。小演员可双腿跨在大演员肩上，双手抱住大演员的脑袋，稍事休息，大演员则在胸前抓住小演员的腿。

　　近年沙县肩膀戏剧团经常外出巡演，广受欢迎。2001年除夕，沙县肩膀戏剧团应邀参加澳门"万家喜庆贺蛇年"开幕式表演，时任澳门特别行政区长官何厚铧兴致勃勃地观看了演出。当地媒体认为，肩膀戏是一种高难度的特别戏种。同年下半年，沙县肩膀戏剧团新剧目《猪八戒巡山》参加中国第五届民间艺术节，荣获金奖。2005年10月，沙县肩头棚入选第一批福建省非物质文化遗产名录。

20世纪90年代的戏班合影

尤溪南芹小腔戏

尤溪南芹小腔戏,源于江西,又称"江西戏",清嘉庆年间(1796—1820)几经跋涉传入尤溪县南芹村。又因唱皮黄曲调,主要行当角色用小嗓行腔,故通称为"小腔戏"。

小腔戏唱腔曲调以西皮、二黄为主,吸收梆子腔、道士腔和民间小调,根据不同剧目的剧情需要,选用不同的唱腔曲调,唱词以七字和十字齐言句为基本格式,也有五字句。演唱中,常加入"啊""呀""唉""咿"等虚词衬字,道白以中州韵为主,杂以方言,谓之"土洋腔"。行当齐全,分"四门九行头":"四门"即生、旦、净、丑,"九行头"即小生、老生、正旦、青衣、老旦、花旦、乌净、红净、丑。生、旦均用小嗓演唱,其余用本嗓。表演程式有"大花平天,二花平眉,挂须平鼻,小生平肩,小旦平乳,三花平肚脐"等规范要求。小腔戏班人员很少,有"16把椅"之称,即前台演员10人,后台乐队6人,伴奏以京胡为主,其他乐器有大鼓、二胡、三弦、月琴、唢呐、大小锣、大镲。演出服装除主角比较华丽外,其他角色的穿戴都十分简单,色彩以黑红为主,有的直接把彩旗或农村主妇用的围裙拿来做披风、裙子。表演动作带有木偶表演的痕迹,不少动作直接来源于生活。常演剧目称"十八棚头",有《下河东》《下南塘》《双救驾》《乾坤配》《青石岭》《天门阵》等,还有《拾玉镯》《游龙戏凤》等一批小折戏。

清末民初,小腔戏进入全盛时期,近30个戏班巡演于沙县、永安、大田、明溪等地。至20世纪50年代,南芹小腔戏业余剧团正式成立,除原有传统剧目外,还移植上演了《十五贯》《逼上梁山》《春草闯堂》等剧目,组织多次演出或参加县乡举办的文艺调演。尤溪全县共办起了20个小腔戏班,每逢春节或重大喜庆日子自演自娱,间或到邻村走亲义演。2007年8月,尤溪南芹小腔戏入选福建省第二批非物质文化遗产名录。

老外也欣赏

小戏班登上大戏台

永安大腔傀儡戏

大小腔演傀儡

永安大腔傀儡戏始创于青水畲族乡，是目前全国民间傀儡戏中唯一演唱大腔特色品种的提线傀儡戏剧种，由永安市青水镇王氏家族世代相传。

永安大腔傀儡戏唱腔属大腔体系，即"一人启口、数人接腔"高腔特征，音调高亢、粗犷、激越，保存"七言体"乐调特点，唱腔大小腔并举。傀儡脸谱彩绘，身着各行当角色服饰，全身关节可以活动，可坐、立、站、跪、蹲、仿真人表演各种动作。前台表演者牵演傀儡身，以线调动各种角色的动作，同时口中演唱出各种角色相适应的声调、唱词，其生、旦、净、末、丑角色皆由一人兼任，还应兼顾傀儡的头、手、眼、声、法、步、神，这就要求表演者灵活敏捷，伎俩娴熟，既要用手指弹动其表情姿态，又要口唱能表现出与各角色身份的唱段相适应的语法声调，甚至手指的每一个关节都能出戏，如吸烟、端茶、斟酒、骑马、飞刀、武艺、脱帽等动作应有尽有。后台乐班以哒、锣、鼓、唢呐、铜牛角、杨琴、京胡等伴奏。傀儡戏班一般由8人组成。今青水畲族乡拥有数班民间傀儡戏剧团，其中以黄景山的"万福堂大腔傀儡戏班"和龙吴村的"永安市燕江大腔傀儡戏剧团"尤为有名。传统剧本剧目有《海游记》《南游记》《度仙记》《加冠晋禄》《打八仙》《九世同居》《罗帕记》《八百寿》《五

星记》《七星记》《七星纸马记》《大七星记》《四幅锦裙》《全家福》《文魁》《双子记》等30多个剧本剧目，有20多个传统折子戏、仪式剧和小戏，还有剧本脚本60多本。

青水畲族的大腔傀儡戏剧、汉剧小戏剧、打黑狮以及《畲族古籍》等七项内容被列入《中国木偶史》的"中国文化部木偶研究课题"，同时还列入《中国畲族古籍纲要目录·畲族卷》名录。2007年8月，永安大腔傀儡戏入选第二批福建省非物质文化遗产名录。

古唱本与古木偶

杂剧作场戏（大田、永安）

杂剧作场戏又称丰场戏、阔公戏，是宋代南方杂剧遗存形态。

大田作场戏古已有之，由廖、余两姓传入朱坂村，与当地社神阔公信仰民俗相结合，从祈神、练场、小试、大试到开场，保留了古代宗族仪式戏剧规制，其组织结构、传承体制、表演形式、音乐唱腔等方面都具有明显的古代杂剧风格。

朱坂丰场戏特别引人注目的是"啰哩"伴唱队形式，即开演时由16名廖、余两姓弟子轮番列坐台的左右两侧，以八字式排开，负责演出间齐唱"啰哩嗹"，为台中演员帮腔。这种杂剧"啰哩伴唱队"，是中国戏剧独一无二的戏剧伴唱，它的出现可谓古杂剧遗存下来的一道亮丽的风景。还有一点是剧中人物角色是以世袭制度来传承的，这种人物角色的家族世袭制度在中国仅见于朱坂之"丰场"制度。

朱坂丰场戏共有十三场。一、田公坐场，戏剧祖师田公受邀镇台。二、阔公请神，阔公应邀请佛为地方祝保。三、判官监察，判官受命监察，判注福禄。四、鬼将临凡，鬼将临凡，驱邪禳灾。五、金花银花，二仙唱曲祈福。六、姆婶游春，阔公夫人与弟媳游春。七、招财朱坂进宝，二神奉命为朱坂村民招财进宝。八、阔公赏春，阔公与夫人饮酒赏春。九、巫婆降神，阔公骂场教训夫人。十、道士建醮，龙虎山道士建醮，请神祇为地方解难。十一、明君天子，宰相奏曰阔公治民有方，天子下令褒奖。十二、阎浮考察，阎王视察阴阳，惩恶扬善。十三、外邦朝贡，朱坂作场戏原为10年举行一次，后经廖、余两姓协商改为5年一祭。清代以来，为避免作场戏之单调乏味，延请民间戏班穿插演出，形成"一出丰场一出戏"的形式，此俗延至今。

永安槐南作场戏也称张大阔公戏，缘于北宋年间（约770—780）来槐南定居的何氏和相继而来的黄氏先祖传承下来的一种传统戏剧。最初的作场戏是何姓家族春节祭拜张大阔公的礼仪，后何氏和邻近的黄氏也来共同参拜，形成了何氏、黄氏、吴氏三支姓氏共襄的宗教信仰仪式。

槐南作场戏唱腔部分采用真假嗓结合演唱，其他如民歌、俚曲、吟诵调等音乐均唱以真声，舞台语言官话、方言各半。戏班由人物扮演者、啰哩嗹队和乐队组成。演出前由场师或道士引导演职人员绕村巡游，称"游场"。后在锣鼓伴奏下绕台三匝，叫"绕场"。何、黄、吴三姓弟子扮啰哩队分列舞台两侧，逢神格人物上场则高唱"啰哩嗹"帮腔。演出内容包括迎场、请神、祭祀、摆供、作场戏等活动，可以看到仪中演戏、戏中演仪、仪即是戏、戏即为仪的这样一种仪戏难分、戏仪交融的宗族宗教戏剧形态。

槐南作场戏保留剧目共有27个场句，分别为太白金星、土地来临、大熟千里、五方符使、伏魔关圣、驱邪赵帅、真武发令、判注福禄、大魁天下、阔临富贵、引子来临、左金童、右金童、金花小姐、银花小姐、师掌乡闾、释传觋习、释示经点、嫂说道情、金童随身、玉女亲往、观音下凡、中海龙王、东海龙王、西海龙王、北海龙王。

分为9场演出，各场演出具有相对的独立性，以各神灵或人物赴槐南戏场为中心，或受邀作为场主请神，或为地方祝保，或来玩赏，或来祈福，等等。

杂剧作场戏为福建史上宋杂剧提供了原生态的活态参照物，并填补了中国戏曲史之宋杂剧研究的缺失与空白。2017年1月，杂剧作场戏（大田、永安）入选福建省第五批非物质文化遗产名录。

大田杂剧阔公戏

永安作场戏

宁化石门山祁剧

宁化石门山祁剧始于清乾隆末年（约1790）。《宁化县志》记载，方田乡大畲池氏祠堂戏台化妆室木壁上有毛笔题字："湖南新喜堂班到此演出开台大吉、乾隆丙辰年寒食节。"壁上所题的"新喜堂"戏班即为祁剧戏班，而所说乾隆丙辰年实为嘉庆元年（1796）。

湖南祁剧传入宁化源于中沙石门村温氏，其时湖南祁阳剧团来村演出，温氏先人觉得祁剧的唱腔道白与宁化客家话接近，就让族中子弟到剧团学戏，随后成立了祁剧团，代代相传，沿袭至今。

石门山祁剧唱腔高亢、激越，曲调轻快、流畅，念白用的是祁阳土官话，行头鲜艳，伴奏乐器有锣鼓、唢呐、胡琴等。唱、念、做、打等表演程式，完全保留了古老祁剧的艺术特点。保留剧目有《开基图》《天门阵》《红凌袄》《合铜牌》《双基图》《二度梅》《失金钗》《凤凰山》《白蛇传》《金山寺》《珍珠塔》《财宝记》《进宝珠》等30多个。目前宁化有中沙乡石门、河龙乡上伊、安远乡伍坊等民间祁剧团，全系村民自发组织的民间演出团体。

宁化祁剧的表演程式，完完全全保留了祁剧的古风古韵，经湖南省戏曲研究所专家考查，认为是湖南古老祁剧的活化石。2007年4月，宁化石门山祁剧入选三明市首批非物质文化遗产名录。

古风古韵

建宁龙头宜黄戏

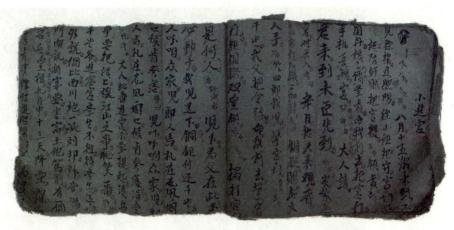

宜黄古本

建宁龙头宜黄戏俗称大戏或土戏，因由江西宜黄县传入，故而得名。《建宁县志》载：建宁城乡的戏崩演出活动始于宋末，元朝初期繁荣，到了明末年间，便开始形成自己的剧种。

宜黄戏声腔又名"二黄腔"，据有关戏剧史料载：明朝戏剧最初唱的是"弋阳腔"，明嘉庆四十年(1561)宜黄籍抗倭名将谭伦回家奔丧时从浙江台州带来了"海盐腔"戏班，"海盐腔"为当时"四大声腔"之首，很快为宜黄艺人所接受。嘉庆末年，戏曲大师汤显祖到宜黄，在谭伦的帮助下"便以浙人归教其乡弟子，能为海盐腔"，宜黄弟子旧腔变新调，即成"宜黄腔"。建宁紧邻江西，颇受赣文化影响，宜黄戏传入建宁后并受到建宁人的喜爱，同时，宜黄戏班在建宁授艺，建宁不少戏剧子弟拜师学艺。一时间，建宁宜黄戏很快兴旺起来，拥有同师同宗的戏社5个，布于各乡各镇的戏台70多座。

建宁宜黄戏唱腔多用上线调，称"二换"或"二黄"，所用的曲调，一称下江上线（二黄），一称下线（西皮），演员唱土声腔。小旦小嗓，小生半小嗓，道白半官半土，有用"二黄"一曲唱到底的如《碧玉簪》《珍珠塔》等。演员都是男性，行当配套比较整齐，有四旦、四生、四花脸，且有固定的脸谱。器乐伴奏6人，具体分工为：鼓手负责全场指挥，其下唢呐、京胡、笛子、二胡、弹钹、锣钹、小锣各1人。乐队练的是工尺谱，以笛定音，低八度，各拉各调。正本戏前一般演一个折子戏，俗称杂戏。以龙头村为代表的建宁宜黄戏在唱腔、表演艺术上都带有浓厚的乡土色彩，道具以及服饰化妆都很原始古朴，保留了不少明清时期的特色。龙头村宜黄戏团的演出剧本有《碧玉簪》《珍珠塔》《龙门阵》《龙凤配》《乾坤带》《二度梅》《下南唐》等10多个传统剧目。

2015年10月，建宁龙头宜黄戏入选三明市第四批非物质文化遗产名录。

民俗调演唱宜黄

建宁黄埠木偶戏

黄埠木偶戏始于20世纪初，到现在已逾百年。据《建宁县志》记载，1916年外地木偶戏班到建宁演出后，桂阳、水尾、贤河、陈余等8个村相继组建起木偶戏班，其中桂阳就有福寿、集胜、盛福3个戏班。而木偶戏传入黄埠的时间可能早于文字记载。

黄埠木偶戏吸收了湖南剧、赣剧、南北词等多剧种特点，并融入闽赣地方文化，形成了独特的表演方式和艺术形式，因此黄埠木偶戏声调唱腔复杂，以湖南腔为主，兼有南北词、四平调、赣剧、民间小曲等多音调唱腔。

前台讲史

白多用湖南腔，二花、小花脸出台，可讲方言和江西土话。

重表不重演是黄埠木偶戏的表演特征，以通过唱腔讲史来吸引观众。前台边用唱词讲史、讲故事，边通过提线木偶的动作表演，配合故事的演绎。后台伴奏根据剧情发展，进行板头配音。木偶制作精良，容貌俊美，服饰鲜亮，以此弥补动作表演的不足。戏班由5—6人组成，乐器有大锣、小锣、堂鼓、钗子、高低音木鱼、唢呐、笛子、京胡、二胡等。传统剧目有《龙凤阁》《龙凤配》《彩楼配》《回龙阁》《耕历山》《继母贤》《百忍堂》《三官传》等30多种，折子戏40多个，多在庙会和祭祀活动场合演出。2015年10月，黄埠木偶戏入选三明市第四批非物质文化遗产名录。

后台配音

传统程序："戏神点化"

村中古戏台

沙县盖竹小腔戏

小腔戏亦称"江西戏""汉剧小腔"，于清末开始在盖竹流传，逐渐替代了当地原有的大腔戏。

小腔戏音乐曲调以西皮、二黄为主，吸收梆子腔、道士腔和民间小调，用小嗓细音行腔唱戏，可根据不同剧目的剧情需要，选用不同的唱腔曲调，主要有西皮、流水、下江、金板、倒板等几种。唱词以七字和十字齐言句为基本格式。演唱中，常加入"啊""呀""唉""咿"等虚词衬字。读音以中州韵为主，杂以方言，谓之"土洋腔"。

行当角色主要为正生、小生、老生、正旦、小旦、老旦、大花、二花、三花以及杂行。各行当有各自的科介程式，其口诀云：大花平头，二花平眉，挂须平鼻，小生平肩，小旦平乳，三花平肚脐。表演动作带有木偶表演的痕迹，不少动作直接来源于生活，细腻逼真。伴奏乐器为鼓、板、大锣、小锣、小钹、唢呐、二胡、月琴、京胡等。伴奏音乐有大开门、道子、魁星锣、换道、洗马锣、财神锣、紧过场、紧道、如道、进城、小得胜等。主要传统剧目有《千里走单骑》《古城会》《辕门斩子》等。小腔戏班通常由16人组成，俗称"16把椅"。戏班成员多为草根演职员，演出时是演员，没有演出下地干农活。在农村，能在"三寸板"（戏台）上踏"千层底"（戏鞋）的人，常被乡民看作文武双全之"能人"，受到尊敬。

每逢重大节庆、庙会，小腔戏就来到村中云庆庵古戏台，为村民演出，每年农历三月初三、七月初八、八月十三、十月十八，每逢各路神仙诞辰日，都是小腔戏演出的最佳时段，演出范围也从本村扩大到外乡。

盖竹小腔戏不仅唱腔上保留了古风古韵，就连拜师仪式也是原汁原味。盖竹小腔戏培训班拜师仪式由戏班师傅主持，在本村云庆庵古戏台举行，仪式分为五个步骤：

第一步，"偷鸡"。按传统，每一个想学戏的弟子，都要"偷"一只鸡，而且要"偷"村里最泼辣的女人养的鸡。"被偷者"缄默不语，并不委屈，反而为荣，感觉为村里的戏班出了力。学戏弟子如果中途放弃，鸡的主人就会追着骂他，要么赔鸡，一根鸡毛赔一只，要么继续学戏，才肯罢休。"赔鸡"不易，只有继续学戏。

第二步，喝鸡血酒。鸡抓来后，由师傅宰杀，将鸡血滴进酒碗，摆放在戏神祖师爷田、窦、郭三公的神像前，师傅手持三炷香，默念"和合符"，希望祖师爷保佑新收的弟子团结和睦。祷毕，他端起鸡血酒喝一口，弟子们紧随其后，每人喝一口。

第三步，封台。师傅走到戏台中央，一边口中默念，一边持香在空中书写封台符文，此举是为了防止各路野神打扰弟子们学戏。

第四步，分发剧本。邓师傅先将剧本按不同角色一字排开，淋上鸡血酒，安排各弟子饰演各自角色，并将对应角色的唱词，分发到每名徒弟手中。

最后一步，敬茶。师傅和戏班前辈坐在戏台中央，弟子们面向他们三鞠躬，奉上热茶，师傅们喝了热茶，拜师礼成。

2015年10月，沙县盖竹小腔戏入选三明市第四批非物质文化遗产名录。

水茜木偶戏

宁化县水茜木偶戏出现于清末。清宣统元年（1901），木偶戏艺人邱秉坤和"线师傅"朱锦宪在水茜沿口村带徒传艺，鼎盛时，沿口村一个村就有9堂木偶戏班。

水茜木偶戏的唱腔为祁剧声腔，属乱弹，以皮黄为主，视剧情、角色偶尔也唱采茶戏曲牌和京调等。木偶生、旦、净、末、丑角色俱全，文官出场有整冠、排衣、撩袍、端带4个动作，生走八字步，旦走小碎步，武打场面动作复杂，讲究技巧。水茜提线木偶造型高挑，俗称二十四诸天。木偶关键部位均缀以提线，随着技艺的成熟，提线从最初的5条线渐增为12乃至如今的30多条。木偶角色更由最初的18个发展到如今的70多个。木偶戏班一般由5人组成，2人表演，3人伴奏，伴奏者使用锣鼓、管弦等乐器并兼帮唱。传统剧目相当丰富，水茜木偶戏班持有剧目178本，按精彩程度和先苦后甜顺序排列，调取节目简便快捷。教戏多靠剧本传授，其中40多个保留剧目由师傅口传面授，如《三国演义》《杨家将》《二度梅》《昭君传》《李道宗说计——仁贵拜帅》《赵玉林》《珍珠塔》《金钗记》《朱砂印》《水浒传》《岳飞传》等。

水茜木偶戏的传承有家传、师传、家师结合3种方式，师傅口传心授，学徒跟班学艺。目前，水茜镇沿口、沿溪、庙前、蕉坑、下傅5个村，仍有6个戏班70余人从事木偶戏演出。演员农忙时在家务农，逢年过节或农闲时组班出演，一年在外可演出120天左右，足迹遍及本县周边乡镇以及建宁、清流、明溪和江西石城等地。

水茜木偶戏是祁剧声腔体系与偶戏艺术的结合体，为中国古老的戏曲声腔祁阳腔保存了研究活体，对客家方言与民间文学的舞台传播、客家造型艺术与服饰文化的研究也有重要价值。2018年7月，水茜木偶戏入选三明市第五批非物质文化遗产名录。

演出阵容

我出师啦

清流三角戏

　　清流三角戏源于明嘉靖年间（约1522），由江西赣州山歌小戏传入清流演变而成的新创地方剧种，保留着客家文化明显特征。

　　当年江西赣州山歌小戏剧团长年在清流县坊廓里、拔里、下窠、龚坊一带演出，受其影响，下窠、龚坊村民仿效组建了"三角班"，因为整台戏里只有生、旦、丑三个角色，整个戏班也由一家3口组成，所以叫"三角戏"。三角戏从业余清唱自娱起步，初始没有剧本，没有曲谱，服装道具也少，3个人肩上一担，走村穿巷，用清流土话演绎人间悲欢离合、古今传奇。乡音的力量是神奇的，三角戏很简单，很土，草根属性明显，但表演者表情生动，把剧情渲染得栩栩如生，后来加上扬琴、二胡、板、鼓、钹等乐器伴和，节奏分明，曲调悠扬，因而备受客家乡亲喜爱，不仅在本地演出，还经常受邀到宁化、长汀、连城、明溪等周边乡镇村落演出。

戏班亮相

三个角色一台戏

　　依靠农村群众基础得以流传的三角戏，经过几代从艺师傅择优提炼、演化积累，除保留江西采茶戏的部分传统唱腔外，还充分吸收汲取当地的民间山歌小调的一些音乐元素，并增加了汉剧、赣剧、潮剧、越剧、南词北调的一些曲牌，在唱腔上加入京剧精致细腻和雄浑大气的表现方式，形成了自己独特的艺术风格，大大丰富了演绎效果。三角戏的演出载体也从最早的家庭戏班扩展到"供坊三角剧团""龙津三角剧团"，边传承边演进。到改革开放后再次发扬光大，县镇两级政府拨款在龙津镇为三角戏建起了仿古戏台，添置了设施设备，并组织专人恢复整理出36种传统剧目，充实了剧团的演出基础和演绎内容，使三角戏成为闽西北客家乡亲的一道文化大餐。2015年，清流三角戏《闹堂》参加三明市戏曲小品汇演，喜获一等奖，并被各个媒体多次报道。2018年7月，清流客家三角戏入选三明市第五批非物质文化遗产名录。

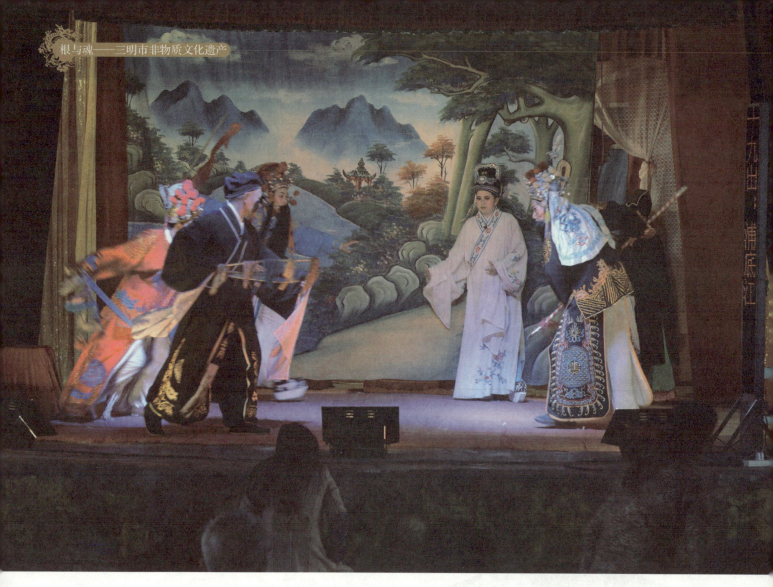

演绎人间悲欢

大田汉剧

　　小腔汉剧是大田代表性地方剧种，始于明隆庆二年（1568）时任礼部侍郎的田一俊带回的大腔戏班。延至清嘉庆、道光年间，大田已有大腔戏戏班30多个。清咸丰之后，小腔戏也得到了发展，再至清朝末年，小腔艺人把大腔戏、小腔戏、湖北汉剧、大田山歌小调揉合演绎，形成了独特的大田小腔汉剧。

　　大田小腔汉剧最初用的是被人们称为"楚腔汉调"的古老声腔，语言多用当地方言，妆容近似京剧，到了20世纪80年代，地方戏为适应市场变化，迎合年轻人的喜好，其唱法开始倾向于越剧。汉戏班演出的剧目新旧合一，传统剧目主要为汉剧老十八本，如《天门阵》《龙凤阁》《紫金彪》《满全福》《双贵图》《清官册》等，各个剧团也有不少新编剧目。后台伴奏以二胡、京胡、扬琴为主。有趣的是，各汉剧戏班至今依旧保留了年代久远的

"封台""拍八仙""加官"等传统仪式。且看封台：戏班每到一地都要进行一次"封台"。由班主请出祖师爷牌位，然后拈香祭拜，祭拜时四周封三门，剩下一门用青杉树枝拦住，不准闲人出入。吉时一到，刀割鸡冠，用朱笔醮血点在演员的额头上，意谓鬼魅不侵，保障演员平安，演出顺利。接下来是"拍八仙"。正剧开演之前，先由几位男女演员戴上面具扮成八仙模样，演一出辟邪戏，镇压各路妖魔。最后是"加官"，也称"彩头戏"。一般放在每台戏的结局，由一个独角演员扮红袍白面的"禄星"出场，寓意祝福看戏诸君禄星高照，升官发财，万事如意。

　　大田小腔汉剧团深受群众喜爱，十几个剧团终年活跃在本地村镇，还不时受邀到永安、尤溪、新罗、连城、漳平等地演出。2018年7月，大田汉剧入选三明市第五批非物质文化遗产名录。

巡演在村落

曲 艺

　　曲艺在中国有着悠久的历史，古代的弹唱歌舞、讲古说笑、宫廷俳优等都在曲艺的范畴。

　　三明流传的曲艺并不繁杂，但将乐的南词八韵、永安的唱花，都为群众所喜闻乐见，在当地和周边地区有着广泛的群众基础。

永安"唱花"

永安唱花源于永安大湖新冲村，流传至今已400余年。相传清初有一才子进京赶考，落榜后流落新冲村民主庙，受村人饭食，临走时把撰写的"花本"留下，此后"唱花"即在新冲扎了根，形成了古老的、独特的乡村文艺。

照本宣科

新冲的冲一、冲二、冲三、冲四4个村，每年正月初一到十五，白天迎神赶庙会，晚上聚会唱花。唱花在村中大户的厅堂上举行，厅堂正中摆上几张大桌长椅，桌上排满米粿茶点、果品佳肴，供唱花人享用。唱花唱的是永安话，但带有闽南的高甲戏腔，不同的场合有不同的花词，如迎神游街开始时唱"起神花"，送神时唱"送神花"，在游街过程中唱"行路花"，到佛堂时唱"佛坛花"，进门唱"入门花"，出门唱"出门花"，喝酒唱"食酒花"，盖房唱"架厝花"。唱词内容丰富，包含历史地理、人文礼仪、四时农桑等，比如"架厝花"中唱："主人住在好屋堂，四边金柱对金樑。樑头雕得金狮子，樑尾雕得金鸡对凤凰。""食酒花"唱："主人造得好酒浆，未曾斟出满厅香。日间斟出写田契，夜间斟出请尊王。"这些体现了新冲人赞美自然、热爱生活的淳朴民风。

晚饭后，乡民们扶老携幼，赶往举办唱花人家的大厅。不一会儿，大厅上挤满了人。开唱时，唱花人面前摆上唱本，几十人异口同声，有唱有和，悦耳的歌声响彻乡村正月的夜空，通宵达旦。新冲人用唱花表达自己的情感，祈求新的一年风调雨顺、五谷丰登、老少安康、六畜兴旺。新冲村先人大多是清朝中后期从安溪、永春、南安等地移民来此的拓荒者，他们把闽南的种茶、养殖及其他耕作技术带到新冲，在漫长的岁月里，唱花习俗成了他们与当地人和谐相处的纽带。

2009年5月，永安"唱花"入选福建省第三批非物质文化遗产名录。

唱花献艺

闽北南词（将乐）

将乐南词发端于清乾隆、嘉庆年间，由于一个完整的唱段至少由八句唱词组成，故谓之"八韵南词"。

将乐南词唱腔优美，音调委婉，结构简练。其唱腔由六个部分组成，分别为基本唱腔（含平板和紧板，平板也称正板、正韵）、弦索、昆腔、北调、引子及尾声和外调。基本唱腔是南词的主要唱腔，其他唱腔则为辅助或点缀唱腔。引子和尾声只在一个所谓全本戏中使用。南词唱腔的板式与其他戏曲音乐一样，有一板三眼、一板一眼、有板无眼和无板无眼四种。原为戏曲音乐的南词，传到将乐之后即以厅堂坐唱的表演方式出现，较多地保留了清代时期的原貌，但在清唱南词中还是可以发现一些专门角色的唱腔痕迹。从演唱角度看，南词唱腔与其他戏曲音乐并没有什么区别，也有一个完整的演唱结构：起板—基本曲调—转板—结束。

南词是以清唱方式进入将乐的，所以它的伴奏只有文场（琴箫），没有武场（锣鼓）。正规的传统南词清唱使用的乐器有葫壳琴、二胡、扬琴、琵琶、三弦等。唢呐只专用于点绛引的伴奏。当出现昆腔或者外调时，则须加入箫、笛，指挥乐队的打击乐器有鲍鼓和尺板。

将乐闽北南词代表性的节目《天官赐福》，是唯一完整保留下来的唱本，也是唯一全部唱腔被完整传递下来的节目。演唱《天官赐福》在将乐被称为"开天官"，演唱前后须燃放烟花爆竹，演员盛装出场，气氛喜庆，深受将乐百姓的喜爱。目前，将乐县收存有南词传统曲目《断桥相会》《合钵收妖》《芦林相会》《昭君和番》等有"四大曲王"和其他剧目及折子戏、小戏等18本。

近年来在广大南词艺术爱好者的共同努力下，南词创作、演绎活动方兴未艾。特别是在2009年将乐县南词艺术研究会成立以来，通过积极作为，组织南词艺术演出、展示、传习，新编南词代表作《抢险英雄郑忠华》《党是人民的铁靠山》《将乐美、将乐乐》《李寄斩蛇》《山无粮水无税》《程门立雪》《香樟颂》等作品相继问世，在全国及省、市曲艺比赛和展演中获得各类奖项20余项，重现兴盛希望。

2011年12月，闽北南词（将乐）入选福建省第四批非物质文化遗产名录。

1964年将乐南词在福州演出

南词新作参加福建省丹桂奖大赛

传统体育、游艺与杂技

中国的传统体育由来已久，诸如秦代的"角抵戏"、汉代的"百戏"、隋唐的"散乐"，还有流行于朝野的蹴鞠、马球、投壶、射箭等等，不一而足。诸多陶冶身心的祛病、健身、习武、娱乐活动在民间广泛流传，构成了中国多姿多彩的传统体育文化。

《论语》曰："志于道，据于德，依于仁，游于艺。"宋代大理学家朱熹创编的"晦翁八段锦"和充满先人睿智的黄历古棋，都彰显了中国传统体育文化的丰富内涵。

黄厝古棋

　　黄厝古棋是泰宁县朱口镇黄厝村自宋代流传下来的棋艺，是中原南迁入闽客家游艺习俗与当地原住民文化相融合的产物。

　　黄厝古棋的产生与流传，有其历史典故。古时黄厝是一个大型商品交易中心，客商云集，生意之余，下棋消遣，外地人，本地人，清晨黄昏，白日夜晚，街头巷尾，树下田边，无论何时何地，画上想玩的棋盘，一人捡些石子、瓦片，或拗些小树枝做棋子，商定好规则，就开始对弈。来自五湖四海的棋种棋术，在这里汇聚，久而久之，黄厝村成了南北古棋渊薮，堪称"古棋之乡"。黄厝古棋品种繁多，有鸡母棋、揪子棋、豆腐棋、轮子棋、裤脚棋、罗角棋、乞丐棋、夹子棋、十字巾棋、三子棋等十几种。

　　下面说说几种有代表性的棋局：

　　裤脚棋，棋盘形似裤脚，只有一个空位可下子，简易快棋。行棋规则：2人各占一边，一人执石子2粒，一人执小树枝2段，用猜拳决定谁先走子，下棋速度极快，谁的棋子被逼得无路可走，即被判为输棋，撤下换人。

　　豆腐棋，棋盘形似豆腐板九宫格，简易快棋。行棋规则：2人对峙，各持6枚石头棋子，按图布棋。每人一步，在一条直线上，如果双方都有1子，谁先走上1子，形成"二挤一"架势，即可吃掉对方1子，谁最后只剩下1子，无法做到"二挤一"吃掉对方棋子的情况下，即为输棋。

　　螺角棋，棋盘像田螺而得名，又称三角棋，3人合玩。走棋规则：3人在"1、4、7""2、5、8""3、6、9"3组数字中选定1组，围坐棋盘周围，以身前一角为本人的家，甲乙丙分别在自己家的尖角上放1粒大子，手中各握3粒小子。开始时，各人手握想出的子数，同时出拳，打开后，加起来的子数是几，对应的人，可将家中大子往前走一步。如甲为"1、4、7"，乙为"2、5、8"，丙为"3、6、9"，总数是1、4、7时，甲可以向前走一步；总数是2、5、8时，乙就可往前走一步；总数是3、6、9时，丙就可以走一步。如此反复出子，各人的大子不断往前，走到相对的底边时，可在边外画一个四方格，表示买下一份田产。接下去再从家中开始走，继续添置田产，最后结算一下，谁的田产多为赢家。谁的大子走到中心时，若被下一个人的大子赶上，就被"冲走"，被

冲的人将大子放回起点处，返回老家从头走起。

　　乞丐棋，3人同玩，意为3个乞丐同去一个村子讨饭，看谁先到，先讨到饭。行棋规则：该棋的下法与螺角棋相似，首先由3人在"1、4、7""2、5、8""3、6、9"3组数字中选定1组，围坐在棋盘的三个方向，以身前一方为本乞丐所居破庙，无人的一方为3个乞丐都要去乞讨的村庄。甲乙丙分别在自己的破庙头上放1粒大子，各人手中握3粒小子。开始时，各人手握想出的子数同时出拳，打开后，加起来的子数对应的人，可将自己的大子往前走一步，如此反复出子，各人的大子不断往前，走到村庄时，要绕村边走一圈，再到村的中心点，才能讨到饭，这时他可在自己破庙边画一碗饭，表示已经讨了一碗饭。再将棋子放回原出发点，继续出发去讨第二碗，比赛结束，谁讨的饭多为赢家。

博弈

　　夹子棋，也称小围棋，是围而吃子的棋种。行棋规则：2人对局，各执棋子6枚，轮流移动本方棋子，一是只能沿着棋盘中的线走，二是每走一次只能前进或后退一步，三是不能跳越其他棋子。只要把对方的子团团围住，就可吃掉这个子，一直吃到对方仅剩2子，即宣布获胜。

　　三子棋，棋盘为三层"回"字形图案，复杂棋种。棋盘中横线、竖线、斜线都为3个子，以及在一段线上满3子就可压、吃对方1个子的下法。行棋规则：2人对局，红、黑双方各执子24枚备用。双方轮流下子，不论下横线、直线、还是斜线，只能在棋盘中下一枚子，各方应尽量让自己的子组成新的"一线三子"，同时尽量用子去破坏对方

将要完成"一线三子"的棋局。如果一方新组成"一线三子"，就可用自己的子，压住对方任何一个对自己有威胁的棋子，使对方的这个棋子失去作用，成为"死子"。随着棋局的发展，双方不断打压对方或被对方打压，棋子填满棋盘，就把双方压与被压的棋子撤掉重下。如果一方新组成"一线三子"，就可以吃掉对方任何一个对自己有威胁的棋子，一直下到棋盘填满棋子为止，此时结算双方在盘中的棋子，多者为胜。

揪子棋，与三子棋相似。棋盘为4层"回"字形图案，由红、黑两方对局，各执棋子32枚备用。走法与三子棋相似。双方轮流下子，不论横线、直线、斜线，一次只能下1子，各方应尽量让自己的棋子组成新的"一线三子"或"一线四子"，同时尽量用子去破坏对方将要完成"一线三子"或"一线四子"的棋局。如果一方新组成"一线三子"，就可用自己的子，压住对方任何1个对自己有威胁的棋子。如果组成"一线四子"，就可以用子压住对方2个对自己有威胁的棋子，被压的棋子就成了"死子"，失去作用。随着棋局的发展，双方不断打压对方，和被对方打压，直到填满棋盘时，就把双方压与被压的棋子撤掉，继续进行比赛。如果一方新组成"一线三子"，就可以直接吃掉对方任何一个对自己有威胁的棋子。如果一方新组成"一线四子"，就可以直接吃掉对方任何两个对自己有威胁的棋子。一直下到填满棋盘，结算双方在盘中的棋子多少，多者胜。

鸡母棋，棋盘如鸡笼形状，是1只母鸡和一群小鸡争斗的棋种。行棋规则：棋盘大格为鸡场，小格为鸡笼，一方挑选母鸡持1粒大子，另方就充当小鸡持小子16粒。比赛前棋子布局在大格场中，四周布满小鸡，中央是母鸡。双方每步一格，可走横线、直线或斜线，小鸡要设法将母鸡围到角落，再赶进鸡笼；母鸡要避开鸡笼，争取多叼走小鸡，减轻小鸡围攻的压力。小鸡只能围攻，不能碰母鸡，母鸡可以啄小鸡，啄法是"一挑二"或"一挑四"，就是小鸡在一条线中，如形成担子，被母鸡前进一步挑了担子，被挑的2只或4只小鸡就被"啄死"，拿掉棋子。如果母鸡被围进鸡笼，即为小鸡赢，母鸡输；如果母鸡把小鸡啄到只剩2只，再无能力围攻母鸡进鸡笼，即为母鸡赢，小鸡输。

轮子棋，棋盘四角状如车轮。行棋规则：双方各持12子，用"锤子、剪刀、布"猜拳定先下方，最后看谁能吃掉对方全部棋子为胜。每次只能在横、竖格移子1步，移动时既要设法躲避对方吃子，又要为下一步吃对方的子做准备，但不能跳越自己或对方的棋子。吃子在4个轮子中进行。当双方的一个子在轮子弧线两端就形成对立状态，进攻的子可以绕过弧线吃掉对方棋子，将自己棋子进到空出的位子。一方棋子被对方吃光为输棋，双方都无法将对方吃光为平棋。

十字巾棋，棋盘型如十字巾。行棋规则：2人对峙，各持4子布于前面的方框4角。1次1步，横竖都行，不能跨越任何棋子，但必须考虑攻防利益。1子吃1子，不论横竖或拐弯，都以首尾4步为对立子，即直行或绕行3步吃对方的棋子，但是中间2步必须是空格，才可以将对方的棋子吃掉。谁方棋子被全部吃光为输家，留有棋子的为赢家。

先人智慧的遗存

黄厝古棋有严密的逻辑思维，隐含辩证哲理，其总体思路或行棋落子，都是综合的心智活动，可培养行棋者良好的心理素质、意志品质、记忆力和空间想象力，能通过不断地分析、计算，激发人们的潜能，是一项很好的智力体操。岁月的车轮滚滚向前，许多古老的游艺和娱乐项目随着父辈们的老去而逐渐消失，但是，黄厝古棋历经数百年仍保持着顽强的生命力，这和黄厝村老一辈村民的保护是分不开的，他们将十多种古棋棋盘镌刻于村中石板之上，让它们永久地保存下来，给后人留下宝贵的非物质文化遗产，这是一种令人惊叹的智慧。目前，黄厝古棋棋谱已经通过现代化手段打印保存下来，每年乡镇举办文化活动时，常将古棋摆放出来，让老年人和青少年对弈走棋。2018年7月，黄厝古棋入选三明市第五批非物质文化遗产名录。

扛龙柱

　　"扛龙柱"是永安市小陶镇村民在砍伐、搬运巨型木材所伴生的习俗的统称。

　　小陶镇山多林密，古时盛产木材，加之湖口村水陆交通发达，常有大量船只停泊在湖口码头进行交易，明正统五年（1440），官府为维护正常的商旅秩序，在小陶湖口岩前设立了巡检司。其时建造宫殿民居、打造船舶桅杆、构筑桥梁乃至乡间水车转轴，常用到长度十几米的大口径木材，要把这些大型长材运出深山大崖，只有通过人拉肩扛来完成，这个运作过程及其习俗称"扛龙柱"。

　　扛龙柱有一整套约定俗成的规矩和代代相传的习俗，是为：

　　准备：扛龙柱工友必须各自备好行头，包括用棉布包着棉絮的加厚垫肩和绑腿布、换肩用的硬木筒叉、毛竹头镶嵌特制铁头叉的竹钎把手等。

　　进山：东家带领众工友择吉日祭山神，然后根据木头的重量和长度确定上山人员，他们随即披上肩垫，系好绑腿，带上筒叉、竹钎一道进山。

　　裁龙柱：到达目的地后，先将事先砍下的龙柱除去多余的枝桠和树尾，同时截取树头碎片和树尾叶子，用红布包好取回，供做大梁或桅杆时放置梁腹或桅杆顶部所用。

　　称中心：一般的大长材重达几千斤，必须找准其中心，众人将龙柱架起后，称好中心。

　　钉竹钎：分别朝龙柱的两个方向依次钉上竹钎把手，竹钎相间45—50厘米。

　　起肩：众人将大长材架到特制木架上，同用左肩或右肩顶住龙柱，手握竹钎。首尾二人除了抓好竹钎外还要抓好换肩用的筒叉。

　　喊号子：领头人喊出号子："扛起来啊，哈哈呜、哈哈呜、哈哈呜……"众人脚踩内八字，呼应着号子原地踏步，直到步伐整齐，并静待领头人口令。

　　出发：领头人下达出发令，众人边呼应号子边迈出整齐的步伐前进。龙柱途中不能着地，外皮不能受损，所以众人必须马不停蹄，一直把肩上的龙柱扛到目的地。

　　小陶本土的扛龙柱号子，洪亮而有力，生动再现了先人们协同劳作的场面，它不但是指挥扛龙柱运作全过程的口令，也是世代传承下来的民间音乐。如今聆听扛龙柱老人们喊起当年的号子，仍觉浑身是劲。"来！扛起来，哈哈呜、哈哈呜、哈哈呜……"众人齐声应和；过沟时领头人喊"过沟啦！哈哈呜、哈哈来……"第二位、第三位依次传下去；转弯时领头人喊"甩尾啦！哈哈呜、哈哈来……"第二第三位又应答"甩尾啦，哈哈呜、哈哈来……"；遇中低前后高或中高前后低的山坡时，领头人喊"腰门噢……"，后面的人急将号子往后传，让部分人做好承受巨大压力的准备，歇脚或停止则喊"哎嘿"；需要换肩时，领头人一声"换肩了"，此时首尾工友用筒叉撑住龙柱，其他人众依次传应答"知道了"！随后手握竹钎，依次换肩，直到整个队伍完成换肩动作，再继续前进。

　　扛龙柱习俗具有竞技性又有观赏价值，更深层的是它反映出先人的团队意识、协作精神和劳动中涌现出的智慧。2018年7月，扛龙柱项目入选三明市第五批非物质文化遗产名录。

晦翁八段锦

"晦翁八段锦"是宋代理学家、教育家朱熹根据我国古代健身导引术整理、改编而成的健身气功。

八段锦作为中医养生气功术，起源于《黄帝内经》的导引按跷术，发展于秦汉，成形于两宋，又经朱熹收集整理，自创新体系，流行于明清朝野市井。朱熹诞生于尤溪，"晦翁"是朱熹晚年的自号。他所创立的晦翁八段锦以古代八段锦为基本架构，融入了朱熹万物一理和内外兼修的理学思想，进行了大量的创新与发展，是朱熹进行日常习练的气功功法，并在他主办的书院中向学生推广普及，以增强学生的体魄。时至明朝初年，梁氏宣仪公任尤溪县令，曾不遗余力推广晦翁八段锦，也因尤溪深受朱熹理学文化影响，民间练习八段锦自是非常盛行。

晦翁八段锦	
一、两手托天顺三焦	二、左右开弓如射雕
三、调理脾胃须单举	四、五劳回顾七调伤
五、游鱼摆尾通心火	六、手攀双足固肾腰
七、攒拳怒目长力气	八、双根叩地百病消

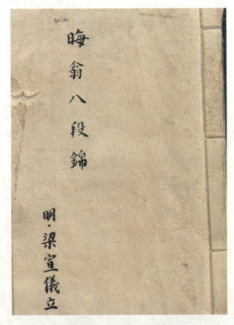

明万历八段锦手抄本

左右开弓架式

晦翁八段锦动作舒展优美,练习者首先采取站立式,双足开立与肩同宽,气沉丹田,腹式呼吸,腰脊放松,宁神调息,动作舒缓,动静相兼,松紧结合,一开一合,阴阳相对。每个动作都要使肢体的对拉动作做到极限,稍停顿3—5秒,再续下一动作。八个功法动作,有送有收,一开一合,一阴一阳,动静相间,气机流畅,能达成撑筋拔骨、舒经活络、正骨柔筋的健身效果,长期练习能使人通经络、气血通畅、培元补气、滋阴补阳,改善新陈代谢,调节植物神经,促进血液循环,增强心肺功能,从而达到提高身体素质的健身目的。晦翁八段锦是朱子文化的组成部分,是朱熹留给后世的重要文化遗产。

2018年7月,晦翁八段锦入选三明市第五批非物质文化遗产名录。

传统技艺

传统技艺有一个共同特征，那就是深刻的民族烙印和地方特色。

名闻遐迩的将乐竹纸、古砚，倍受青睐的客家擂茶，历久弥香的肉脯、美酒，名声在外的沙县小吃，老少咸宜的游浆豆腐……祖先们创造的生活之美，让子子孙孙在享用中感悟先人的智慧。

抄纸现场

竹纸制作技艺

将乐传统手工造纸技艺历史悠久，据《福建通志》记载，将乐西山纸在唐、宋时代颇负盛名，迄今已有一千多年的历史。清人郭柏苍的《闽产录异》说，将乐纸以杨家山的京纸和龙栖山的西山纸最好。《中国书法工具手册》也载，将乐是我国最早生产毛边纸的地方之一。

将乐的毛边纸又数钟灵毓秀的龙栖山所产"西山纸"最负盛名。龙栖山地处将乐西南部国家级自然保护区内，海拔千余米，云遮雾罩，雨量充沛，盛产毛竹，有着丰富的原料资源，适应传统手工造纸业的生存与传承。

西山手工造纸技艺工序复杂，需经砍嫩竹、断筒、削皮、撒石灰、浸漂、腌渍、剥竹麻、压榨、匕槽、踏料、耘槽（打浆）、抄纸、干纸、分拣、裁切等28道工序之多，每道工序都丝毫马虎不得，否则就功亏一篑。优质西山纸细腻柔韧、光润洁净、吸水性强、久存不蛀，用于书法，吸墨性强，墨色固定而不褪色。西山纸既可用于修复、印刷古旧书籍，又是理想的书法用纸，作品装裱后古色古香，因此，自古以来深受用户的喜爱。当年，乾隆皇帝编《四库全书》时，命钦差大臣专程到将乐调纸印刷。清代以后，西山纸远涉重洋，畅销日本、新加坡、泰国、菲律宾、马来西亚等20多个国家和地区。1974—1976年，国务院办公厅、国家出版局几次调运将乐毛边纸进京，以印刷《毛泽东诗词》线装本和重要历史书籍。

西山手工造纸技艺是中国古老手工造纸技艺的缩影，对研究福建及中国传统手工造纸技艺的发展及传承，具有较高的历史、文化和科学价值。2008年6月，将乐竹纸制作技艺入选国家第一批非物质文化遗产扩展名录。

西山纸印刷的《毛主席诗词》封面

将乐民间龙池古砚制作工艺

将乐龙池砚发祥于将乐县古镛镇，已有千年历史。将乐宋代古墓考古已发现有用龙池古砚作为随葬品，与如今将乐县博物馆收藏的数方出土的宋代将乐砚年代相近，同为国家珍贵文物。清乾隆年间修撰的《将乐县志》，对用于制作龙池砚的砚石作了明确记载。这种砚石产于县城之北，距城关十里的石门岭一带，此处和传说中仙人指点的龙池毗邻，故有"龙池石"之称。龙池村是宋代著名理学家杨时诞生地，所以"龙池石"又称为"龟山石"。

龙池砚历史悠久，久负盛名，与端砚、歙砚、洮砚、鲁砚等名砚均系我国著名古砚。龙池砚葆有"发墨细腻，墨色纯青，光亮耐用，不伤笔毫，写字作画，成色明晰，不易褪色，宜于长期保存"等品质特色，砚石绝佳外，传统的手工技艺也好。龙池砚制作工序繁杂，须经过选材、设计布局、切割外形、初磨、粗凿、挖孔、开槽、修边、细雕、打磨、上线、细部精雕、水磨等多道工序，使用的各类大小工具就达23种，颇为讲究。龙池砚制作成形后的技艺以龙图案的雕饰为主，延伸辅助技艺有30余个品种，如双龙戏珠、飞龙夺魁、巨龙飞腾、蛟龙戏水、玉龙吐云、墨宝龙池砚、群龙托乾坤、群龙献寿、金龙闹海等，寓意中华民族龙的精神，因此，龙池砚技艺颇具中华民族传统文化韵味。

精工雕刻的龙池砚成品光泽莹亮，细润光滑，轻轻敲击，其声如磬，被视为文房瑰宝，深受历代书画家和文人墨客的钟爱。清人郭柏苍的《闽产录异》记载，"龙池砚"色微紫、似端之梅花坑。其质视端则绌、视歙实赢"。意思是说龙池砚砚石质地略逊端砚而优于歙砚。民国十九年，将乐龙池砚与西山纸等产品一同参展于福建省第一次工商产品展销会。1958年，将乐龙池砚"圆形双龙戏珠砚""长方形梅鹊砚""小型粘刻马花式技艺砚"和"长方形刻花学生砚"等作品参加了建国10周年全国技艺美术展；同一时期，将乐龙池砚还被评为"福建省优质产品"。近年，将乐龙池砚也经常参与各种经济文化交流活动，并屡获殊荣，其中，2001年，龙池古砚获三明市名特优商品交易会金奖；2002年，龙池砚"群龙托乾坤"获福建省首届民间艺术品博览会金奖；2004年，获福建省首届民间艺术精品暨第三届省民间艺术家评选活动铜奖；2004年，龙池砚"飞龙夺魁"获中国第三届国际

民博会暨第二届中华（天津）民间艺术精品博览会金奖；2007年，获"福建老字号"称号；2008年，获中国（莆田）第三届海峡工艺品博览会银奖；2009年，获准实施国家地理标志产品保护；2009年，被福建版权局列为"福建省版权保护重点企业"。

龙池砚展示厅

龙池砚展品

龙池砚是一项颇具传统文化内涵的手工技艺，具有很高的技艺美术价值；同时，对研究福建及中国砚台的发展及传承历史，具有较高文化和科学价值。2005年10月，将乐民间龙池古砚制作工艺入选福建省第一批非物质文化遗产名录。

明溪肉脯干制作工艺

明溪肉脯干生产销售历史悠久。据《明溪县志》记载，肉脯干制作可追溯到700多年前。

明溪肉脯干以猪后腿精肉切成薄片，用山田晚季糯米加工的红糟酒糟作为辅料，加入多种名贵香料配制，经腌制后上架精心烘烤而成。成品肉脯干有三大特点：一是使用有机原料，无添加，是放心食品；二是用文火烘烤，完整地保持了肉质的纤维原纹理，色彩红润透亮；三是咸香干透，其味极香，细品入味，食后留香。"荣兴牌"肉脯干是代表性产品。荣兴牌创建于1939年，明溪肉脯干不仅是明溪的特色食品，更是闽西八大干传统食品之一，蕴藏着深厚的客家文化底蕴。1979年，福建省政府在龙岩市召开"汀州八干"会议，明溪肉脯干被评为"闽西八大干之首"。2011年，中华人民共和国商务部授予明溪"荣兴牌"肉脯干为"中华老字号"荣誉称号。2007年8月，明溪肉脯干制作工艺入选福建省第二批非物质文化遗产名录。

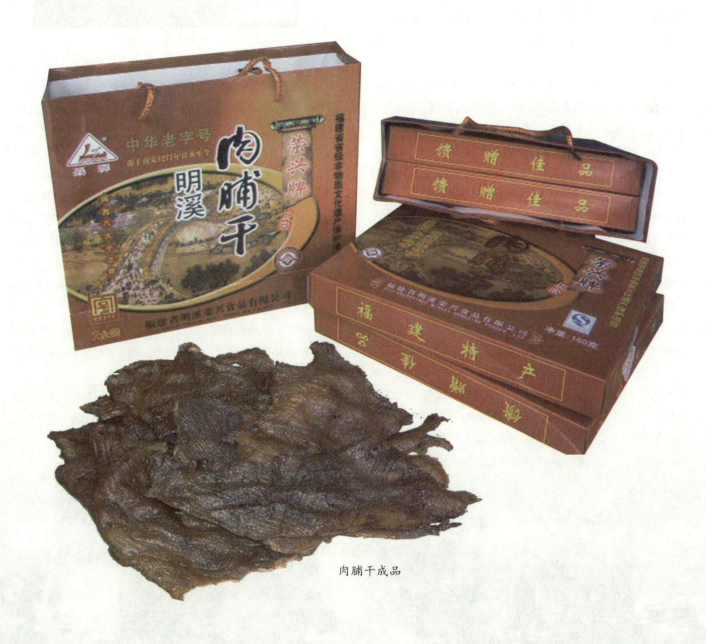

肉脯干成品

沙县小吃制作工艺

能把小本经营做成大买卖，把七尺小店开到全中国乃至国外，沙县小吃是个特例。

历史文化基因，中土饮食习俗，随着中原士族汉民的几次大南迁汇聚而来，造就了今日"中国小吃城"的光环和沙县小吃的兴旺。追根溯源，沙县小吃属于黄河流域饮食文化传统的一个分支，至今，不少小吃品种还保留着古老的传统意识文化的特征，其制作方法明显存留着中土习俗的痕迹。

沙县小吃以品种繁多、风味独特和经济实惠著称。它既有福州、闽南一带的饮食特点，又兼有汀州一带山区客家饮食文化风格。据不完全统计，沙县各类小吃有上百种，常年供应的有几十种，蒸、煮、炸、烤、腌等加工方法多样，米、面、芋、豆腐原料独具地方特色且来源丰富，家家户户都能做上几样。沙县小吃品种大致可分为节令小吃、地域小吃和常规小吃3大类。节令小吃，如春节的年糕、白粿、糍粑，元宵的芋包，立春的春卷，清明的清明粿，农历四月初一的甜咸烙粑，立夏的有馅、无馅粿，端午的粽子、花椒饼、荷叶包，七夕外婆要送外孙糖塔和白糖光饼，中元鬼节的鸭子、芋包、葡珠，中秋的月饼、白粿糕、芋包，立冬、冬至的猪脚加糍粑，腊月廿三送龙王爷上天用的岩酥、金钱酥、董糖、蓼花、米花、甘蔗等供奉。地域小吃，有夏茂牛系列60多种佳肴，加上芋包、糖烧麦、豆腐包、豆腐丸、豆腐脑、米冻皮、金钱蛋，油糍等小吃，南阳的蛋素、蛋角，南霞的泥鳅粉干，郑湖的板鸭在沙县小吃系列也相当有名气。常规普通小吃，有扁肉、清汤面、拌面、酸菜面、白粿、油饼、火把、猪耳、麻球、米冻糕、糖包、小龙包、肉包、煎饼、大肠糕、年糕、鸭汤粉干、锅边糊、油条、花椒饼、起酥饼、葱肉饼、菜头饼、白糖饼、糖水饼、水晶饼、口香饼、杏仁酥、牛奶饼、米粿、芋粿、线面、烤豆干、青草

冻、玉糕、冬酒、菊酒、炒粿条、烫嘴豆腐等。各种小吃可谓琳琅满目，城区街头巷尾日夜24小时都有小吃应市，非常方便。

集约化纯手工制作

特色小吃的制作也有特色。如"沙县板鸭"的传统做法采用的是周朝腊肉的做法：把桂（香料）和姜切碎撒在肉上，用盐腌渍，最后晒干或烤干，只是在配料上略有增减，烘烤的方法也更讲究。沙县的"酒酿""新沉红""冬酒"，在《周礼》中也有出处。《周礼》将酒分为"五齐三酒"，"五齐"指的是未经过滤的五种薄酒，其中的"醴齐"一宿而熟、其味稍甜，分明就是沙县人所称的"酒酿"。"三酒"为三种过滤去糟的酒。临事而造的酒称为事酒，沙县城关、夏茂当年酿制当年饮用的酒即为事酒；冬酿夏熟的酒称之昔酒；酿造时间长于昔酒的称为清酒。以味道鲜美而闻名遐迩的沙县面食和豆腐，也非沙县所独有，都可以在中华民族食谱中找到出处。沙县豆腐"点浆"不用石膏或盐卤，而用隔夜的老浆水，所以沙县的豆腐又白又嫩，与豆腐发明地安徽淮南八公山豆腐如出一辙。

时至今日，沙县小吃店已经遍布全国各地，就连新加坡、马来西亚、美国的塞班岛也有"沙县小吃"的踪迹，足见影响之大传播之广。2007年8月，沙县小吃制作工艺入选福建省第二批非物质文化遗产名录。

街头巷尾随心所欲

峡两岸客家擂茶文化交

福建客家擂茶制作工艺（宁化、将乐）

宁化客家擂茶简称宁化擂茶。在隋唐之世，建县之前的宁化是一个偏僻、闭塞、人烟稀少的地方，由于森林茂密、气温湿热、瘴气与毒虫、野兽时常威胁着人们的生产、生活。为了生存与发展，他们就地采集了一些具有药理作用的青草药，经洗净、切碎、擂烂，制作成擂茶饮用，既能治病又能解渴，食疗与茶饮兼而有之，从而使擂茶得以在客家地区流传下来。

制作擂茶的工具并不复杂：口径约40厘米陶制擂钵一个、用樟木或油茶树干做的擂持一根。擂茶制作过程却有些讲究，首先要明确煎擂茶的目的与出发点，同时还要考虑季节、时令，确定用哪些青草药，然后将青草药切碎，并将其与茶叶、油、盐等同时放入擂钵中，擂者坐下，双腿夹住擂钵，手握擂持，频频擂捣、旋转，要将擂钵内的东西擂成稀泥状，称之为"茶泥"。与此同时，锅里烧水，各种配料，如花生仁、绿豆、赤豆、玉米、粉干、瘦肉、猪小肠等数十种，有选择地放入锅中，煮熟后，再将擂好的"茶泥"倒入锅中搅拌，再放入一些葱花、芹菜等佐料，密闭片刻，于是这钵擂茶才大功告成。

另外还有一种较为简便的擂茶，只要几片茶叶、加少许青草药、油、盐，擂成茶泥，用沸水冲泡即可饮用。擂茶不但有解渴、治病的功效，也是联络亲情、加强人际间情感交流的桥梁，早已成为宁化客家人生活中不可或缺的文化现象。

将乐是客家擂茶文化的重要传播地。据史料记载，从东晋以来，中原百姓先后大规模南迁入闽，带来了丰富多彩的中原文化和民俗风情。被誉为"客家饮食文化奇葩""中国古代茶文化孑遗"的将乐擂茶，就是中原汉人南迁带入并留传至今的饮食习俗。

2009年10月，福建博物院考古研究所在将乐县玉华村发掘了横窠崇、火烧岭和廖厝山烧制擂茶器具窑址，在玉华村牛角窠和古镛、安仁、白莲及南口等乡镇调查时发现了不同时代制作擂茶器具的窑址。这一考古和研究发现，创立了将乐擂茶历史从五代时期至当代发展的完整链条。现今将乐这一传统习俗已渗透将乐人日常生活的方方面面，造屋乔迁、婚姻喜事、生日寿诞、开业庆典、欢庆佳节等等，都要宴请擂茶，以款待佳宾。无论身处乡野，还是居住闹市，擂茶的影子可以说无处不在。

将乐擂茶一般为清水擂茶，基本上采用茶叶、芝麻、花生等生料，以及青草药擂制，即擂即用，讲究鲜美。擂茶配方种类繁多，有养颜美容型、清凉解毒型、去滞消食型、补中益气型等。将乐擂茶在制作过程中加入了天然的中草药，具有多种保健功能，常饮擂茶具有强身健体、延年益寿之功效。擂茶元素属于五谷杂粮系列，是当今社会最盛行的一种饮食文化。擂茶产业具有良好的市场发展潜力，具有较高的经济价值。

　　将乐擂茶与台湾擂茶同出一源，均属于客家擂茶系列。擂茶文化可以作为海峡两岸文化交流的纽带，对于增强台湾同胞对两岸民族同根、文化同源的认同感和归宿感，增进客家乡亲的联谊，促进两岸民众的进一步往来和交流具有积极的作用。1992年8月，将乐县举办了有史以来最大规模的"擂茶节"，400多名海内外嘉宾出席了擂茶盛会。2006年起，举办每年一度的擂茶风情展演大赛。2007年，将乐投入600万元，在日照东门擂茶广场建造了口径11.8米、高3.98米的巨型铜雕擂钵，2008年被上海大世界吉尼斯总部确认为世界"最大的擂茶钵"。

　　将乐擂茶是中国清水擂茶的一个显著代表，是客家擂茶文化的缩影，对于研究中国擂茶文化的传播和发展具有重要的历史、文化和科学价值，在整个客家擂茶文化的传承和发展中占有重要地位。2008年、2011年、2014年将乐县三度被文化部授予中国民间文化艺术（擂茶）之乡。2007年8月，福建客家擂茶制作工艺（宁化、将乐）入选福建省第二批非物质文化遗产名录。

擂茶的欢乐

老手艺织新品

永安贡席制作工艺

永安贡席产于桂口古镇，原名"桂口草席"，因宋朝靖康（1126）新科探花陈瓘以"桂口草席"进贡朝廷得到赞赏，宋钦宗下旨改桂口为"贡川"。明代中期，贡川水运发达，成为永安四大集镇之一，手工业高度发展，贡席遂以其生产规模和优良品质而畅销八闽。

贡川草席以结构细密、结实耐用、吸汗挥发、冬暖夏凉而闻名。

打制草席的草称为"簟草"，又叫"莞蒲草"。贡川自宋代就开始引种良种席草，席草一年收割两次，最好在大太阳天动镰，运回家后，用特制刀具将鲜草对半剖开，一分为二，摊开在屋顶上猛晒3天，晒得绿中带白，才可以打草席。传统的打草席工具很简单，主要有席架、席鞭、席扣、麻绳、竹钉、席刀、席石等。一个高2米、宽2.5米的大框，大框内上部横架一条可上下活动的木梁，底部一条固定的木梁，两条木梁间密排开紧绷的纬线，称为纲。纲用麻绳搓成。所有的纲贯通一个横着的竹筒，这个竹筒简称为扣。交错密布着一组小圆孔和长方形孔眼，每孔通过一条纲，竹筒上嵌上两个把手，让打席者抓握。扣是关键，通过长条形孔眼的那组纲活动的空间大，不受

扣前后移动的影响；通过小圆孔的那组纲被固定，随扣前后移动，两组纲之间便忽前忽后产生了整齐的错位。每当这时，另一位穿草工就用一根细长的竹棍将草递进去，成为草席的经线。这细竹棍称之为鞭，鞭梢有个小缺口，席草一头挂上去，折一下，便挂牢了递出去。打席工随之用扣压下来，打紧，扣再提起，又一根席草扣落下，如此不断重复，扣一上一下翻转，经线织入越来越多，越来越长。有时经线断了，织工便停下来加以剔除。席子织到规定长度，经过割边、修边、绑边、穿边，再加上一根红毛线，就完成了。

随着贡席名声鹊起，产品日渐紧俏，凡贡川居民纷纷加入了贡席制作行列。明朝年间，贡席已成为当地的主要产业，到了清代，贡川已形成攀龙、延爽、观成、集凤、水东五大生产基地，其制作工艺各有特色，最著名是下坊（今观成林）席，卷起来能挑斗米不弯，摊开来滴水不漏，乃席中佳品。2015年"永安贡川草席"被评为地理标志证明商标。2007年8月，永安贡席制作工艺入选福建省第二批非物质文化遗产名录。

建宁通心白莲制作技艺

建宁通心白莲出现于五代后梁龙德元年（921），当地莲农已在金铙山报国寺前建有白莲池，栽培、制作建宁通心白莲。

大凡一件美丽的物种，后面都有一个美丽的故事。相传古时建宁县西门外有一个后生，名叫李直，父母早逝，一人度日。一天，李直到建宁最高的铙山去砍柴，因口渴找水喝，他顺着山窝走去，找到一股清泉。李直喝完水，正要往回走，忽然看见泉水边有一枝粉红色花朵很是好看，他从没见过，就小心地把它连根带土挖了起来，带回家种在屋旁荒塘。说来也怪，这花很快长成了一片，把池塘塞得满满当当。入夏，李直见这些花结出了一个个像蜂窝状的绿球果，他剥开果壳，见果肉白嫩，尝一尝，一股清甜沁入心怀。李直高兴极了，忙把它分给乡亲们尝尝鲜。从此，莲子在建宁西门外扎下了根，李直和乡亲们开了99口莲塘，通通种上莲子，至今这99口莲塘所产莲子仍是建莲中的上品。

建宁通心白莲制作技艺的主要特征是手工制作。工艺要求精细，工序一道扣一环，机器无法代替，制作者手脚必须灵活，剥制轻巧，不伤莲肉，一天只能制作20来斤，且几道工序必须在当天完成，以保证成品的新鲜度。建宁通心白莲制作技艺原先是家庭传承为主，后逐步发展到家乡传承，市场化后才进入集约化传承。随着现代科技的发展，剥制机械的出现，通心白莲的机械化生产降低了成本，也提高了效率，手工制作的就越来越少了。1959年，北京举行建国十周年庆典，上级指示中央苏区县建宁派1名代表晋京。为表达老区人民对毛主席当年亲手挖过塘泥的感恩之情，建宁特意请了10名少女，清晨采摘西门建莲，赶在上午用玉牙咬莲壳、剥好、焙干，从中精选10斤，由红军时期的县儿童团团长之弟肖瑞兰为出席建国十周年的观礼代表带上晋京，代表老区人民情怀，呈送给毛主席。2009年5月，建宁通心白莲制作技艺入选福建省第三批非物质文化遗产名录。

心系莲池

嵩溪豆腐皮传统制作技艺

清流县嵩溪豆腐皮制作始于清嘉庆六年（1801）。最初称"笋皮"，是用豆浆煮熟时所产生的漂浮块片捞起晾干而成。经过几代师傅的摸索、磨练，工艺日益完善。1956年，在制浆前辈们的苦心钻研、精细加工下，豆腐皮成品益发透明、爽亮，还具有清凉、滋阴之功效，是大小宴席必备佳品，嵩溪豆腐皮也随之名声日隆，成为清流县名特产品。

嵩溪豆腐皮制作技艺主要特点是：

1.纯手工制作、风味独特；

2.农民以户为单位分散自主经营；

3.制作过程中不添加任何辅料，为纯天然绿色食品；

4.制作工序严格，须经选豆、去皮、浸泡、磨浆、过滤、煮浆、熬皮、揭皮、晾干、熬浆、上浆、烘烤、摊晾、包装等多道工序，缺一不可。

如此精细的工艺，造就了嵩溪豆腐皮的香、醇、甜、

晾腐竹

韧、一煮就熟、久煮不糊、食用方便等特点，是高品质的绿色食品。

制作原料的选择也有讲究，只用本地种植的"浙春3号"大豆，具有高蛋白、低脂肪的特点。经国家技术质量监督局检测，嵩溪豆腐皮含蛋白质45%、多糖21%、脂肪14%，有较多人体必须的微量元素、维生素、氨基酸，如钙、镁、磷、钾、铁、铜、锌、锶、硒、锰、硫胺素、核黄素等，易吸收，营养价值很高。2009年5月，嵩溪豆腐皮传统制作技艺入选福建省第三批非物质文化遗产名录。

磨豆浆

挑灯夜战

木活字印刷术（宁化）

活字印刷术是中国古代的四大发明之一，源于古代的雕版印刷，北宋毕升发明了泥活字印刷，元初王桢则创制了木活字。木活字印刷术系用梨木、枣木或杨柳木等雕成繁体反面单字，按一定的顺序存放。因取材比较方便，成本不高，创制起来简单便捷，并具有灵活智能的排版印刷程序，是明清时期主要的印刷方式。

福建宁化客家人有敬祖穆宗的优良传统，他们把族谱的修订梓印视为千秋伟业，据粗略统计，目前宁化有客家姓氏祠堂238座，完整系统的族谱70余姓。明朝初年，宁化开始使用木活字印刷族谱。目前，宁化发现的保存最早的族谱为清雍正《谢氏家谱》，而清乾隆《蓝氏族谱》后落款为"翠华阮甸臣梓"，更标明了刻工付印者，到了清初宁化使用木活字制谱已然十分盛行。宁化目前保存有木活字近40万枚，其中既有祖传的，也有新刻的，取材多用梨木、柯木，主要功能除刻印家谱外，也偶尔刻印蒙书、佛经道藏等。民间称印刷艺人为"谱师"，其中年龄最长者80余岁，最小的仅30岁，他们各自以"堂"为单位，有堂号，现存留有"文林堂""印心堂""文斋堂""衍冀堂"等。艺人多能熟练掌握木活字印刷流程中反写、刻字、拣字、排版、校对、印刷、装帧等技艺。

目前所发现的木活字印刷术仅存于福建的宁化县和温州瑞安的东源村。而还能以传统接单接活的作坊方式自然遗存的，仅宁化一处。

宁化存留的珍贵濒危的活态木活字印刷术，堪称是中国乃至世界印刷史上的活化石。2011年12月，木活字印刷术（宁化）入选福建省第四批非物质文化遗产名录。

刻

尤溪桂峰黄酒酿造技艺

尤溪桂峰黄酒酿造技艺流传至今已有700多年历史，据桂峰《蔡氏族谱》记载，早在南宋淳祐七年（1247），蔡氏祖先就已经用传统工艺酿造出佳酿美酒，并把黄酒酿造方法以文字记载下来，由此定下了"传宗不传外"的规矩。随着桂峰人到各地经商，桂峰黄酒远销省城福州和当时汀州府地界。

桂峰黄酒的出现和传承与地域人文有着密切的关系。美酒自古与文人有不解之缘，正所谓酒里乾坤，壶中明月，把酒临风，赏心乐事。尤溪县是理学大师朱熹的诞生地，而桂峰全村334户、1200多人，都是宋代名臣蔡襄的后裔。据民国《尤溪县志》载：宋朝淳祐年间，北宋名臣蔡襄之九世孙蔡长发现桂峰山川俊秀，有"飞凤衔书"之灵气，就在此结庐而居，耕读传家，定村名为"岭头"。从此，蔡长带领儿孙开创桂峰七百多年的辉煌历程，谱写蔡氏灿烂篇章。

桂峰村生态环境优美，历史文化积淀厚重，是尤溪县"打造朱子文化城"的重要基地，而桂峰黄酒酿造技艺是展现朱子文化的一张"名片"。目前已注册有"蔡岭红"

深山飘出的酒香

商标，是尤溪县"朱熹公祭大典"的指定用酒。桂峰的黄酒酿造技艺体现了重大的历史价值，桂峰人代代酿酒、品酒，把历史文化溶入酒中，创造了酒与历史智慧，酒与文化艺术相结合的范例。如今，桂峰黄酒酿造技艺已传至第31代，传承人成立了尤溪县洋中镇蔡岭坊家庭农场，专注于桂峰黄酒酿造传统技艺的传承和发扬。2017年1月，尤溪桂峰黄酒酿造技艺入选福建省第五批非物质文化遗产名录。

山乡大酒窖

将乐大南坑陶瓷烧制技艺

大南坑陶瓷产于将乐县安仁乡蜈蚣鼻村大南坑柴古窑。该窑生产工艺陶瓷始于宋、元时期，清乾隆后由陈姓家族传承至今十几代，也有300余年历史，是将乐柴窑陶瓷制作与烧制技艺的典型代表。

大南坑陶瓷的制作过程完备、复杂，必得选用纯净的高岭土，经水轮车碾碎、手工淘洗、拉坯、晾晒、修整、绘画、上釉、烧制等19道工序。一整套完整的古代柴窑陶瓷做法包括采石制泥、淘炼泥土、炼灰配釉、制造匣钵、圆器修模、圆器拉坯、琢器做坯、采取青料、炼取青料、印坯乳料、圆器青花、制划琢器、施釉吹釉、旋坯挖足、成坯入窑、烧坯开窑、圆琢洋彩、明炉暗炉等。柴火烧制陶瓷特点：一是稀缺性，烧一次窑要有一整套经验丰富的班子集体协作，柴窑的火候与温度完全依赖人工控制，需要20天左右烧制，成品率低；二是润泽度，柴窑烧瓷采用松木，松木富含松脂，在燃烧过程中挥发出来的松脂对陶瓷有滋润作用，烧出来的瓷器釉面含蓄、滋润；同时，柴窑窑体烧炉过程中形成的窑内气体氛围非常适合瓷胎原料，能烧制出白里微泛青的"鸭蛋青"，兼有青花瓷胎效果和洁白如玉的独特风格，使产品具有较高的艺术价值和收藏价值。

"陈记柴窑"是目前保留传统制作技艺最完整的窑厂，他们正致力于品牌化的培育和多元化产品研发。2017年1月，将乐大南坑陶瓷烧制技艺入选福建省第五批非物质文化遗产名录。

作品"铁胎弥勒"

广场盛景

宝剑锻造技艺（明溪）

福建是春秋战国时期铸剑大师欧冶子铸剑之地。唐朝末年，闽王王审知为确保实现自己的政治主张和开拓疆土，招贤纳士，广造兵器。相传闽王曾在检阅三军时，解下自身佩带的青锋宝剑，摆于剑台之上，焚香三拜，只见宝剑每拜必动，闽王宝剑因此闻名天下。

明溪县雪峰山是"闽王牌"宝剑系列的铸造之地，当地宝剑厂选取优质钢材，引来雪峰山涧的清泉，采用传统锻造技艺和先进冶金技术相结合的方法精心冶铸，终于成功铸出了"闽王"宝剑，使失传多年的闽王宝剑重放光彩，新铸宝剑定名为"闽王牌"，并成功注册了商标。

后继有人

"闽王牌"宝剑系列产品规格多样，造型不一，长短兼备，单双俱全，轻重有别，刚柔并济，青光逼人，可作镇宅之宝，亦是健身之伴。它既可作为高档工艺品收藏，也是高雅的馈赠礼品，因而被明溪人誉为明溪"三宝"之一，畅销于全国各地及日本、新加坡和东南亚、欧美等国家和地区。2002年，"闽王牌"宝剑被三明市评为"知名商标"。2017年1月，宝剑锻造技艺（明溪）入选福建省第四批非物质文化遗产扩展名录。

精致藏品

闽西八大干之宁化老鼠干制作工艺

宁化老鼠干是著名的闽西八大干之一，是宁化传统地方物产。老鼠干由人工捕捉的田鼠制成。据《辞典》载：田鼠为哺乳纲仓鼠，毛色为暗灰褐色或沙黄色，营掘生活，以稻谷为主食，晚稻黄熟期，咬稻穗贮洞穴，对农作物有害。宁化属山区农业县，田鼠多，对庄稼残害大，因此农民竭力捕捉田鼠由来已久，捕捉时间多在冬季农闲田鼠饱享秋收作物后正身壮肉肥时，农民以竹筒或水蜈插上稻穗进行诱捕。

人们将捕到的老鼠拔毛去脏，以米糠熏烤成酱黄色，成为色鲜艳、味香甜、肉肥嫩的鼠干，即可享用或上市出售。老鼠干在烹制时当配以冬笋、萝卜、大蒜、猪肉、生姜、甜酒等佐料，油炒略灼即成时令菜肴。鼠干不但味美，且含高蛋白，营养丰富，是绝佳下酒菜，也是客家人待客的佳肴。除此之外，老鼠干还有药用价值，尿频或孩童尿床者食之有显著疗效。2007年4月，闽西八大干之宁化老鼠干制作工艺入选三明市第一批非物质文化遗产名录。

下酒佳肴

闽西八大干之清流明笋干制作工艺

清流明笋干制作工艺于明清年间从中原地区传入。清流县东华乡横溪村、嵩溪村以及沙芜乡的上坪村等地盛产毛竹，为明笋干的主产地。

明笋干具有肉厚、片宽、节密、色泽金黄、呈半透明状，笋香浓郁、食用口感脆嫩等特点，是"八闽山珍"闽西八大干之一，在国内外名菜食材中久负盛名，也是清流百姓馈赠亲友的礼品和宴请贵客的佳品。

明笋干以春笋为原料，制作程序复杂：

1.挖笋。清明前后开始挖笋，挖笋时要做到边挖边剥壳边削根须，然后用刀将笋节面削光，愈光愈好，再洗净污泥。

2.煮笋。铁锅洗净，放入鲜笋，锅内鲜笋必须塞实，装好后加盖用猛火煮2—3小时。

3.漂笋。将锅内的熟笋叉出，放在漂洗池内用流动的清水进行漂洗，用布将笋面轻轻擦拭干净，然后将笋一个一个捞起，用竹篾自笋头直戳到笋尖，使笋节戳穿，内部热气可由此散出，将来压笋时，水也由此孔压出。然后将笋投入篮中等待其冷却，笋必须凉透，否则带热落榨，笋干容易发酵霉烂。

4.落榨。先将木板排放在榨桥或垫木上，放上榨围，围内用棉纱布铺底、围边，再把凉透的笋装入。装笋须有序，第1层笋头向四边，笋尖向内；第2层笋头向内，笋尖向外；第3、4层同上，榨围中部应略放多一些，使中间高起，避免中间不实。为使不留空隙，将塑料薄膜盖好，密封，装好后盖上盖板和枕木，然后压上榨梁，进行压榨。压榨时要逐步加压。开始几天勤加压，一般一天加压2—3次，以后可几天加压一次，压榨时间大约为1个月。

5.晒干或烘（烤）干。晒干，开榨前必须看准天气，并在晒场上做好防雨准备。开榨后，取出压扁的笋，一片片摊在篾席或石块上。第一天晒出后，不动也不收，到第二天中午将笋翻晒。以后每天中午翻晒一次，晚上不收。到第5天，待笋半干时，将笋头压在笋尖上晒，这时每晚要收进，并将头、尖交错叠成再盖上木板。晒到7—8天约九成干时，可以收进屋内，如前法堆放，用板压放二三天，使其回潮，然后再拿出去晒4—5天，这样可使笋完全晒干。由于晒干方法费时费力，目前多采用烘干（烤

干）的方法。具体做法是，开榨取笋洗涤干净，将笋头用刀修理平整，穿入50厘米长的竹条上，每根笋间相距6—7厘米，成串后搁在预先准备好的木架上，把水沥干，送进烤房内烘干。烘干时火力要均匀，不宜过火。烘干到用手指压笋身的较厚部分，如全部铁硬，即表示已经干燥。晒干或烤干后即成为成品，经修理"净脑"，即为市上供应的笋干。

明笋干不仅是名菜食材，而且有相当的营养和药用价值。根据京林产化工研究，笋含有糖类2—3%，脂肪类0.2—0.3%，蛋白质2.5—3%，并含有胱氨酸、谷氨酸等18种氨基酸和多种维生素，以及磷、钙等人体所需的营养成分。根据医学家研究，由于笋干含有多种维生素的纤维素，具有防癌、抗癌的作用。2007年4月，闽西八大干之清流明笋干制作工艺入选三明市第一批非物质文化遗产名录。

寻笋材

开榨

建宁溪源明笋加工工艺

溪源明笋制作据记载有千余年的历史。

民间制作明笋采用木桶压制，可保长时间不变质，制作讲究时令，清明时节压榨，白露时节开仓晒笋，也可到来年开仓晒笋。由于其笋可跨年保存食用时质味不变，称为明笋。

明笋成品的特色：

1.笋干经压榨日晒，扁平、干燥、色泽光洁金黄，脑小节密肉质嫩，涨性大；

2.口感脆爽，风味独特，便于贮藏，随时取用；

3.压榨发酵时间1—5个月，促进了膳食纤维收缩，富含膳食纤维，持水、持油、膨胀力强，膳食纤维比水煮笋高，比蔬菜、谷物类高出几倍，堪称膳食纤维典范。

挖

榨

明笋的加工工艺历代为手口相传，10年前溪源乡成立笋业协会，不断规范明笋加工工艺流程，有效提升了明笋加工水平，增加了明笋的销售量。目前，明笋主产地溪源乡都团村、桐荣村、大岭村、鲇坑村，以及楚尾、上坪、蒋坊、溪源、东溪等村，每年季节一到，村民们就在自家竹山建造笋榨，开始了一年一度的采笋、压笋。木制榨压笋和木桶压制方法不但为全乡普遍采用，还跨越武夷山脉传入闽、赣两省的泰宁、将乐、邵武、黎川、南丰、广昌等地。2010年11月，建宁溪源明笋加工工艺入选三明市第三批非物质文化遗产名录。

永安贡川官丸烧麦宴

永安市贡川镇的传统饮宴旧俗——官丸烧麦宴始于明代，缘于贡川籍进士林腾蛟。明嘉靖二十六年（1547）林腾蛟高中进士，先后任广东新会知县、安徽休宁知县、山东道监察御史、河南按察司佥事等职。宦游归里后，他便采纳了任职所见的烹饪美味，创制了别具风韵的"官丸烧麦宴"。

官丸烧麦宴的正席共18道，分凤舞吉祥、龙腾四海、前程似锦三个环节，这好比古代士子们应试、入仕、高升的人生三部曲。宴分迎宾、进席、正席、退席四个环节，共有两点心、八拼盘、一团圆和18道主菜。从开宴到终席，桌面上始终有"八仙围碟"外圆内方地围成一圈，中间的轮廓，无论从哪个方向看，都似一顶官帽。宴席的食序安排和菜肴设计，环环相扣，菜碗就放在八仙碟围成的那个官帽里。每道菜都配有一根生葱，开吃前主人先夹出放在桌上，请最尊者起筷。待客人品尝后，再把生葱放回原碗、退下，充分体现了儒家文化的中庸之道，整桌宴席始终置于祥和祺瑞的氛围中。

官丸烧麦宴从最初因士子登科或官位升迁而举行的饮宴，蔓延至民间的婚宴、寿宴、接风、饯行等宴会。500年来，不断融入当地饮食习惯的特点，形成了贡川人宴请的最高礼仪。宴会有"公宴"和"私宴"之分，"公宴"为官员之间相互宴请，或地方官员设宴款待乡试中士的举

八仙拱官帽

人和乡贤，侧重于宣扬儒教。"私宴"即民间金榜题名、婚嫁、满月、做寿等酒席，侧重于尊贤敬老，追求家庭和睦。"公宴"用的是八仙桌配太师椅，显示上下有序、左右对称；"私宴"用的是圆桌，意在团团圆圆、和和美美。

中国古代的士子，尊崇"修身、齐家、治国、平天下"，贡川的官丸烧麦宴，就被设计成儒学的课堂，将贡川人崇文重教、以天下为己任的理念，渗透在饮食文化之中，形成了有历史蕴含和研究价值的民俗。2010年11月，永安贡川官丸烧麦宴入选三明市第三批非物质文化遗产名录。

团圆和美

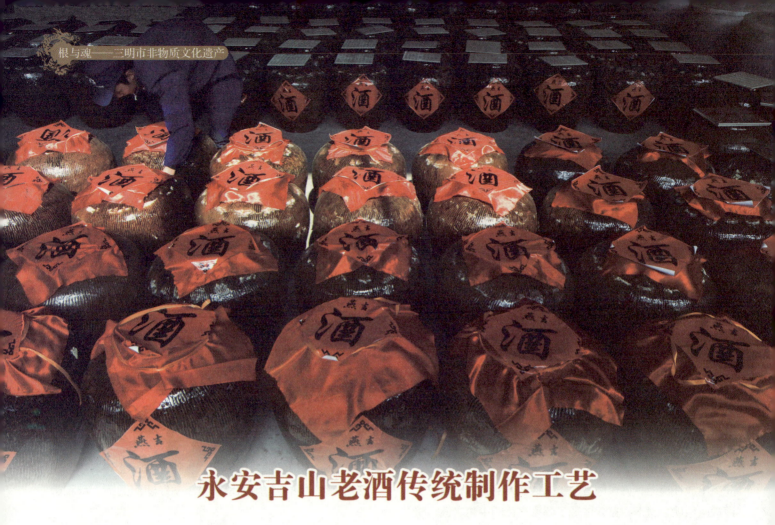

永安吉山老酒传统制作工艺

吉山老酒是永安市知名特产，因产于吉山村而得名，酿造工艺相传始于清康熙年间，因而有"自有文川溪，便有吉山酒"之说。

吉山村家家酿酒，其中黄氏家族的燕吉农家老酒至今仍保留着传统的酿造工艺，传承已至第6代。燕吉老酒酿酒之前，须提前半个月开始备料，先要选取当地上等圆糯，洗净上笼蒸，必得蒸熟蒸透，摊开晾温揉散再拌曲入坛，将黑曲和红曲按比例调制，放入坛内搅拌均匀，加入采集的文川溪水，封口。但留少许缝隙，选择散热效果较好的土房，放置阴凉处。发酵时间一般为120天，每年冬至为老酒发酵最佳时间。至清明前后开坛炖酒，将发酵好的生酒倒入榨酒机中。传统木制榨酒机共分5层，利用杠杆原理对生酒进行压榨，层层过滤，最后将纯酒倒入铁锅中用灶火进行加热，一般加热至95—100摄氏度，待冒泡将其杂质挥发后即可，每次可炖50斤左右的生酒。炖好后的老酒便可入坛包装，先用热酒将准备盛酒用的缸进行消毒，乘热将炖好的黄酒入坛，一般分为5斤装、10斤装、20斤装及50斤装，还可放入龙眼干、枸杞干或杀净的整鸡制作成不同的系列，最后封口，原始的封口程序是在缸口上先放一层粽叶，再放一层糙纸，再加一层粽叶，然后用粗麻绳扎紧，最后敷上黄泥黏土。酿制出的上等吉山老酒，酒色红得纯正、凝重，红中透绿，清澈见底，酒香扑鼻，香而不腻，沁人心脾，酒味质纯可口，入口微甜，醇香，鲜美，余味绵长。

永安素有"家家酿酒，户户飘香"的古风。老酒的食用也有讲究，一般用锡壶盛装，隔水温热后即食。吉山老酒不仅可以直接饮用，也可作为入菜、炖煮的调料用于提鲜、去腥膻，同时还具有一定的药用价值，妇女坐月子，大人冬令进补，都不可或缺，为宴饮、药用、馈赠之上品。近年，吉山老酒以其纯正的优良品质畅销八闽。2010年11月，永安吉山老酒传统制作工艺入选三明市第三批非物质文化遗产名录。

拌曲

宫廷金银器制作工艺

三明市梅列区宫廷金银器制作工艺源于清宫廷金银器工艺传人林祥康。

清代金银器工艺空前发展，宫廷御制技艺更是有别于民间工艺，其制作有范铸、锤、焊接、点翠等精湛技术，并综合了突起、陷起、阴浅、阳浅、镂空各种手法，代表中国古代金银器制造的最高水平。林祥康祖父原为清廷金银器匠人，回乡后将所学技艺传授其后人。林祥康秉承祖业，潜心研究金银器制作的焊接、抽丝、刻花、镶嵌等20多道金银器制作工序，并将这些工艺用于仿制清朝宫廷金银器皿，成品精美华丽。

由于宫廷金银器形态雍容华贵，皇家气息浓厚，格外引人瞩目。

林祥康金银器作品多次获奖，《盛世腾龙》在"创新杯"福建工艺美术大赛中获金奖，《镂空银薰香球》系列在"争艳杯"福建省工艺美术精品大赛上获银奖，《唐韵酒壶》获中国工艺百花奖银奖，《银鎏金熏香炉》《熏香球》入选第九届韩国清州国际手工艺双年展中国馆展品。2015年10月，宫廷金银器制作工艺入选三明市第四批非物质文化遗产名录。

宫廷风范

明溪客秋包制作工艺

客秋包是明溪客家传统地方小吃之一。客秋包原名蕨须包，明溪方言"须"音"秋"，故"蕨须"俗称"蕨秋"。近代，特别是民国以来，随着明溪往来人员的增多和对外交流的加深，为方便外地人员称呼，渐渐方言"蕨"便被谐音"客"所替代，"蕨须包"演变为"客秋包"。

客秋包制作方法并不复杂，但内容非常丰富。首先是备馅，馅则因料而异，多用香菇、红菇、冬笋、虾肉、干贝、精肉、豆芽、韭菜、葱、蒜、豆腐干等。而后将煮熟的芋头去皮捣烂，与木薯粉或蕨粉揉和后捏成薄胚，上馅包成菱状，即可下锅，蒸、煮皆宜，熟后佐以酱油、味精、猪油即可食用。客秋包具有皮薄馅饱、滑嫩易嚼、鲜美不腻、四季皆宜的特点，而且十分耐煮，也耐存放。据说明溪人能用芋子烹制多达数十品种的"芋子宴"，客秋包是其中的代表作，历来为明溪当地宴请宾客和逢年过节必备的一道地方特色传统美食。2015年10月，明溪客秋包制作技艺入选三明市第四批非物质文化遗产名录。

香芋制成的美味

将乐万安花灯制作技艺

万安花灯制作技艺源远流长，其历史可上溯到宋代元丰年间（约1078），迄今已有千余年历史。

从中原南迁到万安等地居住的汉民，历经离乡背井、妻离子散，他们最大的期盼就是家里人丁兴旺，子孙满堂。在客家方言中"丁"与"灯"谐音，因此，只要家中添丁进口，家门口便会悬挂一盏"添丁灯"，寓意家中人丁兴旺，幸福美满，前程光明。因此，许多人家都学会了自制花灯。后经历代艺人的不断改良，已形成极具万安特色和集聚民间智慧的制作技艺。万安每年都举办花灯会，以祈求风调雨顺、财丁兴旺，是当地流传数百年的民俗活动。灯会所展出的花灯形态各异、多姿多彩，有走马灯、鱼灯、鸟灯、龙灯、采茶灯、莲花灯等传统花灯，更有独具特色的"铁枝灯"独占鳌头，铁枝灯是用两轮板车作为小戏台，车上固定一个或多个用铁枝支撑的小座，铁枝高度随造型需要确定，一般都在1米以上。每个小座根据故事情节安坐化妆好的男童或女童，用布带把人扎牢在铁枝架的座位上，根据故事情节需要，再装点与故事情节相符的饰品，显得愈加生动与神奇。铁枝灯是内涵丰富的花灯，一个铁枝灯一个典故，如"麒麟祥瑞""观音送子""麻姑献寿""优生优育""勤劳致富""和谐家园"等，各具特色，特别引人注目。

万安花灯的制作技艺比较复杂，不同品种的花灯，用材、制作过程各有不同，但都少不了构思、扎胚、装裱、装饰、组装这几个主要环节。大型花灯由于受制作场地限制或为了方便搬运，在制作时，艺人们通常把其分解成几个部件，待逐个部件制作完成之后，搬到现场再行拼接。万安花灯不但寄托着万安人的美好憧憬，更辉映着民间智慧。2015年10月，将乐万安花灯制作技艺入选三明市第四批非物质文化遗产名录。

灯会

沙县夏茂冬酒制作工艺

沙县冬酒以色泽清澈，酒味香甜浓郁，味道纯正，营养丰富，后劲足，即便醉酒醒来也不上头等特点而名闻遐迩，素有"观之琥珀悦目，闻之芳香馥郁，品之柔顺回爽"之佳评，且适于久藏，愈存愈醇。其中，夏茂冬酒尤佳，又以夏茂罗坑村酿造的为最佳。

所谓冬酒，顾名思义，即隆冬所造之酒。夏茂冬酒的酿造讲究时令，每年白露过后，各家各户开始张罗材料和工具，做好酿酒前的准备工作。择日白露后，与造酒原料的产期有关，酿造夏茂冬酒的主要食材是糯米和百草曲，糯米一般要比早籼稻迟两个月，收获时也就到了白露节；而酿酒的曲母，当地人称百草曲，产于相邻的后坑村最为出名。百草曲用的是两个月前就收获的早籼稻，在此期间，也是采集制作百草曲所需的茅草根、金银花叶、麦冬、人字草等上百种草药的最佳季节。而加固、添置和清洗酿造冬酒的工具和设备，如垒砌锅灶、饭甑、笊篱、凉席、龙头布袋、勺子、阔口缸、窄口缸和坛子，甚至备足燃料（柴块）等工作，也是需要一定时日，这些酿造材料和工具整治妥当，也就到了冬酒酿造的最佳时节，即农历的隆冬季节，从立冬之日算起，经小雪、大雪、冬至、小寒、大寒，一直到第二年立春前一天的这段时间，即据康熙版《沙县志》所记载的，"隆冬造酒，制曲为先，为红酒，为长水，为短水，为米烧，为玉露，为冬白，各有不同"。一过立春，就意味着"冬藏"结束，不再酿造冬酒了。

夏茂冬酒的制作工艺，以48斤糯米、1斤酒糈和24斤清水（分两次使用）的量为准，工序依次如下：

1. 选米和选酒曲。选取当年的新糯米和夏茂后坑村产的百草曲。

2. 洗米和浸泡。糯米经过冲洗，去除尘土，浸泡半日。

3. 蒸饭。将浸泡好的糯米用笊篱捞出，铺放在锅里的饭甑里，大火蒸熟。蒸糯米饭的时间取决于饭甑里的米量多寡。也有人采用蒸屉蒸糯米，可层叠二至三层，由于层叠之间有一定的空隙，大火猛攻，更能熟透无忧。此道工序的要点是掌握火候和添水，保证锅内的水不能被烧干。

4. 晾凉。将蒸熟的糯米饭平铺在凉席上晾凉。

5. 捣曲。酒曲坚实，状如汤圆，必须捣碎。

6. 调和。1斤酒曲用10斤清水调和后与糯米饭搅拌均匀。

7. 装缸。将酒曲与糯米饭的混合物装入广口缸，中间掏出一个窝，防止发酵时膨胀冒泡出现涨缸现象，之后加清水16斤，放料完毕。

8. 第一道发酵。装缸后将广口缸加盖，有人还在盖板上加压石块和镰刀，据说是为了避邪。3天后，将盖板平移，露出三分之一缸口，再发酵3天。前后共6天的发酵。

9. 第二道发酵。经过第一道发酵后，将半成品再全部转移至窄口缸，封口进行第二道发酵，30天后的清晨加8斤清水，再封口发酵15天。

10. 炖煮。发酵完成时间大约50天。开封口后，糯米和酒曲混合物已变成酒糟沉至缸底，将清酒舀出。酒舀净后，将缸内酒糟掏出，装在龙头布缝成的布袋里，用压榨设施榨干酒糟，榨出的酒与先前舀出的酒分次倒入大锡壶，置于锅中炖煮。

11. 加石灰水。取适量石灰，以水化开，滤去漂浮物和沉淀物，加入炖煮好的清酒里，以降低酒的酸度。

12. 装坛储藏。酒完全冷却后装入酒坛，密封坛口，窖藏至下一年四月谷雨后取出饮用或销售。夏茂冬酒有年份愈久酒质愈佳之说，故常有人将冬酒窖藏多年。

13. 酒糟处理。榨干的酒糟加入一定量的食盐，收入小陶罐，此乃上好的烹饪佐料。酒糟数量多时，还可通过蒸馏法提取其中的酒精，制成米烧。提取酒精后的酒糟渣可做猪食，或制成有机堆肥。

上述工序仅为大致概况，实际操作中，须根据实际情况和各人的经验灵活掌握。酿造过程中也存在许多私密环节，如糯米与酒糈的比例、使用哪里甚至是哪一家做的曲、添加之水是泉水还是凉开水、水的分量为多少、发酵时温度的控制、发酵时间的长短、添放石灰水的分量、是否加糖或掺入陈酿冬酒等，这些私密环节实际上就是秘而不宣的独门诀窍，多是口口相传，于父子、母女、师徒之间私相授受，世代传承。2015年10月，沙县夏茂冬酒制作工艺入选三明市第四批非物质文化遗产名录。

沙县福袋刺绣工艺

沙县福袋刺绣工艺源于沙县大洛镇"陪嫁福袋"习俗。陪嫁福袋是用刺绣装饰的精美小布袋，是农家母亲送给女儿的陪嫁之物。千针万线绣成的精美小布袋，寄托了母亲对女儿的百般关爱和万种祝福。

福袋的制作，大致分5个步骤：

首先是绣稿的制作，用纸板剪出福袋的大致造型，以纸板为底，白布置于中间，接着把鲜艳的棉布摆放在上层，用糨糊将三者粘贴在一块，小板细心刮平，保证其平整，如此，绣稿的雏形就出现了。

第二步是刺绣，选用普通的彩色棉线，多选择粉色、金色、黄色、绛紫等色彩艳丽的棉线，使用最多的是代表幸福、吉祥、喜庆的红棉线，采用"上下平针法"在绣稿上绣上所需的图案和花饰。

第三步是缝合，剪好的绣稿，用多种颜色的棉线绣上各式图案后，再将两片造型相同的绣稿缝合在一起，福袋便成型了。

第四步是装饰，在福袋边缘添加一些装饰材料，如小珠子、塑料小花、穗秧子等。如今年轻人也会从网上购买一些漂亮实惠的工艺品来装饰福袋，传统工艺融入了现代元素，更加美观大方。

第五步是填袋，福袋内还可以装入铜钱、镜子、银饰、灵符等辟邪之物，代表了母亲为临行的女儿祈福的殷切心愿。

2015年10月，沙县福袋刺绣工艺入选三明市第四批非物质文化遗产名录。

吉祥的祝福

尤溪原木古法压榨山茶籽油

原木古法压榨山茶籽油是一种历史很悠久的制油方法。早在北魏贾思勰的《齐民要术》中，就有压榨取油的记载，在元代的《王祯农书》、明代的《天工开物》《农政全书》中，也有榨油机和榨油方法的记载。尤溪种植油茶的历史有1300多年，从有准确史料记载的元代算起，老式的木制榨油机在尤溪已盛行了700多年。古法原木榨油技术通过师徒传承、家族传承代代相传，到了20世纪90年代，全县大约有木制榨油机100台，主要分布在洋中、西城、坂面、汤川、溪尾、中仙、管前、新阳、八字桥等各乡镇村落之中，出产的山茶油占全县总产量的80%。

古法榨油讲究工艺和经验的积累。传统的古法木榨每一道工序都十分考究，都有其要诀所在，如火候、力度、时间等，繁杂的工艺随着时间的推移经历了不断的改良、提炼，凝聚了民间工匠师傅们的智慧结晶，升华为"古法六艺"，要诀是："闽中郡，油茶籽；秘法炒，留纯香；小榨技，见精细；土法榨，得上品；正宗味，真地道；依古法，妙储藏。"

尤溪百姓对地产的茶油怀有特殊的感情，民间多用茶油作年节煎炸食品、日常烹调，而珍藏日久的老茶油还有消肿止痛、消炎消毒的功效。榨油之后的剩余物茶枯则是天然无添加剂的洗发剂。茶枯还有一个妙用叫"逗鱼"，即将其洒入溪河让鱼虾暂时昏迷以利捕捉。

原木古法压榨山茶籽油全过程采用物理压榨的方式，是天然的制油方法，体现了劳动人民的智慧和勤劳。2015年10月，尤溪原木古法压榨山茶籽油入选三明市第四批非物质文化遗产名录。

日照山茶籽

三元松阳糖塔制作技艺

"糖塔"于明末传入三明市三元区松阳村，是流行于沙溪流域"七夕"节祭孔的必备供品。传说七夕是文魁星生日，已到学龄的儿童由父母或者外公、舅舅陪同，背上书包，带着寓意步步高升的糖塔、五福果品和香烛、鞭炮，到村塾学堂向老师行叩拜之礼，称"进德门"。于是，私塾先生领着刚入学弟子燃烛焚香，向天地君亲师牌位和孔子像行跪拜大礼，礼毕，弟子们在老师带领下高声诵读"圣人经""朱子家训"等，入学仪式延袭，形成了三明地域独特的尊孔启蒙良俗。

造形精美的糖塔，取决于模具的精美和娴熟的熬糖技术。模具选用上等梨木为材料精雕细刻而成，有宝塔、状元郎、公鸡、狮子、笔架、马、小鸟等多种形状，每种造型都与"金榜题名"相关联：宝塔象征学童层层进取，一举夺魁；状元郎的造型一看就明白，希望孩子学业有成；笔架同样与学习有关；马是寓意古时候骑马进京赶考；狮子代表着财富和身份；小鸟与公鸡寓意喜鹊报喜和勤奋守

信之意。熬糖是整个工艺流程中的关键一环。熬糖选用选用白砂糖，须用传热均匀的铜锅熬制，以避免糖浆焦糊，影响色彩、黏性和糖塔的长久保存。熬糖还必须用火力稳定又少灰的木炭火，有利于砂糖熬制后保持色泽纯正。待锅内砂糖熬制成浓液状时，舀取一点放入一旁装有清水的碗中，然后用手指在其中捻搓，观察是否达到类似桂圆肉状，如果呈现出新鲜桂圆肉的状态，就意味着火候到了，须立即起锅，迅速将糖浆注入事前准备好的各种模具里。约20分钟后，即可拆去模具上的箍圈，打开模具，小心取出成品。

几百年间，每逢七夕临近，松阳一带街道边售卖形态各异的糖塔，周边乡镇村民纷纷到松阳村购买，有些人还提前预定。糖塔寄托着父母、师长对子女后辈的拳拳之心殷殷之情，勉励他们勤奋学习、尊敬师长、友爱同学，将来功成名就，成为国家栋梁之才。2018年7月，三元松阳糖塔制作技艺入选三明市第五批非物质文化遗产名录。

蒙学养正

三明红曲制作技艺（大田、沙县）

红曲是酿造黄酒的特殊曲种，为民间广泛应用。三明多地出产红曲，尤以大田建设镇"吴氏红曲"与沙县高砂镇"柳源红曲"较为有名。

大田县建设镇建忠村拥全国最大的古曲窑群，在535座古曲窑中，百年以上朵窑有350余座，三百年以上曲窑120余座，这些古曲窑均为建忠村吴氏祖辈所建，大多数仍在使用中。"吴氏红曲"古法制作技艺乃吴氏先祖从南宋宫廷酿酒坊习得，700年间"传宗不传外，传男不传女"，心口相授，代代传承。其制曲方法古朴神秘，无固定标准可依，顺应自然，不同季节操作各异。首先选用大而圆的米粒，水泡1小时，清洗入笼大火猛蒸，蒸熟后摊在预先准备好的平台上晾至35℃，放入曲青、曲母搅拌均匀后入窑；窑内温度须随着窖藏时间的推移有所变化，窖温全凭经验掌控，秋冬温度不够，有时还须生火提温。曲料每天早中晚3次翻拌、撒水雾，一般需耗时6—8天，直到曲料变红为止，最后拿出来晒干。如此历经15道工序，耗时150个小时，才能完成红曲的制作。

沙县高砂镇"柳源酒曲"源于清朝末年，工艺复杂，操作环节讲究。每年立冬过后，柳源村制曲人家就开始忙了起来，因为这个时间段除了气候适合外，也与沙县人酿冬酒的习惯相契合。"柳源酒曲"以精选粳米和天然泉水为原料，其制作工序如下：

1.优质粳米用山泉水浸泡1小时后，用笊篱搅动反复淘洗，捞起置于簸箕上沥干，倒进饭甑蒸熟。

2.将粳米饭摊在竹匾上散热，降温至30℃左右，拌入曲母和曲青成为曲米。

3.将曲米送入曲窑进行发酵。入窑发酵的第3天开始，将曲米装入箩筐入水浸泡，而后沥干再入窑反复发酵，曲米铺洒的厚度逐次减薄。

4.历经7日，曲米凝结成块状即成酒糟，再揉碎装筐晾晒。此时酒曲呈长卵形或不规则形，质脆、味淡、微甘，以红透质酥、陈久为佳品。

红曲古法制作技艺，是先民智慧的结晶，在历史、文化、艺术、经济等多个方面具有重要价值。酒曲本身也具有健脾消食、活血化瘀之功效，民间常用于治疗饮食积滞、脘腹胀满、赤白下痢、产后恶露不尽、跌打损伤等疾病。2018年7月，三明红曲制作技艺（大田、沙县）入选三明市第五批非物质文化遗产名录。

拌曲做酒

玉扣纸制作工艺

宁化玉扣纸是福建竹纤维造纸的代表性工艺之一，发祥地在宁化县治平畲族乡。《宁化县志》记载，"本县猫竹可以造纸，东南乡多有之，运售闽粤江汉间"。自宋及清，朝臣书写奏折多用玉扣，因其纸质洁白可照见人面，又因奏折乃是皇帝御览，故有"日鉴天颜"的美誉。

玉扣纸的得名来自于其品质的优良，玉是形容其色泽洁白如玉，扣则是纸的计量单位。玉扣纸有纸质细致柔软、平展厚薄均匀、韧性好、拉力强、不易虫蛀、保存年久等特点，被广泛应用于政府档案、寺庙经本、宗祠族谱和商行账簿。

治平乡竹林密集、水源充足而无污染的山麓谷口，建有"纸寮"，造纸作坊分槽间和焙间，以隔墙分开，所用纸槽、纸榨、踏料斗等都要严防污染。玉扣纸为纯手工技艺，技术含量高，选料、踩料、造纸、焙纸4道工序环环相扣。

一、选料

1.砍竹麻。谷雨季节，竹笋刚落箨生枝时进行砍伐，小满则止。民谚说"竹麻不吃小满水"，此时气温上升、雨水渐多，竹笋容易霉烂变质。砍竹麻用鸳鸯斧，挖到蔸部然后砍，砍下竹麻蔸朝下放，避免溜竹时竹皮溜伤、竹筒破烂、竹肉变黑，影响纸质。

2.剖削。削劈竹蔸泥污去青皮，蔸筒、二筒也叫摆白筒全削，要求白不带青。裁成4种类型筒子，3筒削一节，半青半白，叫观音筒。尾筒不削，末端可供食用；再将竹筒剖片去节，每50片捆成一把，趁天黑前挑下山去，免受露水污染。

3.下湖。将竹片放入湖中摊平，灌水淹没，均匀地洒上石灰，竹麻经石灰水腌浸、软化、熟透，分解竹麻非纤维质。40天后，视竹麻横断面呈金黄色不带白心，即可洗净灰浆灰渣，仍将竹麻放回湖塘垫枕摊平，用清水漂净石灰碱性后盖上茅草让它烂熟，竹麻经过石灰腌浸和漂洗，具有纯洁无毒的特质。一捏纸，需配13担竹麻，100斤石灰。

二、踏料

1.剥竹麻。洗净杂质，剔除未削净的竹节，要求无赤根、乌根、黄节、沙丁、虫壳等。

2.榨竹麻。将剥好的竹麻放入脚踏木榨中榨去水份。

3.踏竹麻：把榨干的竹麻倒进有竹笪装置的踏料斗，加入裁剩回收的纸边，两人反复踩踏，使竹麻通过竹笪磨擦成浆。要求无边子及粗根，然后倾入纸槽。踏竹麻是脚上功夫，所谓"做纸师傅看纸坨，踏料师傅看甩脚，焙纸师傅看铺坨。"

三、造纸

1.熬蓝。蓝指毛冬青，上山采集，入锅蒸煮，取起后放入器皿浸沤，约待3日后汁液黏稠，滤出用作造纸时的天然添加剂。蓝的作用一是使纸面光滑润泽，二是利用其润滑度使纸浆厚薄均匀。

2.造纸。将"蓝"酌量放入装有纸浆的槽里，扛头和扛尾的造纸师傅双手抬帘床往槽里荡浆摇浪，浆浪卷过帘面，起帘到榨床上脱帘，叠至10厘米厚，榨去水分，裁去湿边。扛尾师傅要把首先出水的一角轻轻挑起，便成湿纸一张，要做到纸张片均匀，无烂尘脏点，四向刀口整齐。

四、焙纸

焙笼的两面焙壁高1.8米，长10米，以竹篾为骨料，粉上石灰黄泥拌以竹麻皮丝踏成的黏浆，刷上桐油使焙面结实光滑。两个焙纸师傅各在一面操作，一次可烤纸28张，焙纸要求平展光滑、无破烂节张、无焙泥烟尘、蟹脚干扎等。最后按规格裁好，每200张摺成1刀。

一槽纸制作大约需要10人，剥料2人，踏料2人，做纸和扛尾2人，焙纸2人，管理人员2人。管理人员兼负责蓝的采集和熬制，并将造好的纸张发往长汀县纸行出售。纸寮人员是一个紧密合作的群体，但旧时纸寮也是等级分明的，造纸师傅地位最高，其次是焙纸师傅。用餐时，造纸师傅和焙纸师傅必须坐横头右座，两位师傅坐好，其他师傅才能落座。如果一槽有两位造纸师傅，必须开两桌，一个师傅坐一桌的横头右座。纸寮工人一天工作12小时，凌晨5点起，至晚上五六点结束，在工班中交流不用话语，只通过手势和行为示意，这是在长期工作中产生的默契。2018年7月，玉扣纸制作工艺入选三明市第五批非物质文化遗产名录。

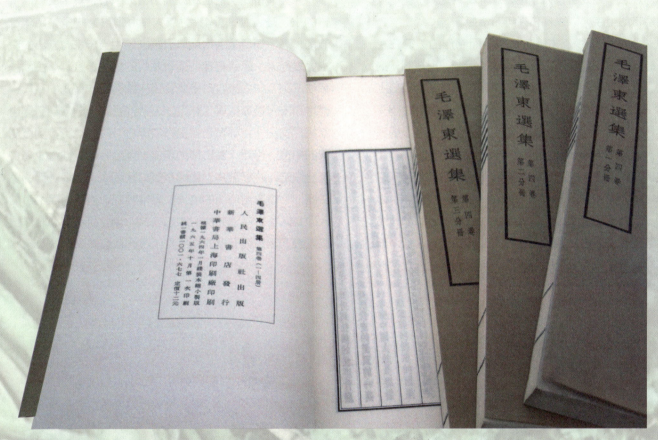

《毛泽东选集》线装本用纸

香龙制作技艺

沙县高桥镇舞香龙始于南宋年间，缘于兴龙脉、庆丰收、祈风调雨顺的民俗活动，因龙身上插满檀香而得名。

每年的正月初一至十五，高桥一带村庄都要举行隆重的舞香龙活动，以求国泰民安、人丁兴旺、风调雨顺、庄稼有个好收成。活动热热闹闹持续到元宵日，村人才把香龙抬到河边，点燃龙身投入水中，意味着香龙入水，把族人的愿望带给祖宗，以求保佑来年万事如意。

香龙要舞得出彩，关键在制作，而制作的关键在龙头。古时候的香龙龙头造形比较简单、粗糙，现在制作的龙头就漂亮多了，制作工艺也细腻得多。制作人要择日上山砍竹，取回后刨成竹篾，供搭建龙的骨架，塑形时用火慢慢烘烤，边烘烤边压弯，直到弯出满意弧度，再以细铁丝捆绑，骨架扎毕晾晒后用干茅草从上颚开始铺叠，此时，龙头的轮廓已经呼之欲出，接着是蜡纸贴造龙的眼、耳、鼻、嘴，龙嘴的塑造可不简单，制作手艺要精准，必须有可灵活滑动的舌头，以便在舌上放置烟花，舞动时喷射七彩焰火。最后是龙身、龙珠和龙尾的制作，这几个部分主要以茅草扎制，先整理好茅草，用铁丝捆扎固定，以

柴刀剔除多余部分，以木棍嵌入茅草束，再用泡沫发沫剂填充，粘贴上红黄色蜡纸即成。龙身一般为16节以上，其中间距1.5米左右，用绳子串起来，便于舞动。整条龙扎制完毕，人们就用檀香插满龙身，一条活脱脱的"串香龙"就涌现在村民眼前。

沙县迎香龙民俗活动以高桥镇为中心，其中又以高桥村的朱、陆、龚、蔡4大姓族人举办得最为隆重。每年春节前，高桥镇所辖各村就以大姓家族中当年家有喜事的户主为发起人，牵头打理"迎香龙"的相关事宜。事主须挨家挨户到全村各家收份子钱，用于购买制作香龙的材料、鞭炮和支付锣鼓队误工补贴。高桥迎香龙活动带动了周边新坡、安田、官林窠、安田杉口等村，并辐射影响到夏茂镇的中堡、月邦，富口镇的延溪、姜后等地。迎香龙场景气势恢宏，在锣鼓声、鞭炮声交错喧闹中，造型威武的龙头高仰，喷射出明丽的焰火，异常壮观，沿途村民纷纷加入迎龙队伍，共享节庆的欢乐。2018年7月，香龙制作技艺入选三明市第五批非物质文化遗产名录。

龙喷烈焰

舞香龙

沙县玉石雕刻技艺

沙县玉石、竹木雕刻技艺，由中原迁入的汉族先民传入，传承历史悠久民间艺人能够因材施艺，废料巧作，巧用本色，化瑕为瑜。

玉石工艺品制作步骤有选料、构思、打样、出坯等繁复工序，其中"因材施艺"是关键。工艺师根据到手材料的形状和石质的优劣，精心设计，这时他的脑海里就浮现出所构思作品的轮廓，雕刻时运用阳雕、阴雕、镂空、透雕、浮雕、圆雕、镶嵌等刀法，根据须雕制人物、动物、器皿、饰物、印章、文具等造型，从简单的雕凿直至精雕细琢，制成成品，这是一个令顽石点头的神奇过程。

沙县玉石、竹木雕刻技艺的精品屡见不鲜，工艺师张述章夫妇玉石雕刻创作室，奉献的《中华美食满汉全席》和《中华菜肴沙县小吃》几百件黄蜡石雕作品，以色泽、纹理、石质、大小等先天因素设计造型，满含着丰富的人文意识，令所有观者赞赏、称奇。2014年9月，黄蜡石作品《彩凤随鸭》在上海举办的中国玉雕品牌博览海派玉雕艺术大展暨第七届中国玉石雕神工展上，获得"神工奖"最佳工艺奖；2015年9月，100多件《中华菜肴》黄蜡石作品在杭州良渚玉文化园举办的第六届"良渚杯"玉石雕刻精品展暨"天工奖"入围奖夺得最佳工艺奖；2016年7月，168件黄蜡石作品《中华美食满汉全席》获"大世界吉尼斯之最"。如今，玉石资源日渐短缺，其使用价值、审美价值和投资价值日益凸显。在此情况下，沙县的玉石雕刻工艺师们，秉承崇文尚德的匠人精神，将普通百姓生活中的日常食品、用品，以出彩的技艺在玉石雕刻中表现出来，开辟了另一个雅俗共赏的广阔天地，让更多的人了解内涵丰富的中华玉石文化。2018年7月，沙县玉石雕刻技艺入选三明市第五批非物质文化遗产名录。

黄蜡石"满汉全席"

沙县红边茶制作技艺

红边茶是沙县独有茶叶品种，属闽北乌龙与闽南乌龙之间的一个地域产品，其制作技艺始于清咸丰初（约1851）的沙县大洛镇陈山村白水漈。

红边茶在沙县的产出时间与鼎盛期脉络清晰。清咸丰二年（1852），闽浙总督福建巡抚王懿德上奏朝廷的折子中即已提到"延平府属之沙县，产茶日盛"。1857年，施鸿保所著《闽杂记》载："近来则尚沙县所出一名乌龙，谓在名种之上，若雀舌、莲心之类。"其时红边茶已从原产地白水漈的第一代茶农传播到大洛、南霞、南阳、湖源、镇头、富口、夏茂等多个乡镇，步入鼎盛时期，并于清光绪年间达到高峰。史料有载，红边茶通过洋行买办出口欧美，清同治末年（1874），红边茶出口量1.8万余箱（每箱40斤），约360吨；清光绪十五年（1889），红边茶出口量创最高纪录达6万箱约1200吨。红边茶原产地白水漈产出的高质量茶品，价格高于普通乌龙茶一至两倍，"装箱运销口外，为吾沙出产品一大宗"，在茶叶界地位突出。清末民初，战争爆发，海运受阻，闽茶庄接连倒闭，沙县茶业也进入萧条期，延至民国十七年（1928）后，红边茶几乎绝迹。2006年，沙县恢复试制红边茶，3年后获得成功，开始批量投入市场，颇受消费者青睐。

红边茶传统工艺细腻，程序如下：鲜叶采摘→晒青→晾青→做青→发酵→炒青→揉捻→烘焙；成品需经筛选、风选、色选到烘焙，根据不同规格、等级拼配匀堆包装，经评茶师品鉴方可出厂。生产流程中的凉青、做青是形成红边茶"三红七绿"和特有茶香的关键。成品具备外形紧结壮实、色泽乌润，兰花香气浓郁，汤色橙红亮，滋味柔和厚实、甘醇，叶底肥软明亮，绿叶红边较明显等品质，冲泡后呈现"三分红七分绿"特征，叶缘有"绿叶红镶边"明显标志。传统制茶工具主要有竹筛、烘笼、铁锅、竹箩、竹席等，现代机械制茶，有综合做青机、杀青机、揉茶机、整形机、烘干机、抖筛机、风选机、拣梗机、烘培机等设备。

沙县茶叶资源丰富，域内的富口萝卜岩楠木自然保护区内，以及大洛、湖源、南霞、南阳等乡镇的边远山区，拥有多处适制红边茶的野生茶树群落，发展红边茶生产具有广阔的市场前景。2018年7月，沙县红边茶制作技艺入选三明市第五批非物质文化遗产名录。

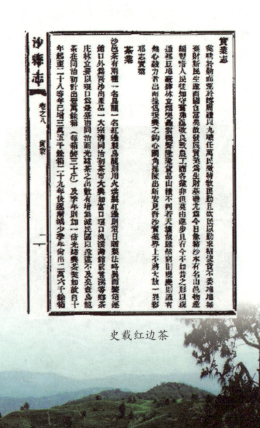

史载红边茶

永安贡川闽笋制作工艺

永安市贡川闽笋干制作工艺始于明朝，大盛于清。据清雍正《永安县志》记载："笋，《尔雅》谓之"竹萌"。曰冬笋、黄笋、斑笋、石笋、江南笋、苦笋。名难祥志，俱作蔬食。惟有猫笋，土人曝为明笋，贩行四方，颇获利焉。"

贡川闽笋传统制作工艺精细，包括采笋、剥壳、修笋、煮笋、浸笋、拣笋、榨笋、封榨、洗笋、烤笋、出笋干等多道工序，其中采、榨、烤三个环节最为关键。采笋又称选料，是闽笋制作的头道关卡，只有选择笋尖顶上三叶下垂的毛竹笋才可供制作高品质的贡川闽笋干。榨笋是对漂洗后的笋体进行脱水的重要工序，设备是长约3.3米、宽约1.2米的硬木压榨机，将笋体压榨脱水，榨后笋体去水多，易成形，易晒干，可保持1—2个月不变质。烤笋是贡川闽笋干形成色、香、味的关键工序，季节选立夏之后，烘烤选用木炭火，将半干笋体先尾后箨交错排列，经过平放、侧放、立放三个环节烘烤6天，才能出笋干。烤好的笋干呈半透明金黄色，清香扑鼻。烘烤温度、火候将直接影响笋干的质量，所以这项高难技术，至今仍掌握在贡川少数笋农手中。

闽笋干是一种低脂肪、高纤维、蛋白质和糖含量适中的保健食品，具有助消化、减肥、防肠癌、消渴、益气、化热爽胃等功效。产品也分几个等级：一等正牌，是所有乌、白、黄笋的最佳产品；二等副牌，其色、香、味及储存期，接近正牌；三等下露，大小长短不均；四等长标，形状长，笋头老，节宽肉薄，食用率低；五等黄笋，形状大小不一，尤其突出的是颜色有黑有黄。

贡川闽笋干在福建笋干产业中具有独特的地位，建于清顺治三年（1646）的贡川笋帮公栈旧址就是最好的历

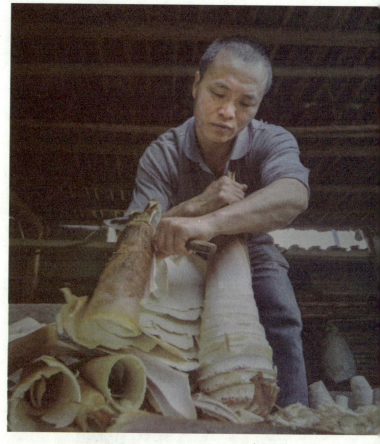

史见证。坐落在贡川镇中的福建省级文物保护单位——贡川笋帮公栈，是我国最早成立的笋业同业公会，距今已有370年的历史，当年笋商云集收购笋干，签订契约，商讨价格等均在公栈内进行。据史料记载，笋帮公栈成为福建、浙江、江西、河南等省笋业商贸组织的中心联络机构，是华东南和中原地区最大的民间笋业同业公会组织。2018年7月，永安贡川闽笋制作工艺入选三明市第五批非物质文化遗产名录。

明溪肖家山锔瓷工艺

明溪县肖家山锔瓷工艺始于宋代，首传人王氏祖先王翼槑。

"锔瓷"工艺是修复瓷器的民间绝活。工匠事先备好铜片或用铜线做出的U字型铜钉，将破裂的瓷器用棉绳子捆绑成原型，对破损部分进行钻孔、缝接、铜钉、补漏，使得破损瓷器得以完整修饰，此工艺被广泛用于陶瓷、金银、玉石等器皿的修复。

锔瓷工艺流程：

第一步是找碴。找出瓷器破损处的相邻瓷片，按原样进行对缝拼合准备修补。

第二步定位点记。根据瓷器的纹饰结构以及样式张合位置和位点，确定铜钉数量和位置，并用黑水笔在瓷器壁做上记号。

古旧瓷器修复

第三步打孔。打孔是锔瓷工艺的关键，用金刚钻钻孔，必须钻在瓷器壁内，不能打穿瓷器，以确保修复后的瓷器不漏水。有的瓷器只有几毫米厚，这就要求操作者一是手要拿稳对准，不能偏差，必要时还需外加焊接工艺，用锡填充瓷器内部用于补漏，外部用铜或者银片覆盖，为了美观还可以在铜或银片上刻上符合器皿的图案，加以修饰。二是孔要对称，位置的对错决定了铜钉的拉力大小，直接影响修复好的器皿的使用寿命。

第四步铜钉。铜钉分为金钉、铜钉、花钉，根据瓷器的等级、大小以及破损程度来计算使用数量，铜钉的制作水平决定铜钉的韧性，也决定了铜补器皿的使用寿命。

第五步补漏。用鸡蛋清和瓷粉调和补漏，等待调和物自然干，这样完整的锔瓷工序就完成了，铜补好的瓷器既可继续使用，也恢复了它原有的观赏价值。

锔瓷师傅的工具包内容不少，有铜钉、铜线条、银线条、锤子、铁块、电动和手工金刚钻、盖刻钉和转盘、喷火枪、铜片、无铅焊条等。

古旧瓷器不可再生，瓷器一旦破碎就失去原有的使用和观赏价值，但它们到了锔瓷匠人手里，却可以起死回生，转而升值，特别是在考古文物的修复，古玩、古旧瓷器的修复中，锔瓷更是不可或缺的重要工艺。2018年7月，明溪肖家山锔瓷工艺入选三明市第五批非物质文化遗产名录。

明溪微雕技艺

明溪县微雕技艺源于清代毛氏家族，传承至今已有7代近200年。

毛氏微雕工艺分平面微雕和三维立体微雕。平面微雕的特点是显现凹凸感，材质小到可在毛发上创作唐诗宋词或在一厘米见方的寿山石小印章上刻篆书"百寿"。三维立体微雕是将平雕、镂雕、圆雕、浮雕、透雕等多种雕刻技艺融为一体，可在大米粒上进行人物、花鸟、景观的创作。完整的传统微雕工艺流程包括选材、切胚、画格、布局、微精加工、填色、打模、精雕、抛光、组合、上架等，其中精雕是工艺中的关键。所用材质涉及广泛，如寿山石、叶蜡石、贵金属、象牙、珍珠、瓷片、竹木条块、粒核、毛发、大米粒等均可上手。微雕施工面积极小，主要靠经验来运刀、运针，运力必须稳、准，才能把握刀具在材料上行走所产生的艺术效果，因此老匠人所用刻刀多为自制，如今也借助切割机、角磨机、油锯、线锯机、高转切割机、雕刻刀头、高倍雕刻放大镜、双目光学显微镜、无尘空压管道涡轮机组等先进工具。

明溪微雕作品题材多样、形态精美，寓意祥和。获奖作品有历史题材的《唐诗三百首》《孙子兵法》《道德经》《宋词》，现代题材的《中国梦》《奔向更大的辉煌》《黄河万里图》，吉祥题材的《中华百寿图》《中华万寿图》《百壶争艳》《寿悦盛世》《佛光普照延年康寿》等。毛氏微雕传人毛新华、毛祚胜的《当代中国微雕艺术的传承与发展》《论寿山石微雕的传承与创新》《多元材料雕刻中相关微雕技法探索》等6篇论文在《海峡工艺美术》《艺术品鉴》《宝藏》等国家、省级刊物发表，微雕作品《帅印——孙子兵法》《福在眼前》《圆梦三明》被福建省工艺美术精品馆、香港东方艺术博物馆、三明市博物馆收藏。这些作品是雕刻师智商和心力的结晶，其中的一刀一錾皆注入了他们的智慧、汗水和爱心。

微雕是中华雕刻艺术中最为精细的雕刻技艺，殷商甲骨文就已出现微型雕刻，至明清时期，这一技艺已日臻成熟，也从文人墨客的高雅把玩走进了寻常百姓家，成为雅俗共赏的艺术品、日用品，日益体现出它们的艺术价值和经济价值。2018年7月，明溪微雕技艺入选三明市第五批非物质文化遗产名录。

微型博古架上的微雕作品

指甲盖上的杰作

清流长校打锡技艺

清流长校镇留坑村打锡工艺于明朝初年从浙江引进。相传其时留坑聪明英俊的小伙子娶钱塘女子为妻，其岳父是浙江有名的锡器制作师傅。女儿出嫁，嫁妆中就有一堂锡器，包括酒壶、茶壶、油壶、腊壶、暖壶、宝鹤壶、烛台、灯光等8大件。这些赏心悦目、高雅堂皇的锡器，既是家庭实用品，又是工艺欣赏品，还可作传家之宝，引得村民青睐，一些有钱人家纷纷来到小伙子家拜托定制。小伙子看到了商机，决定操起岳父家所学，在村中开起了打锡店，为乡亲们打制锡器。由于他人缘好，手艺精，生意十分兴隆，村里有兴趣的年轻人也纷纷前来学艺，从此打锡手艺开始在留坑村传承开来，打锡成为留坑男人的重要谋生手段，留坑锡器从此远近闻名。到了明清年间，长校四堡锡店开到了永安、龙岩、上杭、长汀、宁化、归化、将乐、石城、泰宁、建宁、尤溪、沙县、赣州、瑞金等20多个州、县，并在50余个村镇码头开设固定的锡器店，影响相当大。

长校锡器制作精细，由炼锡直至制成锡器成品需要经过20余道工序。须先将锡块或旧锡皿放入小炉锅里熔成锡液，待温度适中时将锡液倒入石板模中，形成一片片厚薄均匀的锡箔，再按设计好的器皿图形裁剪，最后一道关键工序是"吹焊"，如酒壶须焊上酒壶提手及壶嘴等，需焊得天衣无缝，方可大功告成。2018年7月，清流长校打锡技艺入选三明市第五批非物质文化遗产名录。

锡箔剪裁

清流长校客家服饰技艺

清流县长校镇客家服饰源于宋朝在此肇基的客家先民李氏家族。李氏先人把中原服饰文化带到长校，并与当地土著风俗交融，形成了特有的长校客家服饰传统工艺，之后随着李氏后裔向外迁徙，长校客家服饰工艺也流传到馆前、四堡、里田、灵地等乡镇。

长校客家服饰以中原汉民服饰为基调，吸收了清流畲族服饰艳丽的绲边刺绣的装饰特色和取材，这是有别于其他汉族服饰的地方。整体看来，发髻、黑罗帕、手镯、大襟衫、七分大裆裤、客家水裤、尖嘴绣花鞋，这几乎是长校女性客家服饰的标配。细看，髻子分长髻、短髻、圆髻3种，少妇梳长髻即风行闽粤赣的客家"船形髻"，约9寸，上下两端用特制髻片撑起，使髻两端高翘，最后插上金簪银钗点缀，真乃锦上添花。年长的妇女梳短髻、圆髻，以图方便。衣裳和裤子的制作布料选用"士林蓝""绿标准""乌纱"。"士林蓝"是衣料，"绿标准"用以镶小边，"乌纱"布则用来镶大边。大襟衫的款式又长又宽，大边小镶。衣裳的领处及袖口处依边沿镶一道宽2

寸的黑边，再依着黑边镶二道约一分的绿边，色彩对比强烈，大方整洁。肥大的衣袖折成三叠，既达到装饰美的效果又能当钱袋使用。衣袖一般很短，还需配一截小袖子。小袖子一尺长，用黑布镶绿边，临时用针别在大袖口上，可随时撤下洗换。裤子布料基本是深黑色的，裤口镶一道暗黑大边，二道绿色小边，裤头三尺多，比腰围宽大一倍，为的是怀孕时方便。再来看鞋，鞋面由两种颜色的三片布料构成，中间绣篆体寿字，两边绣梅花。鞋前绣一拇指大的圆球，鞋头尖而翘，俗称"尖咀梅花鞋"。鞋底一般是女孩婚前自制的。也可以说，女红是客家女性很重要的家教内容。

长校有千年古村之称，其客家服饰正说明了北方汉民南迁后，为适应南方的生存环境，与当地土著的融合，也从另一侧面体现了客家人崇礼重教、勤劳睦邻的传统美德。2018年7月，清流长校镇客家服饰技艺入选三明市第五批非物质文化遗产名录。

客家少女纳鞋底

清流刻字技艺

刻字技艺在清流有着悠久的历史。清流长校镇原属汀州古四堡，曾因印刷业闻名遐迩，如今长校镇灵台山刻字艺术馆，收藏的300多幅刻字艺术品，于无声中记叙着这段历史。

俗语道雁过留声、水过留痕，印刷离不开雕版，史上兴旺的印刷业遗留给清流的是刻字艺术的盛行，为数众多的刻字艺术爱好者蕴藏民间，其中颇有建树的20几人，他们的作品多次入选省、国展，并被邀请参加国际展，这在一个山区小县是难能可贵的。从刻字艺术馆中的展品和散落在民间的古旧匾额来看，刻字一般用杂木板，也有竹料、石料、砖坯，不同的材料体现了不同的艺术效果。目前清流刻字艺术已经脱离了传统的窠臼，不少作者用雕塑手法来表达书法意境，作品综合了书法、绘画、雕塑、篆刻等多种技能，同时讲究色彩、平面、立体的构成，具有独特的作品艺术内涵和想象空间。2001年，福建省首届刻字艺术作品展，清流送去了8件作品参展，结果全数入选并获奖。初战告捷大大鼓舞了清流刻字艺术群体，刻字爱好者的队伍迅速壮大，与外界的交流也逐渐增多。2003年，福建省第三届刻字艺术讲习班，在清流灵台山举办，中国书法家协会刻字委员会的多位名家亲临授课，此后灵台山成为省刻字艺术创作基地。清流还有很好的刻

要诀示范

字艺术氛围，师傅关爱徒弟，不仅教刻字艺术，有时师傅还把刻刀赠送给徒弟，更是让徒弟把心用在艺术创作上。近20年来，清流刻字艺术家们刀耕不辍，成绩斐然，先后有23名作者在国际国内刻字艺术展上斩获大奖。清流滨河公园内由清流籍刻字艺术家陈立忠设计雕刻的书法源流景观墙，全长30多米，集我国历代书法著名流派作品于一体，深受观众喜爱，内行的人还可领略其中刀法乃至工具的创新之处。清流的刻字艺术已经成为一道亮丽的风景。2018年7月，清流刻字艺术入选三明市第五批非物质文化遗产名录。

《本草纲目》封面刻板

将乐分室龙窑建造技艺

将乐分室龙窑建造技艺始于宋元时期，2016—2017年，将乐县万全乡宋碗碟墩窑遗址的发掘和南口乡小拔村出土的南宋至元代窑遗址，为分室龙窑址提供了实物佐证。

分室龙窑是中国传统陶瓷烧制的重要窑体样式，广泛分布于我国南方。到了近代，各地分室龙窑大多已被废弃，但将乐的"陈记柴窑"仍保留着自清朝乾隆年间传承至今的完整的分室龙窑传统制作技艺，而且分室龙窑所具有的建造成本低、生产使用便利、烧制产品质量可靠等优势，受到省内外陶瓷业主的欢迎。分室龙窑的主要特点有：依势而建，南方多丘陵山地，可择山岭背斜之地建窑，降低建造成本；用料多选，建造窑体所需要泥料就地取材，方便快捷；燃料多选，燃料不拘，杂木、松木、杉木、毛竹、煤炭、燃油等均可使用；控温简单，可直接用肉眼观察窑内的大概温度，另窑内放有火标，可用铁钩取出，便于随时观察釉面情况；操作人员少，烧窑头时只需1人投放燃料，烧第二室之后也只需2人操作；劳动强度低，烧窑人可以坐在投柴孔前往里添加燃料；分室升温，可根据烧制的不同产品分别装入不同的窑室，用适合的温度烧制适合的釉面，也可在一窑中分别烧制瓷器和陶器；选室烧制，可根据产品数量选择烧火室数，如赶货时可选择一、两室烧制，货多时再增加一、两室烧制，这样可以很好地控制燃料成本和烧窑用时；装窑方式多样，窑内可以用硅板搭架安放陶瓷坯，也可以用匣钵装套陶瓷坯，还可以直接把陶瓷墩放于窑内；升温迅速可控时长，窑头预热和烧好时间短，到第二室开始每室时间只需要2.5个小时就可以把温度上升到1350摄氏度，在每一个温度段可以拉长温度时间。"陈记柴窑"传人保留了一套完整的分室龙窑建造技艺。其工序有：选窑址，定柱盖棚，寻找硬木，制作砖架（分做三种规格），制作砖锤，寻土备料，打砖（计算明砖、半明、尖砖每种块数），风干、堆垛、存放砖块，窑体斜度量定，调准窑基中线，计算每室长度，放置各室中砖，量定各室宽度，分室挖基，铺设风箱基砖，设定通风孔，铺设各室基砖，设定各室过火孔，调制粘结剂，砌筑风箱，砌筑各室横墙，砌筑各室窑门，砌筑各室直墙，砌筑烧柴孔，砌筑窑棚，砌筑烟囱，清基取沟，砌筑护墙，熟烧窑体，窑内刷浆，窑棚填缝注浆，

设置窑内火道，铺设窑内梯砖，犁定档火砖，封堵窑门，高温烧窑。

2000年和2001年，陈克余师傅应邀在本省多地援建多室龙窑，还把整套烧窑控温技术传授给使用者，其间还到瓷都景德镇，为王氏、张氏建造了一条8室龙窑，得到一致好评。将乐高岭土资源丰富，分室龙窑建造技艺对推动当地陶瓷业的发展和传承我国传统陶瓷文化有着特殊意义。2018年7月，将乐分室龙窑建造技艺入选三明市第五批非物质文化遗产名录。

龙窑初成

维护古窑

将乐米酒酿制工艺

将乐米酒的酿造历史久远，据《将商发展史》记载，宋代将乐民间就掌握了较好的酿酒技艺，形成了自己独特的风味和技艺特点。其时当地就有永隆、义源、聚丰、齐长顺等几家酒店，均采用纯糯米生产米酒和红酒。

将乐米酒酿制以上等糯米、酒粬、清水为原料。

主要工序为：

1.浸米。把糯米洗净，盛入木桶，加冷水浸泡3—4小时。

2.沥米。把浸泡好的糯米沥干后，用清水冲洗，再沥干，放置在蒸笼或木制饭甑内。

3.蒸米。把蒸笼或饭甑置于大锅上，烧火蒸熟。

4.晾饭。把蒸熟的糯米饭放到簸箩里降至合适温度。

5.拌酒粬。将酒粬加入糯米饭中，加入适量白开水，拌匀。

6.发酵。将拌匀后的糯米饭，置于酒坛或其他酵容器中，用勺子稍微压实，在中间挖一个观察孔，在糯米饭表层洒一些凉白开盖好，置于室温20摄氏度左右的地方，约3天即出酒。

7.滤酒。加入适量凉开水，滤去酒糟，即成。

将乐米酒有多种产品，其酿制方法也不尽相同。除了人们较为熟知的白水酒和黄水酒外，煨米酒也极有特色，它是在酿制时增加了一道工序，即煨烤工序。将糯米白米酒经过炭火煨烤，使酒的颜色逐步转变为茶色，用棕毛加黄泥土，密闭酒坛，这种煨酒可以保存数年。将乐县"煨酒村"——安仁乡桃源就一直延续着这种传统酿制技艺，生产的煨酒色泽如茶，酒浆黏稠，清醇芳香，酒精度约20度，性柔和，不上头，口感好，香甜可口，而且存放的时间越久，浓度越高，酒味也越香，成为将乐传统佳酿，为民众家宴、待客和筵席常用饮料，备受欢迎。

2018年7月，将乐米酒酿制工艺入选三明市第五批非物质文化遗产名录。

斟酌

将乐红糖制作技艺

将乐古法红糖制作技艺闻名八闽。明弘治《将乐县志》记载"红糖，煮蔗为之。出于黄潭都"。其时，日臻成熟的红糖熬制技艺已经代代相传，至今黄潭西湖、古镛积善依然延续这种古法技艺制作红糖。

古法熬制的将乐红糖行销各地，将乐县内制糖作坊有增无减，据民国三十年出版的《福建地政丛书·将乐卷》记载："境内金溪两岸，土质均带沙性，适于栽蔗。故高滩、积善、祖教、黄潭各保，皆有大量糖蔗栽培。全县种植面积据此次调查共一千四百零六点五亩，产蔗四万九千余担，均供本地制糖之用，境内共糖厂十五家，每年产赤糖一千四百余担，大都行销境内及邻县。"1998年《将乐县志》记载，解放初期，县内仍以土法制糖为主。全县年产红糖保持60吨左右。1971年，县糖厂建成投产，日榨甘蔗150吨。1972年，该厂日榨能力提高到300吨。2年中，县内先后办起6个日榨甘蔗15吨的小糖厂。1973年，全县制糖工业总投资93万元，拥有日榨甘蔗390吨的生产能力，全年产红糖464.52吨。不断扩展的红糖需求市场，带来了将乐制糖业的兴旺。

又据《福建地政丛书·将乐卷》记载，将乐古法手工制作红糖，"以数家联合组成，雇糖师一人，帮糖师一人，另需烧火、煮蔗、管牛四人，砍蔗十人。榨时以蔗纳入二木间，两牛拖碾转动，压出其汁，以竹管导入木榗内，在倾入锅中煎煮，加石灰少许，待糖煮熟，将糖浆置糖坪上，候冷制成圆饼即成。"卷中所载的将乐古法红糖制作技艺，前后要经过砍蔗、去杂、清洗、晾干、榨汁、过滤、沉淀、入锅、搅拌、去沫、打泡、出锅、入模、冷却、打沙、成型、脱模、包装等18道繁杂工序，其操作过程与中国古代技术百科全书《天工开物》所载接近。红糖制作工艺的关键在于一个"熬"字，将鲜榨的甘蔗汁倒入铁锅开始熬制后，灶火不停，连熬4—6个小时，期间手艺熟炼的老师傅将糖汁高高舀起，冲入锅中，打起糖泡，通过不断搅拌慢慢蒸发水分，使糖的浓度逐渐增高，高浓度的糖浆在冷却后会凝固成为固体块状的粗糖，或压入模具中凝成各种便携、独立的糖块，或留在木盆中继续冷却、打沙，这就是常见的传统粉末状红糖。这样的传统做法保持了甘蔗原有的营养成分，同时也使红糖带有一股类似焦糖的特殊气味。

熬

采用古法手工制成的红糖，性温、味甘、入脾，具有益气补血、健脾暖胃、活血化淤、润肤养颜、排毒止痒、延缓衰老等功效，尤其适合产妇和月事不调、年老体弱、大病初愈者食用，因此，红糖一直是人们健康养生、馈赠亲友的伴手礼。

2015年，将乐红糖以其品质上乘、包装精美、携带方便，进入福建100个最具代表性的旅游商品，也是国内外游客到将乐旅居、森林康养的首选绿色保健品，其古法手工制作技艺，正通过促进旅游业兴旺推动城乡经济的发展。2018年7月，将乐红糖制作技艺入选三明市第五批非物质文化遗产名录。

古法手工操作

三明游浆豆腐制作技艺（泰宁、将乐）

豆腐可算得上是最为普通的健康食品。游浆豆腐又以其巧妙的制作工艺，赋予成品清香嫩滑的特有品质，更受大众欢迎。

泰宁县上青乡"一流一浆——游豆腐"，因其仅用自然陈浆不添加凝聚剂，制出的豆腐质地特别嫩香，广受百姓喜爱，被人们视为益寿延年的美食佳品。上青游浆豆腐为纯手工制作，包括择豆、浸豆、磨浆、滤净、煮浆、游浆、豆花装框、压榨、成型等十几道工序，其中最具特色和最考验师傅功夫的首推"游浆"。所谓游浆就是以专用葫瓢盛着发酸的陈浆水，在刚出锅的豆浆上缓缓游走，让边游边溢出的少量陈浆，缓慢地渗入新鲜豆浆里，此时，老浆与鲜豆浆的邂逅就神奇地凝结出豆腐花。游浆操作的关键是耐心，一锅豆浆形成豆花，须游浆500转以上，耗时1小时左右。游浆老师傅会根据气候节令的变化、豆浆的浓淡和温度、陈浆的老嫩等状况控制游浆的节奏和时长，以保证豆腐的细腻嫩滑，获得最佳口感。最后将凝结的豆花小心地舀入铺好纱布的木模具中包好，加上石板压制半小时，游浆豆腐就成型了。上青游浆豆腐制作工艺经久不衰，因为民间有广泛的需求。如今，金湖旅游区开起了上青豆腐铺，每年就有5万多名游客慕名而来，专为品尝游浆豆腐。游浆豆腐的副产品还远销福州、上海、深圳等地。

将乐游浆豆腐是本地城乡传统食品。每年腊月，将乐农村家家户户都要制作游浆豆腐，以备过年招待亲朋，或用于制作豆腐乳，供日常家用。将乐游浆豆腐制作工序繁多，缺一不可，其主要工序有：1.选豆，选择上好的地产黄豆；2.浸豆，清水浸豆5—7小时，视气温高低把握时长；3.清洗，把浸泡黄豆清洗挑净，除去杂质，确保干净；4.磨豆，把黄豆打磨成浆；5.冲浆，把沸水冲入豆浆；6.滤浆，把豆浆滤去豆渣；7.沸浆，把豆浆烧开；8.调浆，把按比例调好的酸浆（烧开的发酵水）与豆浆勾兑，检测酸度是否适中；9.冲酸浆，把调好的酸浆冲入盛放在木榥的豆浆里；10.游浆，葫芦瓢里盛放酸浆，一遍遍游动。一般要游12瓢，待豆浆里涌出豆腐花；11.分离，把水分离出，让豆腐花沉淀；12.留酸浆，用去多少酸浆，补足多少，以利明日续做；13.装斗，把豆腐花舀入豆腐斗中，辅重沥水成型。

游浆豆腐比石膏做凝结剂制成的豆腐甜嫩、柔滑，食之满口余香，回味无穷，是一种纯绿色食品。豆腐成品还可以加工成豆腐干、油炸豆腐、辣椒豆腐乳等方便食品，在民间消费量大。

游浆豆腐，既是美食，更是一种传统文化。"豆腐"谐音"兜福""多福"，寓意吉祥，在新年伊始，长辈们都让全家吃豆腐食品，赋予一年旺旺的福气。2018年7月，三明游浆豆腐制作技艺(泰宁、将乐）入选三明市第五批非物质文化遗产名录。

游浆

泰宁龙湖包糍制作技艺

龙湖包糍是闽菜系一道美味可口的名点，出产于泰宁县龙湖村一带，源于龙湖童氏先祖童傲洲。

童氏族人相传，童傲洲从故乡向南迁徙，时值春寒二月，途中饥寒交迫，生命垂危，幸遇一慈善人家赠食糍团，方免饿死。临行，这户人家又赠送了十几个糍团，并对他说，这是"暖菇"糍团，让他带着路上吃，借此，童傲洲才走到了龙湖，并在此垦荒定居下来。定居下来的童傲洲念念不忘恩公大德，这年二月春寒，他嘱家人采集鼠曲草渗入米浆做成糍团，并以各种菜蔬作馅捏成水饺形状，称"暖菇包糍"，并在大路口设香案，摆放大量包糍，任由路人取食，不论民夫走卒，还是乞丐流浪汉，一律笑脸赠食，因为他坚信这些人中或许会有如他当年一般的落难之人在等待他的救助。此后的每年二月初四春社日，童家送包糍成为定例，他的后人也一代代效仿，一直流传至今。

包糍色如碧玉，形似花饺，香气扑鼻，风味独特，是一道色、香、味、形俱全的小吃。它是用干鼠曲草与炊熟的糯米饭炒熟舂成糍团，分块捏成饺子皮，放馅，两边合拢捏紧，蒸熟即成。包糍外形美观、食可充饥，其馅味美，通常以腊肉、香菇、鲜笋、虾米、韭子，再配上辣椒等佐料炒熟而成，更可贵的是，它还是一道药膳，因为米浆里添加的鼠曲草，具有化痰止咳、祛风湿、降血压、兼治慢性支气管炎的功效。春社日，龙湖家家户户大做包糍，先敬土地神，祈求五谷丰登，再请亲朋好友来品尝，不仅增进了亲友、邻里间的感情，也推动了这一传统手艺传承的延续性。如今，制作包糍及其伴随的风俗，主要分布在以泰宁县龙湖镇和邵武部分地区等十几个县、乡。2018年7月，泰宁龙湖包糍制作技艺入选三明市第五批非物质文化遗产名录。

泰宁朱口花灯制作技艺

朱口花灯最早出现于清朝道光年间（约1821年），是苏灯的一个品种。传说当时朱口人做生意途经江苏苏州，适逢那里正举行花灯会，深受吸引，便把苏灯引进到了朱口村，并与本地的灯种融合，成了特有的花灯品种。

朱口花灯艺术风格鲜明，色彩大红大绿，反差强烈，显示着热闹的喜庆气氛和浓郁的乡土气息，其多元化的形态雅俗共赏。彩扎是朱口花灯工艺的主要特色，在编扎、剪纸、镂雕、绘画、纸扎等多项技艺之中独树一帜。彩扎花灯的代表作是走马灯，它利用亮灯后空气受热产生的热能，推动安放在转轴上的圆纸筒转动，圆纸筒上画有游鱼、飞龙、走马等各种图案，通过灯光透射，飞禽走兽跟着转动，栩栩如生，具有观赏价值。花灯样式按用途不同分为座灯、挂灯、提灯、水灯等多种，其中座灯供安放在地上，挂灯供悬挂，提灯供手提，水灯专供安放在池塘、河面，每盏花灯都是一件独立的工艺品，可以单独地把玩观赏。

朱口是一个历史悠久的古镇，在唐朝就有的八坊、七街、四十九巷中，朱口已是热闹集镇，当地的元宵灯景闻名遐迩，为各地客商所喜闻乐见。朱口灯会每年两次，一次是农历正月十五元宵节，一次是二月初四的庙会期。届时每家每户都要出灯，起灯时，举灯者要先到杨公庙领取一块重约一斤的糍粑，边品尝边参加灯会，不亦乐乎。从古到今，"以农为本"的情怀，始终是闹灯亘古不变的主题，百姓寄情于灯，烘托着花灯兆丰年的愿景，相沿成习。

2018年7月，泰宁朱口花灯制作技艺入选三明市第五批非物质文化遗产名录。

彩　扎

泰宁汾信草鞋制作技艺

汾信草鞋是新桥镇汾信村大众化编织工艺，在泰宁流传久远。早年汾信村每个农妇都会编制草鞋，常常是婆媳相传，同坊制作，曾经是该村村民的一项重要经济来源。

草鞋古时称为"屝"，汉代又称"不借"，宋代吴炯所著《五总志》曰："不借，草履也，谓其所用，人人均有，不待假借，故名不借。"从文献和西周遗址出土的草鞋实物，可证实早在3000多年前的商周时代就已出现草鞋。其时草鞋有系绳的，也有趿在脚上的拖鞋。由于草鞋原料低档，穿着轻柔，利水透气防滑，实用性强，所以老百姓穿草鞋相当普遍。我国南北方草鞋使用各地的材料，有稻草、麦秸、玉米秸、芦苇等，编制的款式也各具特色，成为人们装束的一个显著民俗特征。

汾信草鞋以稻草、芦苇、麻绳等为制作材料。汾信村是产粮区，秋后稻草举目皆是，给村民编制草鞋提供了取之不尽的原料资源。村民夏收芦苇，秋贮稻草，藏于阴凉处，以供随时取用。工具则每家都有几套，它们是大板凳、硬木多齿鞋钩、三齿耙、腰带、大小木槌。操作时先放倒板凳，四脚朝上，套上草鞋棒，即可坐上去打草鞋，制作程序为：先搓好棕绳，编好鞋耳、鞋架、鞋带，用稻草绳编成鞋身，称棕耳鞋；讲究的用麻编制或加入布条，加以修饰，称麻耳鞋。一年四季中秋冬是生产旺季，因为新鲜的材料所打制出来的草鞋更耐用，更柔软舒适。

汾信草鞋只是常见的生活用品，然而它却有着光辉的历史。土地革命战争时期，汾信人日夜赶制了几万双草鞋，送给工农红军，红军战士们脚蹬老乡们送来的草鞋，腰间再别一双新草鞋，挥别乡亲，踏上了长征之路，普通的草鞋为革命作出了积极贡献。2018年7月，泰宁汾信草鞋制作技艺入选三明市第五批非物质文化遗产名录。

手艺仍在

泰宁弋口蓑衣制作技艺

泰宁县弋口乡早年因遍植棕榈而盛产蓑衣，编制工艺精到，远近有名。

弋口蓑衣是用棕榈树树干上的网状纤维物一层一层编织而成，为鱼鳞状长衣结构，无袖，领口处用绳子打结固定，下垂一层密集的棕片，使不透水。后来制作技巧有了改进，编织成上衣与下裙两块，再配上斗笠，用以遮雨或在雨中劳作，方便了许多。在旧社会，蓑衣是农家的必备之物，其功能不仅限于遮风避雨，极贫人家还把它当作日常衣服，用来遮体，而猎户们狩猎时则用它做"护身服"，若遇猛兽突然袭击，也可抵挡一阵子，免受伤害。

弋口村制作棕蓑衣原料充足，取材方便，村民房前屋后到处长有棕榈，树干上裹着层层棕片，要使用棕丝时，携把刀搬把梯子爬上树去，砍下棕片，去掉棕叶，剥下棕丝，晾干待用。编制棕蓑衣的工具也简单，一根小引针，一盒用桐油浸过的润滑引针用的棕丝即可。制作棕衣步骤：备料，先用钉耙梳理棕片，抽出棕丝，把棕丝搓成棕绳备用；编织，先做领子，将片状的棕丝叠成衣领形状，以棕丝绳缝就；衣领制成后再一片片编织肩部、背部、下摆，最后拼接起来，一件细密厚实的棕蓑衣就可挂上墙了。早年的弋口，农业、渔业及水上运输业比较发达，蓑衣成为人们不可或缺的雨具。那时，编制蓑衣这一行业相当兴旺，弋口家家是棕蓑衣作坊，每年都有外县外地来村中请制蓑师傅，师傅们则忙着到各地编制棕衣，一个村至少待上个把月，弋口棕蓑衣因此扬名。

古代蓑衣为芒草所制，江南则多用棕丝编织，故也称棕衣。传说上古帝尧为农夫出身，他登位时无华服可穿，就剥来棕片编成衣裳，名曰"蓑"，穿上它接受百姓的祝贺，从此蓑衣传入民间，伴着人们走过了几千年的历史，百姓穿着它不但可避风雨，且可防猛兽。唐代大文豪柳宗元诗"孤舟蓑笠翁，独钓寒江雪"也提到了蓑和笠，《明会典·计赃时估》道"棕蓑衣一件，三十贯"，可见棕蓑衣历朝历代都有，就连日本、韩国、越南等邻近国家也在广泛使用。近代，尤其是塑料产品出现后，雨具品种大增，用蓑衣的人渐渐少了，做蓑衣的人也少了，但是做蓑衣的老人仍健在，蓑衣制作技艺仍然顽强地流传下来，也许因为它是中国几千年劳动人民智慧的结晶，是我国有代表性的传统手工技艺，是人们一种念旧的情怀。

2018年7月，泰宁弋口蓑衣制作技艺入选三明市第五批非物质文化遗产名录。

细密的棕衣

尤溪清溪陶瓷烧制技艺

尤溪清溪陶器烧制技艺发源时间较早,据尤溪博物馆有关清溪陶艺的考古文献记载和清溪所在地六处陶瓷考古文物考证,在商周时期即已存在。

清溪陶器传统烧制技艺工艺流程繁杂,分探土挖泥、精制坯土、快轮拉坯、上釉晾坯、龙窑炼火、验品防漏等6大步骤,操作工序达60道之多,工艺技术难度大,劳动强度也大,具有以下主要特征:

1.原料特征。就地取材,因地制宜。选用当地山脚田间火山灰沉积层中的黏土和高岭土。

2.工艺特征。以传统原始的脚踏快轮手拉坯成型技艺,辅助对接拍打拉坯成芯和泥条拉坯成型技艺,用古老的龙窑烧柴技术烧制猪油白、青釉、酱釉、福建黄釉、天目黑釉等釉色。

3.产品特征。日用陶瓷产品具有40多种规格不同器型。其中器型美观,釉色清亮,晶莹剔透,质地坚硬细密,耐腐蚀的储酒器10余种产品,用于酿酒储酒,不易变酸生醯,胜过一般陶器。

主要工具有:快轮,系自古延用至今的非金属瓦和木制龙骨为轴承结构的转轮设备;龙窑,长60米,高3米,斜坡状落差8米左右;浸水池、釉桶、拉坯拍打锤、竹钎、探土枪、制土枪、制土椅、凉坯案板、窑砖、探火錘、火钳等。日用陶瓷产品具有40多种,有储酒器、煮水器、火钵、饭钵、砂锅、纸缸、金瓮、碗盆等,其中不同规格器型的储酒器如酒坛、酒缸、酒瓮、酒瓶、酒壶、酒盅、酒校等产品是婚嫁礼仪"探酒壶"仪式中不可或缺的民俗文化器皿。

清溪李氏始祖李翼进精于陶瓷工艺,于清朝光绪十五年(1889)迁居清溪廿四都后,结合当地陶器烧制技艺,不断进行技术改造,创立了独特的清溪李氏制陶工艺,充分体现了先人的智慧与勤劳。在陶瓷业发展的鼎盛阶段,清溪陶瓷器通过本土的古渡口码头,由水路销往南平、福州地区,由陆路销往永安、沙县、大田、永泰、德化等地,部分产品直达福州马尾港后,对接古丝绸之路远销海内外,为地方经济文化的发展立下了汗马功劳。

2018年7月,尤溪清溪陶瓷烧制技艺入选三明市第五批非物质文化遗产名录。

融观赏与实用于一体

窑前功夫

尤溪堂鼓制作技艺

尤溪堂鼓因平时置放在庙堂、厅堂而得名，在当地流行约有200年。

民间的鼓很多是由战鼓演变而来，渐渐地成为祭祀仪式中的法器或民俗活动中的乐器，有时也用它震耳的响声驱除猛兽。鼓的种类随着社会的发展越来越多，应用范围也更加广泛。堂鼓制作技艺在尤溪主要有两个传承分支，一支为新阳镇溪坂村所产的"溪口鼓"，以郑氏家族为主制作；另一支为洋中镇洋中村所产的"蒙鼓"，由杨氏为主制作。两个分支工艺基本相同，均为纯手工制作。

堂鼓以杉木为鼓身，牛皮为鼓面，规格分为大、中、小3种，以中、小两种规格常见。中型规格鼓面一般直径42厘米，鼓身高48厘米，配有架台，敲击音色宽厚；小型规格鼓面一般直径26厘米，鼓身高16厘米，敲击发音高亮。制作堂鼓所需材料主要有杉原木、牛皮、毛竹、清漆等，所用工具有斧、锯、锤子、长刨、短刨、削刀等。制作工序包括做鼓身、削鼓皮、蒙鼓面、钉鼓钉、做鼓架、上釉漆等。

堂鼓制作技艺不仅体现了匠人对产品精心打造，精工制作的理念和追求，更是对中国传统文化的传承。2018年7月，尤溪堂鼓制作技艺入选三明市第五批非物质文化遗产名录。

试音

管前泥鳅粉干烹制技艺

管前泥鳅粉干，是尤溪县管前镇特色美食。

正宗的泥鳅粉干用野生泥鳅、管前本地出产的粉干和家酿红酒糟烹制，观之色调红火喜庆，闻之既有酒糟的浓香，食之又有泥鳅的鲜美，入口爽滑，软糯香绵，微咸微辣，风味独特。

泥鳅粉干的制作也与别地不同。先看食材的准备，主料是来自水稻田里的野生泥鳅、土产粉干、石菖蒲、补血菜等。泥鳅历来被人们视为滋补强身的菜品，一年四季皆可捉得，农人在田间耕作时，常在腰间别一只小巧精致的竹篾篓子，就为抓泥鳅所用。

粉干须得管前地产，白如雪，细若丝，韧性好，烧煮时汤不黏，丝不断，用之煮泥鳅，口感品相俱佳。石菖蒲，也叫泥鳅葱，顾名思义与泥鳅自是绝配，可提香开胃治积食，农村家家户户门前的池塘边上都会种上几株。

补血菜，又名血蕨、观音菜，叶背紫红、香气浓郁，有补气血之功。调料有酒糟、茶籽油、食盐、猪油、味精、胡椒粉、干辣椒、桂叶、生姜、香葱、大蒜等。

泥鳅粉干的烹制程序：

1.备食材。将清洗干净的泥鳅入盆加入茶籽油，喂养半小时，使泥鳅肉质更加滑嫩；粉干用开水涮软待用；葱白切段，葱叶切花、生姜切末、大蒜切末备用。

2.烹制。将喂养吐清后的泥鳅和石菖蒲、桂叶，倒入汤锅沸水中，调入盐，用中火煮约15分钟使泥鳅肉质软烂，形成泥鳅高汤，起锅待用。炒锅旺火，下猪油烧热，倒入葱白、生姜、桂叶，煸出香味后放入干辣椒，倾入高汤，再将烫好的粉干下锅，待锅中粉干煮熟后捞出放入盆中，再将补血菜、泥鳅放入锅中，调入胡椒粉、味精、食盐，待锅煮开后出锅装碗，最后撒上葱花即可。

管前泥鳅粉干流传各地后，以其味道鲜美，营养丰富，颇受广大食客欢迎，如今已是名声在外。2018年7月，管前泥鳅粉干烹制技艺入选三明市第五批非物质文化遗产名录。

馋涎欲滴

梅仙肉光饼制作技艺

梅仙肉光饼是起源于梅仙九都一带的美味小吃，其制作技艺随后向周边区域扩散。

光饼来历的传说很多，尤溪的传说却很淳朴。相传仙人吕洞宾为教化敬老之风，化身做饼师傅，在梅仙闹市做起烤饼生意。对前来买饼的人，吕洞宾都要问饼买给谁吃。听到的回答，不是给妻吃就是给儿吃，没听到给父母老人吃。一日傍晚关店时分，却见一个年轻汉子急匆匆进店买饼，吕洞宾告之饼已经卖完了，顿时，那年轻人的脸上布上了愁云。吕洞宾见状忙问："你为何一定要买这饼吃呀？"那人答道："老母年已六十，瘫痪在床，听说镇里有家刚开的饼店，叫我买来让她尝尝。这不，我赶了三四十里山路才到这里，不料还得空手而归，让娘亲失望了！"吕洞宾赞赏此人孝心，特地烤了一炉送给他，并收了这个叫阿光的孝子为徒，把做饼秘诀都传授给他，还把饼店也送他经营。"阿光饼店"开张日，吕洞宾化成一团祥云向天上飘然而去，此时，阿光才明白遇上仙人了，连忙跪在地上，遥送师傅远去。此后，阿光饼店的名声越来越响，人们把那饼叫作"光饼"，把有肉的光饼叫作"肉光饼"。

肉光饼制作原料简单，备好面粉、肥肉、盐、葱、食用碱即可。所需工具也不复杂，备下一个和面用的盆和一根擀面杖，出炉用的铁锹、铲子、竹筐即可。但是烤炉就不简单了，需特制而成。炉高75厘米，直径85厘米，外为木桶，木桶内置一口内径60厘米的大缸，并用黄泥紧紧包裹。

制作程序分别为和面发酵、制作馅料、制作饼坯、入缸烘烤、光饼出炉5步。

1.和面发酵。先用温水把含酵素的老面化开，将面粉倒入盆中，加入老酵面和适量的水，和成面团，盖上湿布，放置发酵约10小时。

2.制作馅料。将猪肥肉切成肉丁，加葱花、食盐调味拌匀。

3.制作饼坯。取出发酵好的面团，加少许食用碱，反复搓、揉、抻、摔，充分揉匀，做成小面团儿，用擀面杖擀成圆形厚面皮，将调好的馅料包入厚面皮中，先做成包子状，再压成饼坯，最后用擀面杖尖头在饼坯上戳数个透气的小孔，以防在烘烤时馅料受热而爆出。

4.入缸烘烤。将劈好的小段干柴放进缸内燃烧，让燃起的烈焰加热缸壁。待柴烬成炭，缸壁充分受热后，掏出炭火，放置备用。往缸壁洒些冷水，让缸壁适当降温，接着将制作好的饼坯蘸点水，一块块整齐有序地贴上缸壁，再放入火炭烘烤饼坯，摇动蒲扇以把控炭火温度。大约20分钟后，白色的饼坯表面变成金黄，馅肉的鲜香和面饼的酥香完美融合，香气四溢，这时肉光饼就烤熟了。

5.光饼出炉。用铁铲将烤好的肉光饼从缸壁上轻轻剥落，用铁锹取出，放置竹筐里冷却，即可食用。

每一炉可烤制150块肉光饼。梅仙肉光饼形圆，表面凹凸有致，色泽金黄、外酥里嫩、香脆可口，且品味多样，除原味光饼、肉光饼外，还根据口味调制不同馅料，制作出甜味光饼和酸菜肉光饼等。

肉光饼的家乡梅仙镇九都，至今仍保留着农历四月初八吃光饼的习俗。肉光饼以便宜实惠、携带方便、可荤可素、老少咸宜、可供充饥、可作小吃等诸多特点，倍受百姓欢迎。从19世纪40年代，梅仙镇开出首家肉光饼作坊以来，梅仙饼师傅已经把饼店开到了县内的集镇和三明、厦门、福州等地，梅仙肉光饼的名声也广为人知。2018年7月，梅仙肉光饼制作技艺入选三明市第五批非物质文化遗产名录。

放养鸡鸭提供肉品

"南山婆"草根膳食烹制技艺

南山婆草根膳食，是尤溪县食疗同源的膳食系列，因起源于联合镇云山村包氏夫人"南山婆"而得名。

包氏夫人于清康熙年间（约1694）生于尤溪南山村，是包氏第十代孙包文盛的媳妇。因包家热情款待过京城来客，获赠一本《草根画谱》誊抄本。南山婆自幼聪颖，常随其祖父上山采草药，得《草根画谱》，如获至宝。此后，她常和丈夫一起到金鸡山上采挖草根，把这些草根枝叶根茎画在簿子上，标以名称、食用方法以及养身功效，还常向当地名中医、草药师求教，倾心于草根膳食的收集探究，然后根据各种草根的不同特性，辅以家养的鸡、鸭、兔、猪以及山中猎来的山鸡、山麂、山羊等动物肉品，自己研究配制不同功效的草根汤，制成各种风味独特且有一定养身健体功效的草根膳食，并一一命名，如月子鸡、草根茶、蛋下草根酒、红藤草根汤、过力草炖猪脚、兔子草根汤、河葱炖水鸭、泥鳅葱炖黄鳝、鱼腥草根炒腊肉等，写下一本《草根膳食画谱》，形成规范食谱。她还根据不同节令，熬制不同的草根汤分送给邻里食用，并热情接待上门求问的乡亲，免费提供对症食用的草根，悉心教他们如何熬制食用，治愈了不少疑难杂症。因此南山婆草根汤名声在四里八乡不胫而走。

南山婆草根汤的烹制法：

一、主要食材

1.草根。从山上或小溪涧采挖来草药的根、叶、果，如乌根（羊耳菊根）、臭籽根（山苍子根）、葡萄盐根（盐肤木根）、杜仲（疏花卫矛根）、益母草、牛奶根、巴戟、红藤、射干根、过力草、毛天仙果、七里香、石橄榄、河葱等。

2.肉类。如家养的鸡、鸭、兔、猪等禽畜及其内脏，河中的鳗、鳖等鱼类，过去还有山中的锦鸡、斑鸠、野兔、山麂、山羊、穿山甲等野味。

3.辅料。家酿红酒、山茶籽油、生姜等。

二、主要器具

钵盆、捞勺、水瓢、灶等。

三、制作方法

草根洗净、切段，入锅熬制成汤。肉类洗净切块，煸炒后倒入草根汤中，文火煮数小时。有的食材也可用焖、炖、炒、煎的烹调方法烹制。

南山婆的草根膳食伴随着她的传奇故事一直流传到现今，包氏后人秉承"乐善好施、惠民佑顺"的家风，继续开发南山婆的草根膳食系列，使这种既可作为家常菜食用，又是一种有益身体健康的食品普惠更多的人。2018年7月，"南山婆"草根膳食烹制技艺入选三明市第五批非物质文化遗产名录。

传统医药

传统医药是我国自古传承下来的医疗保健知识、技能和实践的总和。在传统医药中，中草药的应用占有绝对优势。

"国家森林城市"三明的森林覆盖率占76.8%，居绿色福建之最。在葳蕤的密林中孕育着可供药用的植物千余种，其中常见中草药200余种，被誉为海峡西岸中药宝库。漫山遍野的中草药，为三明的客家巫氏医药、方药施治、草根膳食造福城乡百姓，提供了取之不竭的医疗物质资源。

客家巫氏医药

客家巫氏医药源自巫氏家族，创始人是巫氏先祖巫官宝。早年，巫官宝以自创的巫氏医药，在粤东、闽西、赣南等客家人聚居区行医，其嫡传人巫德章，迁徙至大田县桃源镇东坂村，继行祖业，从此，巫氏医药在东坂落地生根。

东坂村一带山高林深，野生草药资源十分丰富，常言道，不懂的人看了是草，懂的人看到是宝。漫山遍野的草药令巫德章如获至宝，他除了为村人治病外，还经常入山采集药草并加以研究，形成自己独有的采、种、制、用青草药疗治系统。他的行医理念是：以传统医药理论为依据，尤其注重正统的古中医理论，倡导"易"为医源，以易经学说为纲，兼通医易、命相、堪舆，实现医道相融。在践行中注意经典医药与民间草药并重，兼擅内、外、儿、妇、伤各科，融汇贯通，推出了巫氏内科、疮疡科、妇科、拳伤科和巫氏刺灸放血疗法等。巫德章著有《巫氏本草》留传，其中对《黄帝内经》《神农本草经》和张仲景六经学说均有不同于一般教科书的理解和阐释。书中坚持易道医相融，主张不分医科、不分汉畲、不轻民间草药，阐述了巫氏医药理论、医药典籍、医药秘方，并保存

许多客家、畲族秘传验方。世居东坂村的巫氏子孙多娶毗邻之青水乡畲族钟姓女子为妻，学习融汇畲族医药秘法，使客家巫氏医药更具特色。

巫氏医药的承传地东坂村，完整地保留了客家传统医药，巫氏后人保存有上万卷明、清、民国医药古籍和手抄本，祖传医疗制药器械千余件；建有草药园，种植数百种草药，以供行医之用。

2018年7月，客家巫氏医药入选三明市第五批非物质文化遗产名录。

巫氏医药传承世系

痛血康的配方及其制作技艺

"痛血康"原名"曲氏传药""重升跌打止血散"，为云南白药创始人曲焕章所创，于清光绪二十七年（1901）问世，至今已达百余年。1988年，曲焕章之子曲嘉瑞贡献了祖传秘方，次年由福建省科委立项，由三明制药厂继续开展痛血康的后续开发，并于1994年获得卫生部批准上市，属国家三类新药和国家机密处方品种。

痛血康由曲焕章三种"万应百宝丹"秘方中的"重升百宝丹"经过制药工艺制作而得，主治刀枪损伤、妇科一切血症、各种毒疮、危急痧症、咽喉肿痛症等。处方包括重楼、制草乌、草血竭、金铁锁、化血丹、山药、姜皮等十多味药材。处方配伍特点是"寒热并进，以毒攻毒，相互制约，不知偏颇"。其中重楼苦而微寒，具有清热解毒、清肝止痛、凉肝定惊功能，用于疗疮痈肿，咽喉肿痛，蛇虫咬伤，跌扑伤痛，惊风抽搐，为君药；草乌味辛，性大热，主要功能为搜风渗湿，除寒开痹，破积散结，并有麻醉止痛功效，为方中臣药。重楼和草乌二药并用，一寒一热，各行其司，消肿止痛，清热解毒，祛风胜湿，破积散结，寒而不冷，热而不燥并佐以：金铁锁，止血、祛瘀、镇痛、解毒；草血竭，宽中消食，祛瘀消肿，调经止血；地不容，催吐痰食；化血丹，祛瘀，活血，止痛；山药，补脾养胃，生津益肺以固本，达到祛邪不伤正；姜皮，温经通络为使，为引经药。

痛血康的传统制作技艺包括：

1.按处方精选药材，洗净晒干；

2.依次将药材切制成小段或小块备用；

3.草乌放入蒸笼，隔水蒸2小时，蒸后晒干备用；

4.重楼放入饱和石灰水浸泡12小时，浸泡后洗净，晒干备用；

5.化血丹、披麻草等多味药材放入缸内，加食用乙醇浸泡10天，药液放入铁锅，用小火熬成稠膏备用；

6.将炮制晒干后的重楼、草乌及剩余未用乙醇浸泡的药材，碾磨成细粉，过筛备用；

7.将稠膏和药粉混合调匀，晒干，再磨粉，得到痛血康药粉。

痛血康的现代制作技艺包括药材净选、药材泡制、饮片烘干、药材提取浓缩、配料，得痛血康混合粉成品。

痛血康是三明市地产药物的代表，因其配方和制作技

艺具有特殊的历史、文化和技术价值而载入《三明市志》（1993—2005），并于1995年获"95福建投资贸易洽谈会中国专利金奖"、福建省"科学技术进步"一等奖；1996年获福建省消费者协会颁发的"推荐产品"称号；1997年获"福建省名牌产品"称号；1998年获"福建省优秀新产品奖"；1999年获福建省"科学技术进步"二等奖；2002年获福建省质量协会颁发的"福建用户满意产品"称号，而痛血康胶囊所使用的"三元"牌商标被评为"三明市知名商标"和"福建省著名商标"。

三明市是全国南方林区综合改革试验区，享有"绿色宝库"之称。茂密的森林覆盖着众多珍贵的药材资源。传统医药的传承、研制和发展对三明医药发展有着特别重要的意义。

2018年7月，痛血康的配方及其制作技艺入选三明市第五批非物质文化遗产名录。

民国时期的"百宝丹"广告

李氏摸诊与方药施治法

摸诊与方药施治法源于清流县灵地镇步云村李氏家族，经12代传承，迄今已有400余年历史。史载明万历三十四年（1606），清流籍吏部尚书裴应章因"年老疾病缠绕"告老还乡，得御医随行。裴尚书"怀济困恤贫之心，关心民瘼"，常叫侍从御医医民之疾、授技于民。李氏先祖师承御医，得其诊疗及方剂真传。经李氏传人长期诊疗实践摸索总结，逐渐创出了自家特有的"李氏摸诊及方药施治法"。

李氏摸诊施治以手指、手掌对患者进行摸诊，准确感知患者被摸诊处的酸痛麻胀痹，确定患者全身经络、穴位、骨骼、肌肉等的病理状态，结合"望闻问"等中医十二纲，分析判断显现的病症和潜伏的病灶及病因，从而辨症施治。施治过程中先闭目净心，采用"李氏十六法"即摸、砍、劈、敲、推、按、点、拨、捏、拿、捻、揉、搽、抖、振、叩等手技法，疏通患者经络穴位，祛湿排毒，调节五脏六腑，还原骨骼、肌肉合理状态，促进气血运行，从而建立相生循环，再涂抹相对应方药，达到祛除病灶、治疗疾病未病的目的。治病过程中，遵循百人百病、百病百因、辨症施治原则，重视患者健康状态，把握施治的轻重缓急，并指导治疗期间及修复阶段的饮食结构调整、防寒保暖、防风防湿等保养方法，多管齐下，以确保病患得以早日康复。

李氏除摸诊外，兼制独家方药，以供治疗各种疑难杂症，这些方药有：

1.自制医疗器械。自制穴木、刮石，木锤等，用于病患部位按压、疏通经络。

2.秘方外用药。按祖传秘方由钩藤、卷柏、鸡血藤、山苍子根、草珊瑚、南五味子、金樱子根、田七、红花、七厘丹、黄柏等组成药液，治疗内伤、外伤、皮肤病、经络穴位瘀堵等症。

3.祛风除湿药。按祖传秘方吴茱萸、生姜、黄精、铁皮石斛等组成，主治风寒感冒、风寒湿虚以及宫寒、痛经等妇科杂症。

4.烫伤膏。按祖传秘方由蛇油、橄榄油、猪骨等制成，专治烧伤、烫伤、灼伤，伤口愈合不留疤痕。

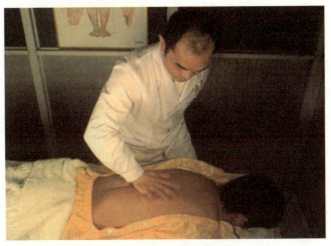

摸诊十六法之"振"

5.鼻炎膏。按祖传秘方由苍耳、茶油等组成，适合任何群体，治鼻炎见效快。

6.猴子接骨药。按祖传秘方由生姜、钩藤、南五味子、酒饼、还魂草、松根等组成，用于消肿止痛、化瘀、生骨。

究其施治特征为：

1.闭眼净心，手触心知。施治手法的角度、轻重、感应、感知都要准确。

2.辨证施治，整体治疗。遵循百人百病、百病百因、百因百治原则，视患者年龄、体质、病灶轻重，制定个性化施治方案，结合季节、环境等因素指导患者的衣食住行调整，达到治养兼备目的。

3.边诊边治，边治边诊。严格执行个性化施治方案，随着施治过程，对病灶的变化，调整施治手法，同时合理调制方剂，做到药量、药效合理。

4.医患交心，情志辅医。重视患者感受，以朋友关系代替医患关系，通过与患者交友交心，缓解患者精神压力，安神益志，以此促进并提高治疗效果。

李氏摸诊辨症及方剂，近30几年间成功治愈了中风瘫痪、强直性脊柱炎、鼻炎、烫伤烧伤等患者2000余人，其所用的诊治方法及方剂对中医药学中的诊法、疗法及方剂等具有研究价值。2018年7月，李氏摸诊与方药施治法入选三明市第五批非物质文化遗产名录。

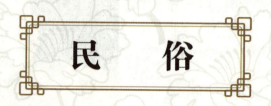

民　俗

　　典型的多样化融合和相互包容、共存共赏是三明民间习俗的一大特色。三明在夏商时期即已划归扬州版图，将乐县与沙县设县建制也均在1500年以上，闽越土著和中原南迁的客家民系，都有自己的古风古俗。1958年，国家决定在三明建设福建重工业基地，十万建设大军从中国的四面八方涌来，五湖四海千差万别的民俗也随之而来。本土古俗和异域民俗在撞击、磨合中和谐共处、互相依存，形成了独特的三明民俗文化。

祭祖习俗（石壁客家祭祖习俗）

宁化石壁是世界客家人的中转站、总祖地和祭祖中心。

客家人素有爱国爱乡、敬宗穆祖的传统美德，千百年来，石壁客家人按照传统祭祀习俗，由家庭到各房祠堂祭拜祖先。20世纪90年代初，海内外客属乡亲掀起寻根热，为满足世界客家人的寻根谒祖需求，宁化县在石壁村兴建了客家公祠仿古建筑群，并定于每年十月为祭祖月，举行世界客家人公祭仪式，客家人从此拥有了总家庙。

石壁祭祖仪式沿袭中原古礼，程序庄严而复杂，包含出主、燃烛、设案、上香、跪叩、荐食、储食、初献、读祝、再献、三献、焚祭文、纳主、撤、馂等15项程式，结合当地习俗，形成具有观赏性的演礼。在焚帛烧钱纸时，主祭要在神前献上一杯酒，然后由礼生送至焚帛处，将酒醑在上面，以示祭者献上钱帛之虔诚。在祭祀过程中，几次鸣锣击鼓或弦乐伴奏，为祭礼增添热烈气氛。祭礼结束后，将猪肉、羊肉等祭品宴请参祭人员或分给参祭代表。

主要过程为：

鸣炮、开堂、奏乐、礼毕退班；

主祭就位，陪祭、领祭就位；

主祭神位前三安二献，鞠躬复位；

全体跪拜，一跪三叩；

主祭香案前三上香，鞠躬复位；

全体跪拜，一跪三叩；

主祭神位前献酒，初献、二献、止乐、读祝文，奏大乐、焚祝文、三献酒、鞠躬复位；

全体跪拜，一跪三叩；

鞠躬，礼成退班。

随着海内外"客家寻根热"的不断升温，石壁客家祖地日益蜚声海外，前来石壁客家祖地寻根祭祖的海外客家人络绎不绝，石壁客家祖地已经成为五湖四海客家人的朝圣中心。石壁客家公祠已成为我国对外传统文化交流的一个特殊意义的窗口。石壁祭祖在海内外客家人心中，已经产生了巨大的影响。宁化石壁客家祭祖习俗，于2007年8月入选福建省第二批非物质文化遗产名录。2011年5月，祭祖习俗（石壁客家祭祖习俗）入选国家级第三批非物质文化遗产扩展名录。

祭祖大典

谒

虔诚

擂响安贞堡

永安安贞旌鼓

安贞旌鼓源于唐代战鼓，相传槐南镇罗氏祖先随军征战，掌管军中战鼓。每临战事必先祭鼓，以雄浑、激昂的鼓声鼓舞士气，得胜归来，以欢悦的旋律迎接凯旋将士，因与作战的旌旗并用，故称"旌鼓"。

旌鼓结构独特，整套旌鼓包含配有鼓架的一面大鼓，木制椭圆形，大张牛皮蒙面，鼓面直径约80厘米，高度约100厘米。小鼓也呈椭圆形，鼓面约50厘米，高度约18厘米，鼓身均涂黑色，鼓面中涂直径10厘米红心，配有铓锣和小磬。旌鼓采用黑红两种对比强烈的颜色，寓意为阴阳和谐、天人合一。

罗氏后裔因缅怀先祖军功，祖祖辈辈对鼓由崇拜而成为信仰，形成鼓俗，并留下家族祖训：建房必建鼓，每房都备鼓。鼓成为当地民居的精神内核，称为"房心"，供奉在厅堂横案之上，作为护宅家镇宅之宝，绝对不可外借。

千百年来，鼓俗给槐南留下不可磨灭的历史印记，成为槐南一带民俗活动不可或缺的核心内容。其中最隆重的莫过于祭祀用鼓，每年除夕至第二年正月十五期间，才可敲打大鼓，通过神灵祭祀和祭祖仪式，禳除灾厄，纳吉呈祥，给家族带来安宁。其次是重大节庆或家族中的婚丧事宜，都要进行旌鼓演奏。旌鼓的演奏方式丰富多彩，其打击音律、演奏技巧及队形变化，可根据各种俗事、各种场合变化，具有较高的艺术欣赏价值。近年，由于旌鼓造形与队列的喜感和鼓舞人心的击打旋律，安贞旌鼓队经常被邀请参加各种大场合的演奏活动和赛事，享誉颇多，如：2015年被文化部评为2014—2016年度中国文化艺术之乡项目，2015年被国家工商总局评为国家地理标志，2015年10月参加全国青年运动会开幕式，2016年6月参加全国非遗日福州三坊七巷非遗展示，2017年11月参加中央电视台《中国影像志》的拍摄等。

永安安贞旌鼓历史悠久，它的形成与发展，是唐以来军伍文化在闽中民间流传的结果，有较高的历史价值。2007年8月，永安安贞旌鼓入选福建省第二批非物质文化遗产名录。

潇洒在福州三坊七巷

定光佛信俗（沙县）

定光佛信俗在沙县民间流行始于唐宋年间，其时城郊淘金山、洞天岩一带的佛寺，均供奉定光佛

沙县较大型的定光佛信俗活动均按照佛教传统，每年3次，一是农历正月十二定光佛的诞生日，二是农历三月二十七定光佛的出家日，三是农历八月二十二定光佛成道日。沙县民间视这3个日子为定光佛的纪念日，民众和佛教僧众都要举办大型法会，邻近乡镇的信徒也都早早赶到寺庙焚香礼拜。定光佛的事迹传说在民间流传甚广，如祷雨救旱、驯服野兽、活泉止水、治河护航、赐嗣送子、避免战祸等等，这些事迹正是先人们艰苦创业的真实写照。

旧版《沙县志》还记载了定光佛与北宋名臣李纲的结缘。据载，宋宣和元年（1119）李纲因京都大水，民不聊生，上书谏请皇上积德行善，龙颜震怒，被贬为沙县监税官。李纲常忧国事，一日郁闷，来到城西大洲漫步，见一僧人过河，竟足不沾水，凭虚而渡。李纲知其非常人，一路尾随至洞天岩，见僧人盘坐岩石上闭目小憩，遂恭立静候。待僧人醒来，李纲作揖求问前程，僧人口占四句："青着立，米去皮，那时节，再光辉。"李纲欲进一步请教国事，僧人不语，径自踏上云步桥，乘云而去。靖康之年，李纲复出，竟应验了僧人所言。据称，僧人便是定光佛的化身。李纲为纪念这段佛缘，请工匠雕造了定光佛睡

像，供奉在所见之处，后湮没于大规模采石之中，但古迹大佛脚印、步云桥至今仍在，大洲沙溪河中心有块沉浮石，便是当年定光佛过河时的踏脚石，如今仍会随着河水的涨落而浮沉。

定光佛信俗除沙县外，在闽西北及赣南、粤东，特别闽台客家聚居地区都有相当影响。2011年12月，定光佛信俗（沙县）入选福建省第四批非物质文化遗产名录。

菩提树下

礼佛

惠利夫人信俗（明溪）

明溪惠利夫人信俗始于五代。惠利夫人俗名莘七娘，少即知书达理，通医术，随夫惠利征战来到明溪。她平时多行善事，常尽平生所学，义务为民众治病，辞世后葬于明溪。当地百姓感念其恩，集资在明溪县雪峰镇北郊为莘七娘建造祠庙，称"夫人庙"，明溪百姓凡遇天灾人祸，特别是生病、患疾，都到庙中求拜，祈求早日康复，信仰者众。

有南宋士子路经明溪，夜宿巡检司驿馆，馆旁正是莘七娘葬处，他吊唁后留诗墙上，诗曰：

妾身本是良家女，幼习女工及书史。

笄年父母常爱怜，遂使良人作鸳侣。

五季乱离多寇盗，良人被命事征讨。

因随奔逐道途间，忽染山气命丧天。

军令严肃行紧急，良人命没难收拾。

独将骸骨葬明溪，数尺孤坟空寂寂。

屈指经今二百年，四时绝祀长萧然。

未能超脱红尘路，妾心积恨生云烟。

南宋末，民族英雄文天祥路过明溪时曾慕名朝拜莘七娘庙，并题诗曰："百万貔貅扫彗芒，家山万里受封疆；男儿若不平妖虏，惭愧明溪莘七娘。"表达了对莘七娘的崇敬和抗敌救国的满腔激情。

惠利夫人信徒遍及明溪城乡，影响面广，朝廷赐予"显应"庙号。南宋嘉定年间，朝廷敕封莘七娘为"惠利夫人"，寻加"福顺夫人"。

清雍正十二年（1734），世宗封莘七娘为"普佑夫人"，清咸丰八年（1858）十月，文宗复加封莘七娘为"灵应夫人"。

惠利夫人祭祀日有正月初一朝拜、元宵香灯会、十七游神、清明祭祀、六月十一日惠利夫人诞辰等，仪式有打醮、清醮、朝功、暮功、焰口施食仪、游神、演戏酬神、夫人嬷宴等，万人空巷，热闹非凡。

惠利夫人民俗文化，对探寻中国农耕社会的构建，时任政府管理体制与民间自治，传统文化的传承，客家民间信俗与客家精神的关系，都具有重要的价值和意义。2011年12月，惠利夫人信俗（明溪）入选福建省第四批非物质文化遗产名录。

惠利夫人诞辰

朱熹祭典（尤溪）

朱熹是南宋著名的理学家，理学之集大成者，中国封建时代儒家的主要代表人物之一。尤溪是朱熹的诞生地，朱熹祭典始于南宋嘉熙元年（1237），尤溪县令李修捐资在县城南的公山之麓修建文公祠、韦斋祠、半亩方塘和尊道堂等建筑，祀朱家父子，并备有专用祭祀乐舞，是集礼、乐、歌、舞为一体的综合性艺术表演形式。每年春秋及农历九月十五朱熹诞辰日临近，尤溪县都举行以纪念朱熹为主题的朱子文化宣传周，举办海内外知名专家、学者朱子文化专题讲座、朱熹祭典、"朱子礼乐"会演等活动。

朱熹祭典在尤溪朱子文化园里的南溪书院隆重举行。世界朱氏联合会、台湾海峡两岸朱子文化交流促进会、中华朱子学会、上海儒学研究会、国内有关学者代表、内地朱子后裔代表、福建省内朱子文化研究机构代表与朱熹故里乡贤共同参加祭祀活动。

朱子祭祀大典在开祠仪式后，进入初献——进香、醑酒，亚献——敬献花束，终献——奠帛，恭读祝文"三献礼"，恭诵《朱子家训》和向朱熹塑像敬献花篮等环节，整个仪式庄严肃穆。

朱子文化在当地根深叶茂，滋养着这块钟灵毓秀的土地，崇文尚学的优良传统源远流长，先贤圣哲的思想，在中国的思想界、理学界、文学界都有广泛而深远的影响。朱熹后裔、朱氏子孙遍布海内外，因而在朱熹出生地尤溪举行"祭祀朱熹大典"，有其独特的意义与价值，保护开发好它，能吸引更多来自海内外的世界朱氏联合会成员、朱子文化研究学者，让朱子文化得到更好地挖掘、传承。2011年12月，朱熹祭典（尤溪）入选福建省第四批非物质文化遗产名录。

祭典仪式

伏虎禅师信俗（宁化）

宁化伏虎禅师信俗始于北宋，源于宁化籍佛教高僧叶惠宽。

叶氏，五代末期生于宁化安远伍坊村，少具慧根，与佛有缘，父母亡后即往汀州开元寺削发为僧，法号"惠宽"。出家后遍游诸方丛林，访师学道，领悟佛学要旨，学成后返回汀州。其时汀州猛虎为患，四邻不安，惠宽禅师入深山，探虎穴，以解脱慈悲力为虎说法，群虎俯伏如受戒，禅师骑虎而出，自此虎患遂平，于是众称之为"伏虎禅师"。后禅师前往长汀调军岭创立普护寺，时遇汀州大旱，赤地千里，城中长者上山请求禅师出山建坛祈雨。禅师祈祷上苍，并自置于木柴堆上，发下宏愿，祈祷七日仍未雨，愿自焚以求上天怜悯。至第七日大雨，万民欢呼雀跃。宋建隆三年（962），禅师圆寂于普护寺。宋熙宁三年（1070），汀州太守上奏朝廷，赐庵名"普护"，宋真宗诏改"寿圣精舍"，宋宣和诏改"广福禅院"。宋绍兴七年（1137）敕封"净戒慈应大师"，乾道三年（1167）加赐"灵运"。淳熙元年（1174），汀州太守将禅师与定光佛一道迎入州衙后庵奉祀。淳熙十一年（1184）又得加号"普惠"。南宋嘉熙年间（1237—1240），再得朝廷加号"妙显"。至此，寺院累封已至8字，为"威济灵应普惠妙显大师"。成化丙午年（1486），上赐"天华寺"匾额，钦定为"护国祝圣道场"。至明嘉靖，朝廷加封为"妙显威济灵应普惠禅师"，以彰其德。官员不断上奏，朝廷不断加封，验证了伏虎禅师信仰深入人心，在官民中有相当深厚的基础。

伏虎禅师信俗分布于宁化、长汀、边城、武平、上杭、南平、大田、尤溪等地，各地均有祭祀庙会，是福建及我国南方客家地区及东南亚华人社会重要的民间信俗文化。伏虎禅师与定光古佛是客家最崇奉的"二佛"，闽西北地区更将他们与观音并称"三太老佛"，视为闽西客家农耕社会的保护神。这与客家人狩猎、林木采伐、深山采菁、农耕祈雨、求子延嗣等信仰需求有极为密切的关系，成为早年官方与民间共同的祭祀习俗。2017年1月，伏虎禅师信俗（宁化）入选福建省第五批非物质文化遗产名录。

鹫峰古迹

伏虎图

罗岩太保信俗（沙县）

沙县罗岩太保信俗始于南宋嘉定初年。罗岩太保又称"蛇岳太保"，太保庙坐落于南阳罗岩山，庙内现存古钟的铸文落款为"宋嘉定六年"（1213）。

罗岩太保庙供奉地方信仰的康、温、孟三仙，并祀蛇神，其庙宇虽建于南宋年间，但闽中的祈蛇历史却可追溯到闽越国时期。罗岩太保庙供奉的蛇神缘于神话，传说闽地开垦之初，原属千里蛮荒，猛兽横行，时有五鬼出没，肆虐乡民。在闽中深谷绝崖修炼的蛇神，受乡人之托，服毒药变身，与五鬼斗法，以保乡村安宁，玉皇大帝为表彰其忠烈精神，敕封英烈太保侯王，并赐"三味真火"，受封赐之地就在罗岩山，所以罗岩山被视为太保祖庙。

每年农历十二月至翌年三月为太保庙进香旺季，罗岩山上山古道挤满进香信徒，省内外信众则一路敲锣打鼓，抬着香炉到祖庙"取真火"，然后将"真火"迎回住地太保庙，以庇佑家乡五谷丰登、人畜平安，习俗延续至今。取火习俗也有严格的程序，包括选定黄道吉日、取火、迎火等环节，缺一不可。

罗岩山还留存着不少与太保有关的景点，如"祖殿听钟""古道撑石""马头夕照""龙潭清流""罗岩春雨""朝阳秋烟""华峰云海""雪亭红枫"等，是善男信女的好去处。

罗岩太保信仰习俗被人类学家称为"闽中原始多神崇拜的活化石"。2017年1月，罗岩太保信俗（沙县）入选福建省第五批非物质文化遗产名录。

炒火日

将乐跑马将军

将乐跑马将军是祭祀唐朝爱国将领张巡的古俗，俗称祭"跑马菩萨"，源于唐末宋初（约960），由南迁汉人从河南带入将乐，盛行于古镛镇玉华苦竹村。

祭祀活动于每年正月十五举行，由主祭人员事先备好马匹，鸣炮焚香，从祭坛请下张巡将军木雕像，换上战袍，外穿戴盔甲，背上插数面令旗，穿戴完毕扶上马背，祭祀队伍才可出发。队伍由彩旗队引道，依次是檀香炉、宝剑、跑马将军和护卫队、祈祷队、锣鼓队等，最后面跟随着一支人数众多的信徒队伍。跑马将军沿村巡游，沿途人家都要顶礼膜拜。从村头到村尾，游毕百余户人家，便进入最精彩的"跑马"程序。跑马有一套完整的程序和模式，先由村中6名青壮年组成跑马队，3左3右，分工明确，其中2人牵马头、2

赐福闾里

人护卫张巡像、2人持马鞭，进入临战状态。随即，村中执事点燃三连铳，持鞭人猛抽一鞭，马须应声朝前飞奔，连跑15至20圈后，队伍再按照原定秩序，护送张巡像回上坊庙安放在祭坛上，祭祀结束后，村人饮酒互贺新春。

跑马将军是古老祭祀活动的遗存，全福建省仅有玉华苦竹村完整保留了这一古老而又独特的祭祀习俗，为中原文化的南迁提供了有力佐证，为研究中原文化传播、变迁及其影响提供了历史依据。将乐苦竹村的跑马祭祀与台湾嘉义市双忠庙举办的张巡、许远两大将军的祭典活动同源，对于增强海峡两岸民族同根、文化同源的认同感，增进两岸民俗文化交流具有积极的促进作用。2007年4月，将乐跑马将军入选三明市第一批非物质文化遗产名录。

快马加鞭

宁化牌子锣鼓

牌子锣鼓

　　宁化牌子锣鼓是宁化客家人融汇地方戏曲、民族器乐、宗教音乐之所长而形成的民族器乐形式。牌子锣鼓由锣、小鼓、边鼓、唢呐、拍板、钹等乐器组成，演奏方式分为行走演奏和坐奏两种。行走演奏由一人肩挑木制锣鼓担，一头安放鼓板，另一头挂大锣，其他奏乐人随后，这种乐队排列是宁化牌子锣鼓的重要标志。宁化牌子锣鼓的特点：一是乐队的人数和乐器种类与件数均有严格的选择和限制，由6至7人组成，使用9件乐器，一般不使用弦乐，吹奏乐器为大、小唢呐；二是曲牌的组合有规定，牌子指的是这些曲牌，锣鼓在演奏时，须根据活动的内容性

质与情绪的不同，采用不同的曲牌组合。牌子锣鼓通过具体的旋律、节奏等音乐手段的运用，营造了热烈、红火、欢乐、喜庆的气氛，形成了浓郁的客家风格。

　　宁化牌子锣鼓是中原传统文化与宁化本土文化长期磨合与潜移默化下形成的，既有北方民歌和鼓吹乐的粗犷、激越，也有南方音乐的柔美婉转，是中原和吴越、闽赣等地乡土音乐的融合体，被广泛运用于民间祭祀、礼仪及文化娱乐活动之中。2007年4月，宁化牌子锣鼓入选三明市第一批非物质文化遗产名录。

宁化淮土高棚灯

淮土高棚灯始于南宋。相传宁化木商到临安府进献贡木，受到嘉奖，木商见行宫两侧高大的彩灯，光彩夺目、熠熠生辉，便开口索求，得允赠予彩灯并派宫廷灯匠前往宁化淮土帮助制灯，于是制灯工艺与赏灯习俗在淮土沿袭至今。

高棚灯是一个多灯组合体。灯高二丈余，宽围半，有5层和7层两种结构。各层灯组均有各自的含义，或寓五谷丰登，或祈风调雨顺，或盼岁稔年丰，内容有历史掌故、花鸟鱼虫，山水祥物等。图案丰富多彩，形象栩栩如生，集知识性、趣味性于一体，并融合了手工纸扎技艺和剪纸工艺，蔚为奇观。

每年的正月初八和元宵，是高棚灯游灯活动最热闹的节令。游灯一般在夜间，顺街巷抬着游走，各种五颜六色的图案在火光照映下如真如幻，呼之欲出。

2007年4月，宁化淮土高棚灯入选三明市第一批非物质文化遗产名录。

华灯高企

永安青水打黑狮

青水打黑狮又称"征狮和降狮",源于青水畲族乡沧海村,距今已有540余年的历史。

史料记载,畲族先民喜居高山林涧,建竹楼栖身,以刀耕火种、狩猎为生。传说原始森林中有一黑狮成精,常攫取过往行人充饥,或夜闯村庄骚扰村民,尤其喜吃童男童女、年轻村姑,为害尤甚。畲民祖先为护佑子孙,率乡中青壮携十八般兵器与黑狮精展开殊死搏斗,一时飞沙走石,天昏地暗,怎奈那黑狮精法力无边,畲民一时无法取胜。后来畲民祖先们商定,派法师请来哪吒,哪吒杀死了狮精,狮身留在洞中,狮头落于山涧。村民拾取狮头舞蹈以避邪,形成风俗,世代相传至今。

青水打黑狮样式构成较为独特,揉合了杂技、魔术与民间舞蹈特征,其中的"黑狮"狮面彩绘面目狰狞,扮演者乔装摹仿狮子动作形态。打黑狮演员由18名壮汉扮演,他们携18种兵器,配18般武艺与黑狮展开18回合的激烈搏斗。在舞狮之前有大头和尚、小丑开道,司鼓戴僧形面具,手持葵扇,作逗引刺激狮子状,配乐则有大鼓、唢呐。打黑狮表演的翻跟斗、耍拳路、舞刀枪、展利剑、打拳棍、挥金棒、挥箍金圈、抛绣球等,全套动作刚劲武勇,加上翻桌、翻山、旋桥、旋柱、盘旋阶梯、吞刀、吞火、吐火焰、砍身、打滚、上竹、跳火圈、驮柴(搬人)、跳枝、拜供、看联等高难度特技,涵括了多种民间

打黑狮古版本

舞蹈、武术、音乐和神秘色彩。演员阵容强大,场面威武壮观,得到了广大人民群众的青睐。

打黑狮是祭奠祖先、颂扬先祖功德的一种纪念性游艺民俗。新春佳节,参加打黑狮的畲族后生个个精神抖擞,身着民族盛装,脚蹬草鞋,腰扎红绸带,肩扛十八般兵器,处于临战状态。锣鼓雷动,唢呐响起,一头"黑狮"跃出,直冲人群而去,情景危急之下,一位赤手空拳的武士出场,与黑狮展开搏斗,失败后又一武士再战,也不敌凶猛的黑狮,于是,畲民们前赴后继,一个个拿起兵器加入战斗,仍难分胜负,此时,小哪吒身背金箍圈出阵,祭起金箍圈,抽打黑狮,终将其制服,黑狮匍伏在地,哪吒跨上狮背,手舞金箍圈向人群致意,武士们高举兵器,团团围住黑狮,齐声呐喊,欢呼胜利。

青水畲民舞狮队曾代表三明市参加福建省少数民族体育运动会,获一等奖。2007年4月,永安青水打黑狮入选三明市第一批非物质文化遗产名录。

舞狮队

永安槐南打黑狮

永安槐南打黑狮民俗起源于明朝，是一种兼具武术、杂技、民间舞蹈、祭祀仪式的神秘艺术表现形式。

槐南镇打黑狮武术队由七八名或二十多名青壮年组成，他们头包"英雄巾"，身着盛装，腰扎红带，脚穿草鞋或赤脚，手提肩扛铜锏、铁尺、双刀、双鞭、双钩、钢刀、劈刀、关刀、棍棒、金箍圈、长矛、大耙等十八般武器，由领头人执大锣鼓带队，对阵的有手执蒲扇、仙草的"狮鬼"舞狮者二三人，配打击乐队二三人或五六人参与表演。打黑狮表演的关键是气势，青壮表演者个个昂然挺立，体现尚武精神，还要动作灵敏，方可与黑狮调弄欢跳，妙趣横生。槐南每逢年节、喜庆之日。民间迎神赛会、祭风祈雨，常有打黑狮的文娱活动，深受群众欢迎。

2007年4月，永安槐南打黑狮入选三明市第一批非物质文化遗产名录。

斗

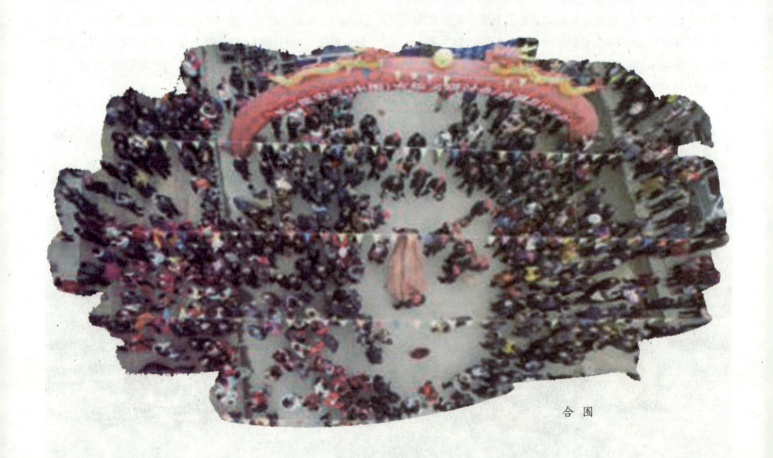

合 围

永安小陶八一龙灯

小陶八一村的龙灯也称朱氏九节龙灯，因八一村朱姓宗族持有而得名，自清代以来已有200多年的历史。

八一龙灯长19.6米，舞者十人，其中1人持龙珠，9人持龙身，故又称朱氏九节龙。表演者均为村里后生，骨干由有经验的中年男子担当，他们身着黄色汉衣，肥裆裤，束腰带，打绑腿，穿草鞋或光脚丫，走在最前面的是"灯头牌"，继后是龙珠、龙头、龙身、龙尾，依次而行，待全龙过后，接着是花灯、龙柱、乐队、烟火等40多人组成的花灯队。九节龙表演的套路层出不穷，有园场、风炉栅、卷轮毡、汉卷轮毡、缠龙柱、穿龙柱、穿桥、上京城等9种套路。主要技巧表现在队形变化无穷的"穿""缠"和过桥上高台的"腾""翻""穿"上。"缠"要如胶似漆，缠缠绵绵；"腾"要群峰出没，高低有别；"翻"则更是使人眼花缭乱，目不暇接。表演时以锣鼓助威，旗帐助兴，龙在万点火花中上下起伏跃动，金光闪闪，气势磅礴，场面壮观。舞龙灯是八一村民在年节的一项庆典活动，每逢春节，村民都会舞起八一龙灯，以祈求新的一年风调雨顺，五谷丰登，吉祥平安。

2007年4月，永安小陶八一龙灯入选三明市第一批非物质文化遗产名录。

起舞

永安小陶二十八宿花灯

永安小陶二十八宿花灯是小陶镇刘姓村民流传的一种民间游灯古俗，是为了纪念跟随汉光武帝刘秀复兴汉室的28位开国元勋。相传王莽末年，刘秀南阳起兵，经过数年征战，终于在鄗阳登基称帝，改元建武（25），史称汉光武帝。刘氏后人感念云台二十八将之丰功伟绩，对应天上二十八星宿，用竹篾、色纸等制成28种动物造型，以游灯的形式世代缅怀，相沿成俗。该花灯现仅遗留在永安市小陶镇。

二十八宿灯由御驾、二十八宿灯和后台及花灯组成，每次出场达到120人以上。御驾是由皇帝、太监、宫女等15人组成，二十八宿灯由二十八宿花灯与二十八把战旗共56人组成，后台由锣鼓、唢呐及花灯队共60余人组成。花灯、锣鼓走在前面、御驾走中间，二十八宿灯紧跟其后，上场后御驾人员上台表演，花灯队及后台站在台两侧，二十八宿灯站在台前。御驾表演完后，二十八宿灯开始表演，有打圆台、双鱼戏水、卷席筒、穿篱笆、关公游城、窜风炉栅、茶盘角等7种套路。

2007年4月，永安小陶二十八宿花灯入选三明市第一批非物质文化遗产名录。

形态各异

廿八将军记忆

泰宁大田蚯蚓灯

泰宁大田蚯蚓灯，俗称"桥灯"，起源于明朝初年，至今已有600余年历史。它流传于大田乡的上田、料坊、酒呈坑、坑边、赤坑、金龙山等十几个村庄，并向闽浙赣边界山区辐射。

大田桥灯原配有高翘的龙头和龙尾，龙身则由一节节短板连接而成，但大田各村庄山路崎岖，龙灯容易扯断，若扯断了觉得不吉利，影响众人心态，不如拆去龙头龙尾，改为迎"蚯蚓灯"。蚯蚓灯不怕扯断，而且寓意像蚯蚓一样越断越发。大家赞同，于是这一习俗就定了下来，延用到今。

大田迎蚯蚓灯分2个时段、4个流程进行：

一是游灯。正月十四晚起灯，各街道、村民肩扛灯板汇集"十字街"连接灯队，前有"大闹元宵"横幅开道，紧跟的是"风调雨顺""五谷登丰"等彩旗迎风招展，接着百余板蚯蚓灯连成的灯队，伴着锣鼓喧天、琴箫悠扬、鞭炮长鸣，从观灯人群夹道中穿过，朝社庙而行，在神坛前停住，焚香鸣炮，祈求神灵庇佑、风调雨顺、人寿年丰。尔后灯队自西往南转东朔北的路线游动，迎接灯的烟的烟花爆竹接连不断，临近的上垅、八石坵村民同时鸣炮接灯，欢乐共享。

二是闹灯。灯队到每条街面，随着乐器声和观灯人群的呐喊助威声，灯队忽拉向北忽拉向南，忽相持不动，时时把灯队拉成几段，最后在"好喔！越断越发！"的欢呼声中结束。

三是盘灯。正月十五晚起灯后，按原定路线，环绕百担垅，进入位于集镇中心点"浅坵"田里，先排"平安"和"吉庆"图案，接着舒展一大圆圈，后以田中为圆心，环环相盘，以示和谐相处、团结一心。此时，迎灯活动推进高潮，烟花爆竹竞相燃放。

四是欢聚。散灯后，施姓族人在自家祖厅，街道商家在街面，摆开长桌，各自奉献出糕点、美酒、风味美食，众人猜拳行令，尽兴而散。

2000年（龙年）后，独具特色的大田元宵迎蚯蚓灯连年在市、县电视台播放。2007年正月初五赴县会演，获奖后在海峡卫视多次播放。2007年4月，泰宁大田蚯蚓灯入选三明市第一批非物质文化遗产名录。

造形独特蚯蚓灯

明溪胡坊茶花灯

明溪胡坊茶花灯始于清代中叶，"灯""丁"谐音，状似茶花的花灯，寓意家族兴旺、人丁两发。每年初五至十五，是胡坊古邑闹花灯、迎花灯的日子，百年古俗延袭不衰。后来，在此基础上，增添了"花灯赏评"环节，临近元宵，族中长老先对各家精心制作的灯盏进行集中赏评，选出"灯魁"，之后灯魁引领全村花灯队伍巡游，配上迎灯音乐、舞蹈，可谓锦上添花。每到一处，家家户户开门迎灯、鸣炮接灯、烧香拜灯、捧酒敬灯、跟随送灯。此时焰火升空，鼓乐齐鸣，鞭炮声震，村民互贺新春。

2008年，胡坊被国家文化部命名为"中国民间文化艺术之乡"。2010年11月，明溪胡坊茶花灯入选三明市第三批非物质文化遗产名录。

茶花朵朵

永安小陶竹马灯

永安小陶竹马灯始于宋代初年。相传上板村的黄氏始祖五九郎娶连城华三姑为妻，带来了竹马灯习俗，从此黄氏族人每年制作竹马灯祈福，传至如今已27代，900余年。

竹马灯的制作原料是竹子、苎麻绳、布和色纸，将竹篾按照马的形态扎成骨架，蒙上红布或白布，添画加色，安上烛台即为成品。每只竹马灯都由独立的前后两个部分组成，用红绳子连接打扣挂在表演者的腰部，表演者左手做抓疆绳状，右手拿着一把令旗，状似马鞭。竹马灯的游行队伍有红马和白马两种，红马是领头马，排在前面，白马紧跟其后。红马令旗一摇，白马就疾走；红马令旗一划，白马就慢下来或停止前进。整个游行队伍动作整齐划一，十分壮观。竹马灯队伍里，还有"风车"和"风火轮"，上书"五谷丰登""风调雨顺"等吉祥用语。游竹马灯有既定的套路，分为游坪、茶盘角、马后蹄、穿篱笆墙、蜈蚣绕柱、游倒钩藤、分炉栅、分马、双鱼戏水、三品、合马、卷席筒、出坪等13个步骤。

小陶竹马灯在每年的正月初二至十五连续开展活动，到了十五晚上，活动结束，村民就将所有竹马灯集中烧毁。这是因为民间说法，竹马灯是马的化身，马喜欢吃小麦，如果不把竹马灯烧掉，那么竹马会把庄稼吃掉，于是

约定俗成延袭至今。

2010年11月，永安小陶竹马灯入选三明市第三批非物质文化遗产名录。

整装

沙县夏茂游春牛

沙县夏茂镇游春牛始于南宋嘉泰年间，源于客家洪氏。原籍江西的洪茂于南宋嘉泰二年（1202）任沙县尉。其子洪原携家眷从沙县城关迁至夏茂水南开基后，便把赣南客家游艺"游春牛"引进夏茂，一年一度，沿袭至今。

在农耕时代，牛是农家不可或缺的好帮手，故而"春牛"的制作格外讲究，据一年有四季，所以"春牛"身高四尺，身长八尺；一年有十二个月，牛尾通常是一寸二，如遇上闰月，则为一寸三；且牛嘴的张合，牛尾朝向都有讲究。他们先用竹片制成耕牛骨架，糊上油纸，涂上色，再在牛头上扎一红花以示喜庆和对牛的褒扬。制毕将"春牛"供于祖庙，静待出游。立春日清晨，沙县夏茂隆重的接春神、祭春牛仪式在文昌宫举行，等到仪式结束，游春牛活动正式开始。"春牛"出游排场很大，前有花灯鼓、3对四方型灯柱以及10把火炬开道，接着是一扮相滑稽的男佣牵"牛"。"春牛"由4位壮汉抬着行进，一户农家紧跟其后，男主人肩扛犁耙，女主人手提水壶，小男孩挑着牛草，小女孩提着竹篮，男扮女装的阿婆扭动着身子跟在最后。农户之后还有3对壮汉扛着的盛箩，第一对扛的是"五谷仙菩萨"，第二对扛的是米谷、豆瓜、果蔬，第三对扛的是白粿、鸡鸭、猪肉等供品。最后是锣鼓队铿锵压阵。春牛所到之处，家家户户都点燃烟花、爆竹、香火迎接。春牛游完镇上的大街小巷后，回到文昌宫门前大坪，这时人们用火将春牛点燃，祈盼新的一年风调雨顺、五谷丰登、国泰民安。

迎春牛、游春牛之俗在福建历史悠久，旨在重农劝耕。2010年11月，沙县夏茂游春牛入选三明市第三批非物质文化遗产名录。

古俗迎春牛

春耕的信号

沙县迎龙和迎烛桥

沙县湖源春节迎灯、迎龙、迎烛等活动，分湖源邓氏、陈氏，西洋李氏、邓氏两家。据族谱记载，湖源邓氏迎灯、迎龙、迎烛始于康熙（约1662）而盛于乾隆年间，陈氏迎灯、迎龙、迎烛民间活动自咸丰十一年（1861）开始，各有族规。

生育文化是贯穿整个迎灯、迎龙、迎烛活动的主题。每到大年初一，本族人各自到祠堂焚香祭祖，叩拜后首先汇报本户上一年生育情况。哪家第一个生男者，才有资格承担做灯首的任务，而排序喜获第二、三、四个的，作为迎龙之首。迎烛规定，邓氏、陈氏有所不同，邓氏是按照上年高寿年长男丁为元宵节迎烛之首，依此类推；陈氏是咸丰一年各户（每户2组）抽骰为序，当年共有112户参与抽骰；第二次抽骰是宣统三年，至今仍在继续；西洋李氏、邓氏迎灯、迎龙则为本村上一年第一个获得男丁者为迎灯、迎龙之首。龙的名称也各有不同，湖源迎龙活动，做龙首的是邓氏、陈氏各房，第二、三、四个喜获男丁者，所迎的龙分别取名大龙、二龙、三龙，各条龙下面跟随的是各家各户的龙身。龙首总长4米，龙身每节长为2.5米，龙尾长约3米。湖源邓氏、陈氏由三条龙组成，西洋李氏、邓氏的龙由一条龙组成。做各条龙首的三人，自大年初一拜祖后确定为迎龙首之后，大年初二开始，要请各自叔伯兄弟、亲戚朋友帮忙编制龙首、龙尾、龙首灯、各种花篮花灯，直至择吉日迎龙那天晚上整个活动结束为止。各条龙迎龙队伍由铜钟鼓（领队）、龙首灯、龙伞各一对，二胡、箫各一对，铜鼓钹一副（迎花篮花灯用）、各种花篮花灯、铜鼓钹一副（迎龙首用），龙首、龙身、龙尾等组成。到了迎龙那天下午三四点钟之后，各龙首从各自家出发，迎到各自小祖房拜祖，而后迎至大祖祠拜祖、集中。傍晚时分，各条龙首从祖祠开始出发，到各自指定地点接龙，而后按指定线路环绕湖源一圈。一路上，每到一户人家门前，各家都会点燃烟花爆竹迎接，寓

腾云驾雾

意接龙。而邓氏迎至圳头仑铺，三条龙在仑铺上戏龙、转龙圈。当迎龙再次迎到祖祠，许多年轻妇女便会争抢龙须，回家后挂在蚊帐边，寓意早生贵子。迎龙结束后，各做龙首的主人，同样像迎灯首一样，召集几名知名人士唱曲儿，而后宴请客人。

湖源邓氏、陈氏迎烛活动确定为每年元宵节。烛桥由长约3米、宽约5寸的木板组成一板烛桥，无首尾之分，烛桥上由五盏四方灯盏组成，每盏灯四周都绘有花鸟、动物、人物等，旁边、上下写着"国泰民安""四季平安""庆祝元宵""春光一刻值千金"等祝福词，灯盏之间装饰着2—4束五颜六色的花，灯盏中间插着一支蜡烛，共由五盏灯、五支蜡烛、几束鲜花装饰在一块。每到元宵节当天下午四五点钟，迎烛桥首队伍从自家出发，迎到各自小祖房拜祖，再迎到大祖祠拜祖，而后迎至指定连接烛桥的地点，连接好后开始迎烛。一路上以铜钟鼓、烛首灯领队，二胡、箫、锣鼓钹吹吹打打，各种花篮花灯整齐排列，一起前行，所到之处备受各家烟花爆竹迎接，寓意长寿富贵、平安吉祥。迎完烛后，烛首主人同样像迎灯、迎龙一样，请人唱曲儿，宴请客人。

2010年11月，沙县迎龙和迎烛桥入选三明市第三批非物质文化遗产名录。

尤溪梅仙节板龙

尤溪梅仙节板龙，亦称板凳龙，起源于清嘉庆元年（1796），由梅仙镇本美萧氏第九代裔孙洪灼公创立，至今已200多年。

梅仙过去称九都坂，相传这里的居民大多是汉宰相萧何的后裔。萧氏之外，还有傅、黄、胡三大姓。迎龙灯时，萧氏固定是4条龙，分为天、地、人、和大房。这据说是当年世春公生有4个儿子，固有天、地、人、和四房之分，因此萧氏先人创办板凳龙时，便每房定制1条龙，此后代代相传，而傅、黄、胡三姓各有1条龙，另外其他杂姓氏共有1条龙，总共8条龙组成，全体出迎总长500多米。

节板龙由龙珠、龙头、龙身和龙尾组成。其中龙身由一节节长约2米、宽约0.2米的特制的木板凳连接而成，在凳面上用竹篾搭起灯架，糊纸制成灶头状，绘上七彩云纹，在里头插上蜡烛。无论龙首、龙身、龙尾，都要标明姓氏、房号，接龙时不致错位。活动最初由本美萧氏做龙灯头称为"福首"，后来，由本美萧氏的"天、地、人、和"4房各扎1条龙，按顺序排列出迎。为了保证逐年传承，4房的龙灯头福首要从上一年接下龙头，当年做龙灯头后接回龙珠，次年移交龙珠。当一年龙灯头，要忙活三年，且接龙头、当龙灯头和移交龙珠都要举行一定仪式，为了统一行动，宗亲先祖研制了"三口铳"为信号。节板龙在每年的元月十五、十六两个晚上出迎。十五夜是迎"三圣尊王"，十六夜迎"仁主尊王"。十五日下午三时左右，4大房福首都要聚集"堂公"庵内问卜，得到首肯后，鸣三声大铳，通知族人准备，当晚六时再鸣三声大铳，按各房指定地点串龙，迎龙灯开始，十六夜迎龙结束时，移交下届迎龙福首。

近年，梅仙村民把朱熹崇文尚教、明理诚信、人格美育等方面的思想精髓写到"龙身"上，迎节板龙活动也成了传承、弘扬"朱子文化"的组成部分。梅仙节板龙保留了民间书画、剪纸等制作工艺的原生形态，传承了群众体育和群体舞蹈的艺术形式。2015年10月，尤溪梅仙节板龙入选三明市第四批非物质文化遗产名录。

梅仙节板龙

泰宁上青桥灯

上青桥灯俗称板凳龙，始于唐开元（713）年间，源于"舞龙祈雨"的宗教活动。相传古时大旱，东海水龙不顾一切跃出海面，布下了一场大雨，由此违反天条，被玉帝下旨剁成一段一段撒向人间。百姓怀念水龙，把一段段龙体放在板凳上，并把它连接起来，称之为"板凳龙"，抬着它不分昼夜地奔走相告，希望它能活下来。舞"板凳龙"的习俗由此产生。

上青桥灯前有龙头，仰首而立，口含珠笼，后有龙尾，龙身则是2米长0.2米宽的木板，两端凿有圆孔，用木棍前后栓连，每节安有4个立式圆状灯笼，一节即一桥，上青每户一桥，多者二三桥。桥灯最重要最复杂的部分是龙头，从制作材料的选取、饰品的摆放装饰、点睛画字都有严格的工艺讲究，还须保留最为传统的剪花、贴花工艺，只有乡里德高望重的老人才能做。在编制过程中，从眼睛、眉毛、牙齿、龙须到鳞片的粘贴布置，每一个细节都必须十分细致。龙头制作完毕，预先存放在乡里已有300多年历史的古庙宇中，尊之为"老龙"，让它接受香火熏陶，等待起灯。

正月十三，是各村"老龙"出动的日子，"老龙"出动后，先绕村游走，再游到各单位、学校、寺庙，最后到各家各户，处处放炮迎龙，人人喜笑颜开。待到正月十四、十五，便是大闹桥灯，十五进入高潮。元宵，各村桥灯先到各种寺庙前舞一圈，接着进村挨家挨户走街串巷，每到一家，户主便要燃放鞭炮迎接。等到游罢全村，各村的桥灯会齐聚乡中心操场，全村上下一同闹灯，此时，几条"老龙"各显神通，尽情表演着龙翻身、跃龙门、龙抬

点燃

头、龙点头、龙嬉戏、龙摆尾、龙抢宝、龙飞跃、龙翻腾、龙缠身等各种独特的动作，从远处或高处看，夜幕中万点灯光排成条条蜿蜒扭动的火龙，展示了非遗文化的特有魅力。

泰宁各村镇都有舞桥灯的习俗，上青桥灯磅礴、大气，成为泰宁灯类民俗的代表。2015年10月，泰宁上青桥灯入选三明市第四批非物质文化遗产名录。

泰宁茶东坑鱼子灯

泰宁茶东坑鱼子灯流传已久，体现了高超的艺术。这里每家每户都会做鱼子灯，正月初四至初六这3天是村民约定俗成的制灯日，村民们集中在一起，边做灯边取长补短，相互观摩学习，因此，这个村群众性的鱼子灯活动能始终做到后继有人，代代相传。鱼子灯做成后，各家各户都挂在自家的神台上，每晚把灯点亮，以展示自家的辉煌和吉祥。

每年元宵是茶东坑舞灯游灯日，夜幕降临后，全村出动，各家高举各家灯，到村中祖厅集结，待到"三品铳"轰然三响，5位"掌灯"已经站到了队伍前列，他们是大家推选出的村中德高望重长者，兼之玩灯技艺好。掌灯人既要把鱼子灯舞得活灵活现，又不能出现烧灯现象，以确保节日的欢乐与安全。静待掌灯人一声令下，早排好的两列鱼子灯，从大门前左右两侧同时进入祖厅，村民们纷纷举出自家的鱼灯，加入浩浩荡荡的游行队列，厅上顿时鞭炮齐鸣，锣鼓声声，鱼灯对对，场面壮观。鱼子灯在厅上舞过一阵后，再鱼贯而出，边舞边游到村前露天大坪上，此时鱼子灯越演越烈，鞭炮越放越响，锣鼓声、鞭炮声交织在一起，前后要持续两个小时。这天夜晚，整个村庄灯火辉煌，人潮涌动，热闹异常，人们的喜悦、欢乐、祝福以及美好的理想都凝聚在这欢乐之中。

2015年10月，泰宁茶东坑鱼子灯入选三明市第四批非物质文化遗产名录。

年年有余

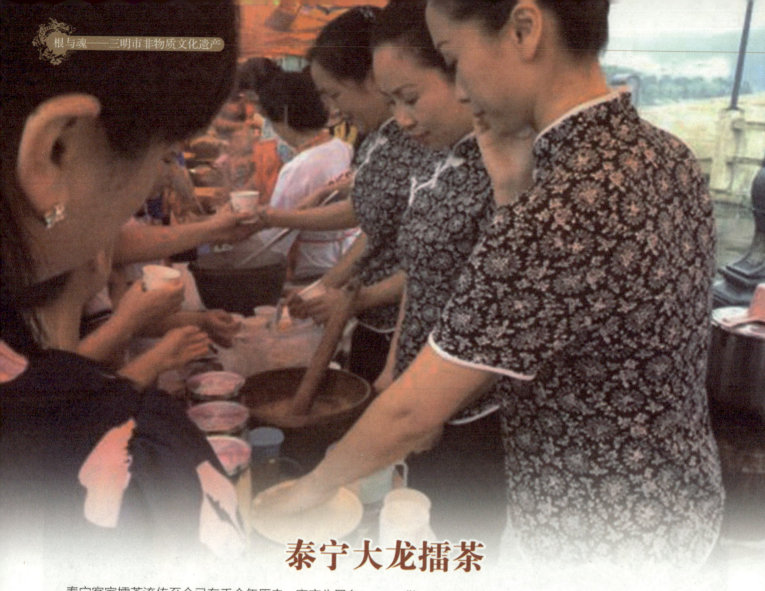

泰宁大龙擂茶

泰宁客家擂茶流传至今已有千余年历史。客家先民在流迁过程中，跋山涉水，历尽艰辛，为防止"六淫"致病，经常采集清热解毒的草药制作药饮，后来又有人在药饮中添加食物，便改良成乡土味极浓的家常食饮。泰宁客家擂茶不排斥任何馔料，什么都可以加。纯草药擂茶，用茶叶、菖蒲、绞股蓝、川芎、鸡爪草等；也可冲入荤水，即各类肉汤；豆米花生、粉条干果之类应先煮熟，连水冲入；菇笋香料和肉类应另行炒熟再加；芝麻米花则可直接撒入茶中。

大龙乡擂茶是泰宁擂茶的代表品种。大龙擂茶制作讲究，取料必有三种：一是茶叶；二是花生、芝麻、豆子、红薯片等粮食类食物；三是油炸锅粑、油渣、腌菜茎，甚至是炒好的青菜等菜肴。将这些东西混入擂钵中擂碎，再冲入大骨头汤，堪称美味擂茶。

"请吃擂茶"，是泰宁人的待客之道。擂茶因为内容丰富，一般不说"喝"，说"吃"。吃擂茶见者有份，越吃人越多，倘若吃完了，主人立马又续，表示对客人的尊敬，所以有些人吃了一碗又一碗，不知推辞。其实你如果实在吃不下了，主人添了擂茶可以留到临出门时再吃光，还要连连称赞主人做的擂茶太好吃了，以表达对主人家的敬意。

吃擂茶也有诀窍，一要趁热，二要慢咽，边吃边聊。在客家人的传统中，还有"细擂"的环节。客人和主人会轮流动手擂茶，细擂之后需要过筛，用90摄氏度左右的开水冲茶，然后用捞瓢把茶渣捞干净，再把乳白色的茶液斟到茶碗里，并按照长幼顺序依次敬奉给客人，整个擂茶的流程才算完毕。民俗中还有独特的答礼茶文化。需要答礼的项目很多，凡是结婚生子、小孩上学、病人康复等，主家都要擂茶请人吃，以"擂茶"形式答礼，才算厚礼，几百年习俗不变。当地民谣唱曰："走东家，跑西家，吃擂茶，打哈哈，来来往往结亲家。"

2015年10月，泰宁大龙擂茶入选三明市第四批非物质文化遗产名录。

沙县华光天王庙会

华光天王庙即英烈宫，始建于清嘉庆二十三年（1818），位于沙县凤岗街道际硋村。

华光天王，全称御封华光天王五显灵官大帝，是跨佛、道两界的人神，俗姓马，名灵耀，为道教护法四圣之一，又称灵宫马元帅、灵光大帝、华光大帝、马天师，佛教界则称他为华光如来。华光长相怪异，有三只眼，民间称"马王爷三只眼"。据传，华光天王擅长用火，身藏金砖火丹，可以随时用火降妖伏魔，被玉皇大帝封为火部大元帅，民间把他视作"火神"。

每年农历二月初一是华光天王五显灵官大帝的诞辰，华光天王庙都会举行盛大的菩萨诞庙会，举办"炒火""跑天王""过火龙""捧金砖"等别具特色的传统民间信俗活动。由于际硋村华光天王庙是由尤溪县白塔华光天王庙分灵而来，因此，举办华光天王庙会之前，必须先组织"炒火队"，到尤溪白塔华光天王庙"炒火"。"炒火"是沙县话的译音，实际上是"取火"，就是"请香火"。依照宗教习俗，分灵庙的神力来自祖宫，因而必须持续地从祖宫那里分得并更新本庙的香火，以保持分灵庙的神力。"炒火队"必须在华光天王诞辰日凌晨6时之前赶回村里，此时，村民已经抬着"华光天王"神像等候在村口水尾，摆好三牲、酒醴，点上香烛，等候"接马"。接到取回的"香火"后，村民们抬着华光天王神像，沿着村落巡行一周，向四方神祇宣示权威。接着是际硋华光天王庙独有的"跑天王"仪式，跑天王在宝殿前的主街进行。主要参与者有洒水1人，木棒开路2人，抬神像4人，接替4人，此外还有助威造势的锣鼓队、唢呐队、扛旗队、护神队。仪式开始，开道锣响之后，1人手持装满水的酒壶沿路喷洒清道；2人手持木棒敲击路面，预示神灵将至；紧接着是4人抬着神舆，从街口疾步跑向宝殿，边跑边高声呐喊"呼啦、呼啦、呼、呼、呼……"，直跑到宝殿前。抬神舆的4人集体转身但神像方位要保持不变，持壶洒水和握木棒者转到神像后，一路呼喊，跑回始发处。如此前进三趟、后退四趟之后，道士在英顺宝殿前抛撒谷、麦、豆、茶叶、铜钱、灯芯、竹钉等"七宝"，神像才在众人簇拥下上殿安坐。

当晚举行的"过火龙""跑火龙"更是异常热闹。

"吉时"一到，锣鼓鞭炮声震夜空，一片欢呼声中，村民用神舆将华光天王神像从庙里请出，置于晒谷坪"上水"（水流上游）处，坐镇"过火龙"现场。道士布法场、念经祈祷之后，参加"过火龙"的村民将双脚放进道士做完法术的水桶中清洗后，就地等候"出征"指令。"火龙"是将烧得通红的木炭平铺一条长9米、宽1.5米的火路。火堆旁，村民用板车推着一台大鼓风机对着木炭猛吹，将火星吹得四处飞溅，此时道士绕"火龙"缓行一周，口中念念有词，乩童大喝一声，手持马铃铜剑率先踏上"火龙"，其余"跑火龙"的紧随其后，光着双脚从发出熊熊火焰的"火龙"一端跑向另一端。"捧金砖"就是将青砖放入柴火堆内的炭火中烧得通红，赤手掏出，双手捧住，疾行七八步，放到供桌之上。依照常理，赤足踩在燃烧的木炭上、徒手从火中取出并捧着烧红的砖块，都会受到伤害，但参加"跑火龙"和"捧金砖"的人却都平安无事，这是这两项活动的神奇之处。

精彩看点——过火龙

际硋村华光天王信俗带有浓厚的"本土元素"。村民们认为，火为红色，代表兴旺、幸运与热情，是喜庆吉祥的象征。将木炭烧得通红，再从"火路"上踏过，预示着来年日子越过越红火。火代言"涅槃重生"，在"火龙"上行走，可法除污垢、晦气，带来福祉与平安。"捧金砖"则隐含着勇于追求、创造财富的美好愿望。2015年10月，沙县华光天王庙会入选三明市第四批非物质文化遗产名录。

沙县七夕蒙学式

七月七夕，是传说中牛郎织女鹊桥相会之夜，在沙县也是为儿童启蒙上学举行仪式的重要日子。为了要让孩子将来会读书，读好书，早日成材，家长们都非常认真对待七夕节。这一天，外婆要给外孙预备书包、课本、描红簿、算盘等学习用具，以及扇子、水壶、雨伞，制作新衣服，还有买来纸质旗杆斗、糖塔、西瓜、水果、爆米花等。

这些礼品寓意深刻，旗杆斗象征乡试、会试、殿试的第一名的解元、会元、状元三元及第；糖塔则是七夕最具代表性的礼品，用白糖熔化灌入模具而成，高约尺许，外有彩绘，就像陶俑一样。一般糖塔有两组，其一为糖塔和糖福禄寿三星俑，这是希望有福，有禄，有寿。其二为糖塔和糖鳌鱼拜朝俑。鳌鱼俑是鲤鱼跳龙门，以示学业晋升。拜朝俑是持笏的文官，以示仕途高远；西瓜出自王泉进瓜的典故，以示打好基础；四盘水果是石榴、枣子、葡萄、柿子之四季果子，以示春夏秋冬都会结果。爆米花是取会发之意。总之，沙县的七夕节是以"乞巧"为精神，以上学启蒙为主题，慢慢地嬗变成今天的这个有着丰富典故的节俗。

父母心

我要上学啦

沙县人很重视七夕，把它办得很隆重。当日清晨，孩子起个大早，家长们早已摆好香案，排上供品、外婆赠送的糖塔以及书包等学习用具，让新学子点燃蜡烛、烧香、拜天地、拜祖宗，然后鸣炮，迎接七夕节。乞巧之后，就让新生读书写字，描摹"上大人，孔乙己，七十士，化三千，尔小生，佳作仁……"。现在的家庭又更具体化、形象化了，请学校的老师来当家教，指导新生读书写字。仪式结束，把糖塔敲碎，杂在爆米花和糖果里，分成小包，送给左邻右舍和亲戚朋友，让他们共同分享喜悦。在每包的礼品上还要贴上一张小方块的红纸，以示赠送吉利，其实也是一种通报，告诉邻里亲朋："我家孩子已经长大，今年秋季上学了！请大家多关照。"

2015年10月，沙县七夕蒙学式入选三明市第四批非物质文化遗产名录。

尤溪陈坑底香线稻草龙

香线稻草龙始于清顺治年间,源于尤溪县溪尾乡大宁村陈坑底自然村的传统民俗活动,传承至今已历300多年。

香线稻草龙顾名思义是稻草编织而成的"龙",龙身插满香火,在夜间舞动,星星点点,配上花灯,游走在乡村小路,别具一番农家情趣。陈坑底百姓靠山田耕作为生,农耕看天吃饭,受大自然的影响非常大,所以农民对"土地神""风雨神"非常敬畏,对龙更是崇拜有加。于是人们就在春节期间,通常是农历正月初一至十五,用从田里收起来并晒干的稻草编制成稻草龙,到庙里祭拜后在村中巡游,祈盼各路神灵保佑老少平安,祈求来年风调雨顺,五谷丰登。龙身插满香火,出巡到家家户户去拜年,寓意家家添丁进口,人丁兴旺。稻草龙巡游全村之后,来到村子的中心,由"做头人"和村里的族长共同点燃神火,接着稻草龙绕着象征光明和希望的篝火欢舞起来,矫健的身姿,时而盘旋,时而腾跃,时而翻滚,与村民共欢,与天地同庆。燃起的熊熊篝火和火把,把小小的村庄照得通亮,男女老少齐聚在一起,共同迎春接福,共享美酒佳果,举村同乐,颇有山民的遗风。最后,则是小孩最期盼、村民们最高兴参与的项目——燃放天灯。这时,老人们争相说起"好话",吉祥祝福的山歌或者对子,把稻草龙灯会推向高潮。

舞龙结束,按传统惯例,全村人都到"做头人"家中吃"灯酒",家家要自带酒菜,各家主妇各展厨艺,拿出最拿手的私房菜与大家分享,不分宾主,老少尽欢,猜拳喝令,通宵达旦,充分显示出陈坑底人团结和睦、同甘共苦的质朴风范。

2015年10月,尤溪陈坑底香线稻草龙入选三明市第四批非物质文化遗产名录。

稻草化神威

尤溪萧公信俗

萧公是尤溪民间信奉的人神。据丰城谱载,萧公名荡,故亦称荡公,于北宋神宗元丰元年(1078)生于大田上举林。荡公生后,3岁丧母,12岁随父寄居尤溪梅仙、南平顺昌等地,以撑船捎排为生。16岁曾上庐山学法,道号法明。后长期定居尤溪梅仙撑船捎排,晚年隐居南平溪源,在凤冠峰上羽化成仙。

萧公一生有许多扶贫救苦的神话故事流传于民间,如祈雨保苗、祛病除灾、神法种田、点化山虎、降服蟒精等,又素以平风息浪、扶危济困被尊为河海男神。百姓感戴萧公恩德,立祠祭祀,逐渐演化为民间俗神信仰。后获南宋朝廷敕封为"德云灵应大师",清康熙赐封号"清一大师",被尊为"闽中三圣君"之一。北宋宣和年间(约1120)人们就在溪源峡谷萧公得道处建有溪源庵,乃萧公祖殿,朝廷赐匾额"德云殿"。尤溪梅仙是萧公及其后裔繁衍生息的聚居地,清乾隆年间,梅仙建起灵源殿,如今,灵源殿被三明市民宗局、台湾事务办公室联合授予"三明市民间信仰对台交流重点宫庙"。

"普天均雨露,河海静波涛",萧公信仰在福建乃至港、台地区和东南亚一带均有重大影响,在我国东南沿海以及台湾、新、马、泰、菲律宾等多有萧公神迹或宫宇,仅台湾就有80多座萧公宫宇。萧公与妈祖一样,受到不同姓氏不同区域人们的信奉和朝拜。每年正月或萧公生日,各地萧公宫宇都通过祭祀、做道场、出游、做供、演戏、开研讨会等不同形式开展纪念活动。2011年8月,台湾78人到梅仙灵源殿朝拜上香。2013年8月,"首届海峡两岸(福建尤溪)萧公文化研讨会"召开,来自海内外200多专家学者参加会议,发表论文15篇,台湾代表12人,带来萧万长"弘扬萧公文化,传承萧公精神"题匾和贺信,和台湾萧氏总会"弘扬萧公文化,构建和谐社会"题匾及一面"源远流长"锦旗。2015年3月,新加坡上百客人来尤溪洋中蟇溪萧公殿参拜敬香。这些海内外萧公信俗活动,对促进对外文化交流与推动两岸和平统一,实现中华民族伟大复兴都具有极其重大而现实的意义。

2015年10月,尤溪萧公信俗入选三明市第四批非物质文化遗产名录。

溪源庵祖祠

汤泉迎花灯

大田县太华镇汤泉村迎花灯民俗始于清乾隆年间（约1775），是纪念地方神康公侯王的娱神活动。

相传太保公康公侯王喜好花卉，每年正月二十，汤泉人用迎花灯的方式加以纪念，以祈来年风调雨顺、五谷丰登、人畜平安。届时举办的灯会内容相当丰富，在隆重的祭拜太保神像之后，活动沿着迎花灯主轴展开。造型各异的花灯尽显千姿百态，雍容华贵的牡丹、妖艳的芍药以及百合、莲花、菊花、梅花、桃花、茶花等百花争艳，美不胜收，此外还有舞狮、迎车鼓、跑旱船、舞蚌灯、踩高跷、猜灯谜等活动，各类民间艺人皆在此施展才艺，各显神通。舞狮是花灯会的重头戏，汤泉村的上城坊、中城坊、下城坊、汤池坊、下煲汤坊等5坊，每坊1个舞狮班，每个舞狮班由15—20人组成，其中舞狮头2—5人，戴面具牧狮者1—2人，敲锣打鼓各1人，手执各种舞狮器械的人员随后。舞狮表演中的武术套路颇为复杂，称为18套路，有双刀、双鞭、双铜、金箍、劈刀、铁尺、钩镰、钉耙、大刀、棍棒、四门拳、铜拳头、铁巴掌、藤牌、裹仔、楚仔、宝珠引狮、滚狮等。每个舞狮头的人都必须具备拜佛、看供桌、看香火等高超技艺。凡武艺高强的舞狮师傅，都会受到邻近乡镇的争相邀请，有的还曾接受过《海峡之声》广播电台现场拍摄，好评如潮。

迎花灯是汤泉村重要的民俗活动。每年临近花灯会期，无论在外工作、经商、学习的乡人，都要及时返回家乡参加，留守的乡人也会呼朋唤友，摆酒接风，主宾其乐融融，共迎花灯节。

2018年7月，汤泉迎花灯入选三明市第五批非物质文化遗产名录。

舞狮人的高难度表演

各人展示自家的花灯

明溪饶公信俗

饶公信俗是以明溪县紫云镇为中心的民间宗教信仰习俗。

明溪有史记载，饶公原名饶松，北宋元丰五年（1082）生于明溪县夏阳乡紫云村台岭头。饶松父母双亡，家境贫寒，打柴度日，于剑刀寨偶遇两老者松下对弈，得老者所赐疤桃，食后顿悟，结庐修道，行善积德。南宋绍兴二十四年（1154）农历七月二十三日，饶松在百丈坡羽化，享年七十三。乡人为了纪念他，在他遇仙处盖庙，取名为"遇仙堂"，老者对弈的岩石被称为"棋盘石"。另据《闽书》"方域志"载："文丞相募兵勤王，道经庵下，士卒乏泉渴甚，松幻一道者持壶浆之，问所由，言姓名居止，倏不见。入庵观像，俨然持壶者也。"即传说南宋景炎元年（1276），文天祥护送宋端宗赵昰南巡，过境紫云募兵，饶公化身老道显灵，手持小茶壶给过往的官兵倒茶解渴，千人喝过壶中茶水仍倾之不尽。端宗闻之，下旨敕封饶公为"果真佑正大师"，赐地名为"紫云台"，文天祥亲笔题书"显盖紫云"并加盖"御驾南巡"印鉴，牌匾悬于均峰寺上殿。

饶松报国有功，得到封赠，此后善男信女前往祈福消灾，避煞就吉者络绎不绝，明溪县内供奉饶公的寺庙有遇仙堂、圣者殿、均峰寺、龙兴寺、般若庵、上祭庵、隆胜堂、洋坑庙等20几座，其中始建于明永乐年间（约1403）的瀚仙镇大焦村丑口圣者殿，迄今600余年香火

遇仙堂

不断，明朝成化年间，县衙规定，每年农历七月二十三日饶公羽化成仙日，全县禁屠一天，称"禁屠日"，以此缅怀饶公。而民间则在此日和六月初六饶公诞生日，设道场，办庙会，三牲奉祀。翰仙圣者殿的"三月会"尤其热闹，由大焦6个自然村轮班游神，游神队伍扛着凉伞、皇帝万岁牌、"肃静回避"字牌、十八般兵器、圣君神像、香炉、锣鼓乐队、彩旗，声势浩大，信众藉此祈求风调雨顺，国泰民安，五谷丰登，六畜兴旺。

随着岁月推移，饶公信俗还从明溪县域扩大到周边的沙县、将乐、梅列、永安、顺昌等地，形成了具有地方特色的乡土宗教文化。2018年7月，明溪饶公信俗入选三明市第五批非物质文化遗产名录。

三圣塑像

泰宁大田跳花灯

泰宁北斗花灯的出现始于清初，源于大田乡北斗村花灯制作高手廖氏家族。

廖氏先人擅长各种竹制品编制，所制花灯尤为出色，世代相传的廖家保留式样有屏扇"风调雨顺"、五星"国泰民安"、花篮"四季平安"、灯笼"福星高照"、造形灯"马到成功"、走马灯"万马奔腾"等，件件形态逼真。扎灯能手廖起胜继承先祖遗风，制作的花灯更加生动传神，十里八乡村民慕名前来求购者络绎不绝，就连邻省江西都常有人跑来定制，若临近年关，北斗村工艺品常常供不应求，北斗花灯也由此远近闻名。

廖氏先人不仅手艺精湛，也常怀公益之心，为了丰富乡人的精神生活，在制作竹品之余，发挥才艺，编排了花灯祈福唱跳节目，配以当地流行的民歌，加上唢呐、二胡等乐器伴奏，让村里孩童来表演，形成了最初的演员队伍。健康和快乐的东西总是很容易为人们所接受，孩子们的欢歌舞蹈迅速感染了大家，慢慢地，村中的青壮年也开始加入跳花灯队伍，给这小山村增添了许多欢声笑语，"跳花灯"形成的乡间民俗，从此在北斗村落地生根。每年的大年初七，锣鼓响，歌声起，"正月里来是新年，闹起花灯来拜年……"随着欢快的民间小调响起，花灯队开始走乡串户唱跳，给村中父老拜年，给所有村民送上新春

祝福，深受村民欢迎和赞誉。村民们也早早地拿着鞭炮在自家门口等候，待得花灯队临近，便燃起鞭炮，把花灯队迎进入自家大厅表演，象征迎春纳福。如今的花灯队每队由20多人组成，15至17人手提花灯表演，6至8人随行奏乐。队伍登场后，首先是鱼子灯出场，两个孩童举着鱼子灯缓缓向大厅中央游动，犹如两条在水中相互嬉戏的锦鲤，形态逼真，生动传神。随后是两个挑着花篮的少女，忽而一前一后，忽而相互交错，轻盈的步伐，曼妙的舞姿，仿佛踏春而来的精灵。紧接着出场的是飞马造型灯，两个穿着马头造型灯的孩童扬鞭出场，随着一声"驾"，马头灯蹄闲三寻，一会儿扬鬃狂奔，一会儿仰头逗乐。最后出场的是寓意风调雨顺的屏扇。之后由屏扇领队，鱼子灯、花篮、马头灯紧随其后，缓缓地走出两列队形，歌声停，表演者齐拱手向村民送上新春祝福，祝愿全村新一年风调雨顺、四季平安、马到成功、福星高照。如今，每年春节唱跳花灯也自然而然成了大田乡农村文艺踩街的必选节目。

跳花灯民俗在增添"年味"中弘扬了花灯文化，为北斗灯的传承和北斗村的声名大噪埋下了精彩的伏笔。2018年7月，泰宁大田跳花灯入选三明市第五批非物质文化遗产名录。

热热闹闹跳花灯

假期的欢乐

杨时祭祀习俗

杨时祭祀礼俗始于南宋。杨时（1053—1135）字中立，宋南剑州将乐县人，世居将乐县城北郊龟山下，是我国历史上著名的理学家、政治家和教育家。

南宋绍兴五年（1135）四月廿四日辰时，杨时病逝，葬于将乐水南乌石山腰。《将乐县志》记载，宋咸淳三年(1267)，礼部尚书冯梦得向度宗皇帝奏请立龟山书院，获准，并御笔赐"龟山书院"匾额，下诏郡县"拨田养士，优其后，春秋致祭焉"。明成化元年（1465），宪宗皇帝下旨，敕延平府在龙山建"道南祠"祭祀杨时，以罗从彦、李侗配享。明万历十二年（1584），神宗皇帝下旨，敕将乐县令拨田55亩5分作为供祀杨时的祭田，另拨田30亩作为学宫每年春秋祭祀杨时的费用，祭田也逐年递增至123亩。清代之后，祭祀呈多元化，有书院祭、学宫祭、龟山祠祭、龟山墓祭等祭礼。南宋至清代，杨时祭祀礼仪由朝廷下旨指定承办，县拨给祭田作为专项经费，并确定每年春秋（清明节、农历八月）两祭，县正官为主祭，其他官吏从祭，世居本地的、外地的以及散居省内外的杨时后裔也如期参加祭祀。

清《将乐县志》记载了杨时祭礼程序：龟山墓春祭，县正官主祭，献祭品，诵祭文，行二跪六叩礼。"礼仪篇"还详细记载了龟山祠祭祝文和龟山墓祭祝文。八月朔日祭，由承祀孙自主祭礼。现代祭祀一般程序为：鸣炮、奏乐、升祭旗、主祭、副主祭和陪祭向龟山公三鼎三献（一献三荤，二献三斋果品，三献清茶美酒）、宣读祭文、向龟山公三鞠躬、排队祭拜上香。

20世纪90年代后，杨时祭祀活动更加活跃，出现官方与社会团体共办祭祀仪式，省内外的杨时后裔，带着族谱，挑着供品，长途跋涉，聚集进祭，场面甚为壮观。1993年，将乐县人民政府与有关社会团体主办了"中国福建·将乐纪念杨时诞辰940周年学术研讨会"，来自全国各地、港台地区和东南亚国家的学者及杨时后裔代表共197人参加了杨时学术研讨和杨时祭祀活动。2008年，明溪县举办海峡两岸纪念杨时诞辰955周年纪念活动。2013年，将乐县举办纪念杨时诞辰960周年活动，来自全国16个省市的专家、学者以及旅居美国等海外国家的杨时后裔、杨氏宗亲代表1000多人齐聚将乐，参加学术论坛、祭祀杨时大典等活动。长期以来，杨时祭祀礼仪主要在将乐县举行，若遇大型祭祀活动，世界各地的杨氏宗亲组织和杨氏后裔社团都会循例派出代表参加。

杨时祭祀礼仪和习俗，传播了儒学思想，弘扬了杨时"诚学穷理，尊师重教，爱国怀乡，清廉为民"的精神，对于延续中华文脉，增强民族凝聚力，推动海峡两岸文化交流，促进祖国和平统一大业，发挥了积极作用。2018年7月，杨时祭祀习俗入选三明市第五批非物质文化遗产名录。

海外杨氏宗亲归祭

龟山陵前道南亭

沙县茶坪打黑狮

茶坪打狮流传于沙县南霞乡茶坪、下洋一带，是一种集舞蹈、武术、器乐为一体的综合性民俗活动。

相传古时当地猛兽出没，经常袭击山民，毁坏农作物，村民们奋起组织打狮帮，用尽十八般武器终于打死了狮王，并在山顶上建了庙宇，从洞天岩请来仙奶神佛，镇压狮妖，村里才得以安宁。自此，"打狮王"就演变成一项风俗流传至今。打狮表演队员一律着窄袖武士服，腰束丝带，脚扎绑腿，由两人套上狮衣，扮作狮子，按照一定的套路舞动狮子。其他人扮成武士，手持刀、枪、棍、剑、戟、藤牌等武器，跟随伴奏音乐，以武术套路变换队形围打狮子。表演过程中，狮子时而左跳右闪，回避兵器攻击；时而腾空而起勇猛扑向人群，腾、翻、剪、扑、踢、撕、咬，动作多变。武士们则奋力拼杀，刀光剑影，场面惊心动魄，蔚为壮观。打狮队员个个都有些武术功底，打出的套路源于南少林五行拳中的虎拳，这种拳法讲究三进三退，阴阳结合，借力打力，是一套防身的好拳法。打狮拳法在村中得以祖辈相传，也源于清末民初南霞一带土匪出没，山村安宁陷入危机。为防土匪洗劫，村民们以组建打狮队伍作掩护，学习武术套路以求自保，这也是打狮风俗能够流传下来的一个重要原因。

茶坪打狮表演以武术为主，文艺为辅，表演具有古朴、幽默、活泼、惊险、喜庆的特点，是南霞乡民在长期的生活、生产、艺术实践中不断探索、总结，从而形成地方特色分明的民俗活动。2018年7月，沙县茶坪打黑狮入选三明市第五批非物质文化遗产名录。

传授武功

征服黑狮

延祥花灯会

延祥花灯会于明代正德年间（约1506）流行于宁化县泉上镇延祥村。史志大家李世熊所著《宁化县志》对延祥花灯会盛况和花灯制作的精巧作了以下描述："饰戏放灯，煎沸昼夜。五十年来，灯则随月更变，剪缯劈彩，撰意肖物，俨如图画，即谓甲天下可也。"

每年农历正月初五至初七为延祥花灯会期。在这3天里，大型民俗活动日夜不断，正如李世熊所言"煎沸昼夜"。活动为白日迎社神，入夜赛花灯。且看迎社神盛况，以神铳齐鸣为号，几面巨大铜锣开道，24对壮汉手持木执事随从，分别是日月、龙头、月斧、拳笔、关刀、书剑、连环、五花丛、瓜槌、方连环、西角、掌扇、彩旗、肃静回避牌、绸绣万民伞；其次是各式彩旗，数堂鼓乐；再次是木雕印盒、香案，香案上立4尊文武塑像和40余斤重铜铸香炉；再后有二人手擎朝炉，内燃清香；最后是8人肩扛大神辇，内祀老新二尊社公塑像。迎社神队伍浩浩荡荡遍游上、下两村，尽享沿途村民的供奉。

晚上赛花灯规模庞大且内容丰富，令观者眼花缭乱，开始仍以神铳为号，以皇封"四知堂——笃钟理学"亮灯引路，巨锣雷鸣开道，日月龙头等24对执事随从，其次则是各式手擎花灯，计有博古、花篮、花本、八仙、天官、八宝、凉伞、横匾直联、果盒、宫灯以及飞禽走兽等几十种，后面还有各灯会抬着灯，每担灯后随有一至二堂锣鼓或小闹伴奏，推出桃李园、鲤鱼跃龙门、水涌金山寺、鸳鸯游莲池、凤凰翔牡丹等十余种古代人物故事。尤其值得一提的是为社神引路的"牌枪灯"，灯高2丈、宽达一围半，顶端装有风车枪嘴，灯的周边遍布刻花绘画，前后各有4个斗大的吉祥成语大字，内点20支红烛，近瞻光彩夺目，远望气象恢宏。在牌枪灯指引下，勒封、印盒、凉伞等执事护卫着社神大辇，大辇中稳坐两尊社神，旁有太平辇，上立4个文臣武将，殿后的是高度与牌枪灯相等的"后勇灯"，外披彩绘龙凤布衣，内点红烛。游神队伍一路笙箫和鸣、鼓乐阵阵，所经全村各中心点也悬挂着成群的六合灯、果盒灯和火联火匾迎接社神，各户门口则挂出五光十色的迎春灯助阵，处处欢声笑语，极其热闹。

往昔花灯会以宗族为主组织，计有"锦城""春城""集城""荣春""春锦""八仙""果盒""香炉""牌枪""六合""火屏""分钱"等十余个民间灯会。村民分四季参加灯会，各季每年轮值一次，宰牲祭神，祭毕割肉均分给四季村民带回家中享用，皆大欢喜。延祥花灯的制作也极其精巧，从蓄材、破篾、做灯骨、糊纸面到绘画写字刻花刷油共经十余道工序，每道工序都穷尽心机。花灯款式繁多，除了全套执事灯、固定张挂灯之外，还有抬着游行的花缸灯、堆钵灯、棚子灯等大灯，每家每户的小型灯更是不胜枚举。制灯也有规矩，执事灯等大型灯盏，由村中大族杨、刘、官3姓长老召集族人扎制，小型花灯则任由各家各户自行扎制或出资邀请师傅制作。

延祥花灯会是客家花灯文化的典型代表，对打造宁化客家文化品牌，拓展客家文化游线，创建三明客家文化生态保护示范区均有重要意义。2018年7月，延祥花灯会入选三明市第五批非物质文化遗产名录。

花灯狂欢夜

陈塘闹春田

"闹春田"是宁化县石壁镇陈塘村为纪念"五谷神"尝百草、种五谷的一项农耕民俗活动。

每年正月初七"样期日"，陈塘村家家户户都起了个大早，他们带着香烛鞭炮和供品，到本族香火厅敬祖宗，祈佑新年大吉大利，称"点岁火"。吉时一到，由村中长老率众人向神明祷告，祈佑五谷丰登，吉祥如意，保佑合村平安，而后恭请菩萨下座，引泉水为菩萨沐浴，浴毕请入轿中。此时朝天铳响起，鞭炮烟花齐放，鼓乐声中，村民抬着"五谷神"，在龙灯、花船、故事等民间演艺队伍蔟拥下，环村游行。所到之处，家家门陈供品，燃放鞭炮迎神，全村沉浸在欢乐祥和的节日气氛之中。正午，迎神队伍回到村口，这时，十几个小伙子抬起"五谷神"冲入水田中狂奔，"闹春田"拉开序幕。"闹春田"最重要的是一个"闹"字，人们从田里挖起一团团泥巴摔向抬"五谷神"的人，摔泥巴、泼泥水、摔跤，相互追逐，相互嬉闹，直到个个成为泥人。尽兴之后，村民们在田边用清水洗濯"五谷神"，抬回庙中。村中老人们传说，五谷神十分灵异，有一年旱、涝多发，灾害病虫肆虐，其他村水稻减产，唯独陈塘虫病不侵，五谷丰稔，反而比常年增产两、三成。众人都说菩萨大概也喜欢泥水，乐于与民众在泥水田中巡游嬉闹。从此闹春田便成了村规民约，每年样

期日五谷神巡游归来，村里人就将菩萨连轿抬入水田，奔跑打转嬉闹一番，甚至连外村来此"过样"的亲友也下田。争抬菩萨，以祈分享一份好运。

"闹春田"是客家人特有的农耕健康风俗，与闽王王审知年代福州迎春牛、宋代沙县夏茂游春牛等旧俗有异曲同工之妙，都是为了唤醒冬眠的土地，同时发出春耕的信号。近年，当地人在闹春的田里投放了鸭子和鱼类，供下田闹春者抓捕，谁抓到归谁，兴致高时还在水

迎五谷神

田举行拔河比赛，更增添了热闹氛围，使得闹春田成为宁化乡村旅游新亮点，报纸网络也陆续出现了宁化闹春田民俗活动的新闻报道。

2018年7月，陈塘闹春田入选三明市第五批非物质文化遗产名录。

蛟湖龙王潭祭祀习俗

蛟湖龙王潭祭祀习俗是流行于宁化县湖村镇陈家村一带的传统民间活动。

南宋嘉泰年间（约1201—1204）大旱，太守陈映到蛟湖祈雨有应，于是在湖的左侧水口建了一座龙王庙，供奉龙王爷及雷公、电母、风刹、雨司金身塑像，"龙王潭"因此得名。庙成之后，各地客贾、生意人、当地居民来烧香、求神、保平安的人们川流不息。全村老百姓于每年正月初十举行供奉仪式和游神纪念活动，把龙王从庙中请出来，祈雨祈福，蛟湖龙王信俗也逐步流传扩大，成为当地村民普遍奉行的信俗。

蛟湖龙王潭祭祀习俗有三大内容：

1.长年奉祀。农历每月初一、十五，信徒到龙王庙供香烛、果品、茶水。每天早晚信众都在家里龙王神龛前供奉香火。

2.庙会游神。每年正月初十，陈家村均举办庙会。当日清晨，村中长老便带着几个年轻人，抬着专供龙王爷坐的"君王轿"来到龙王庙请龙王爷，君王轿正前方上端写有"龙宫"，君王轿身左侧文丞，右侧武尉。一时锣鼓

龙王巡游

声、鞭炮声起，两位德高望重花甲高寿长者，将龙王爷从神龛请入君王轿，高喊起轿在前引路，由当年轮值的4位壮汉抬轿前行，后面依次有牌位和香炉，牌位曰：龙潭雾起风调雨顺，君王保佑国泰民安。再后是锣鼓队、彩旗队和腰鼓队。龙王先游到蛟湖边停轿，由老者为龙王洗脸洗身，再由道长作法祈祷，祈求龙王菩萨赐予风调雨顺，保佑全村百姓福寿绵长。洗礼、祈祷完毕，龙王起身游村，所到村庄百姓摆香烛、牲畜果脯，齐迎君王。游村结束后，全村开席迎宾，晚上，村里聘请职业戏班子搭台唱戏，主客一道看戏。

3.祈雨祈福。逢旱之年，由村中长老主持，请出龙王神龛，用君王轿抬至蛟湖边，为龙王沐浴，然后奉上供品，点香燃烛进行祭祀，祷告祈求龙王爷垂爱施雨，让农作物雨露滋润，免生灾害。

蛟湖龙王塑像

蛟湖龙王潭祭祀习俗具有客家龙文化的典型特征，是宁化民间群众信仰重要流派，体现了逢旱祈雨这一朴实村民对大自然和谐的向往。2018年7月，蛟湖龙王潭祭祀习俗入选三明市第五批非物质文化遗产名录。

石壁接珠习俗

"接珠"是宁化县石壁镇客家人宗教皈依仪式的俗称。佛教是客家人宗教信仰主流，石壁不少中老年人为求平安康宁，积德行善，加入了信奉佛教的队伍，称"念佛"，"接珠"即是念佛者初入佛门的入门仪式。

接珠仪式，必经几道程序：

算案道。准备念佛的善男信女，选择吉日良时请吃长斋的斋公头"牵佛"，或请算命先生推算，查找自己何时是适宜念佛的"案道"。

选日子。准备接珠之年，要选择与自己属相不相冲克的月份与吉日吉时，其日子又必须是诸佛下凡日，也可请为其"牵佛"的斋公头查找选定，然后将此日子拿去菩萨前抽签验证，获得确认方可。

串佛珠。选定接珠日子后，随即进入前期准备，裁缝师傅到家中裁制好念佛衫后，再请当"佛头"的念佛妈妈来家串好佛珠。佛珠主串为108颗，附二小串，每串12颗，共计132颗。念佛时，每念一句捻过一颗，一串计百，一串计千。

请佛友。接珠前几天，要请佛头公公或佛头妈妈领着自己去请届时来相帮念佛的佛友。

接佛珠。到了择定的吉日吉时，在自家门厅摆起方桌，设立佛坛，点上香烛，摆好蒲团，桌前长凳上置米筛，将做好的念佛衣、帽、鞋等放入米筛，点起一对红烛。一切准备妥当，静候斋公头和斋友前来。牵佛的斋公头来后焚香拜佛，高声"发表"，以手沾清水挥洒在念佛衣帽上，同时口念咒语，手指向衣帽上凌空画符，谓之"洒净"。而后叫佛头妈妈端起米筛，让接珠人将衣帽鞋子穿戴齐整，随后放一长窜鞭炮，此时斋公头、佛头妈妈和接珠人一起跪在蒲团上，接珠人丈夫（或妻子）及儿孙女婿人等通通恭立于接珠人背后。斋公头首先将新佛珠在双手中快速捻上3圈，再交由佛头妈妈捻上3圈，最后交给接珠人捻。

上经桥。佛珠接毕，斋公头开始念"疏表"，佛头妈妈则领着一众信徒念佛经，称"上经桥"。

拜佛。由佛头挑出几位善念佛经的佛友，连同接珠人合9人或12人一道"拜佛"。

交佛单。拜完佛，各佛友即可向接珠人"交佛"，接珠者要跪在蒲团上"接佛"，交佛者将自己佛珠计算的足额佛数指示给接珠人，然后虚掯一下自己的佛珠，用"莲花"包给接珠人。

烧佛箱。全部佛友交完佛后，由佛头与接珠人儿媳或女儿"装佛箱"。取一口铁锅置于佛堂外，锅内放好易燃物，上铺大红纸，将佛箱放在红纸上，点火焚烧。

下经桥。由佛头带领，程序与"上经桥"同，大家口念"下经桥"佛经，按逆时针转完一圈。

暖佛。念佛经足3300句，是为"一小堂"，念毕仍要发一张"莲花"向接佛人交佛，接珠人跪接后必须谨慎保存，待"回佛"时再装箱焚化。

放佛灰。次日将烧佛箱的灰拿到小河边，点上香烛，燃放鞭炮，将佛灰放入河去。

古时宁化人信奉佛教。隋唐时期，佛教临济宗由江西宁都传入宁化东华山，再分传禾口的狮子峰、升仙台、济村的曾家科堂、双龙庵等地。其时宁化流行禅净双修，皈依仪式的严庄和不厌其烦，是信徒虔诚心理的一种体现。

2018年7月，石壁接珠习俗入选三明市第五批非物质文化遗产名录。

永安槐南上花梁

　　槐南上花梁是永安市槐南镇民间建房习俗。建房是农家的头等大事，上梁是建房的头等大事，所谓"房顶有梁，家中有粮；房顶无梁，人丁不旺"。槐南人建房同样十分讲究风水和仪式，从选地基、备材、上花梁等都有着一套完整的传统仪式，上梁仪式更是整个建房程序中最重要、最隆重的一幕。

　　首先是选花梁，房主要亲自上山选材，选择直径大于1尺3，树干笔直枝丫少的杉木，还有一点要特别留意，就是这棵杉树绝对不能是独木孤树，其周边一定要长有小树，寓意长幼相携，子孙相续。主梁选定后，还要在同区域内选定正栋梁和游棒。选定的梁木砍伐后去皮晒干，主人就请木匠上山，根据地基的大小和主人建房要求确定大梁的长短。而后请风水师卜卦挑选吉日良辰，邀请的扛梁人，一般7人为一组，寓意上升，或10人一组，寓意十全十美。一切准备就绪，房主就叫上几个亲人，捧着红绸、喜炮，和扛梁人一道前往山林，到达目的地后，排好队，将梁木的头段和树尾、正栋、游棒盖上红绸，扛上肩膀，放着喜炮，唱着号子，一直扛到房主老厝。期间，亲朋已

在老厝做好接梁的各项准备，木匠架好木马，家人煮好糖茶，亲人备好喜炮，等等，梁木到家安放在木马上，木匠为梁木揭开红绸，并大声唱道："一枝古树本姓黄，罗（或其他姓）家取来作花梁，三房五子同福发，房房福发万代兴。"随后，木匠动手将梁木做成花梁的雏形。房主的亲戚们陆续提着"手巾帕"，内装糖、喜炮、蛋、米粉、黄豆等，前来祝贺。女主人兴高采烈地将早已备下的糖茶、糍粑、酒菜宴请大家。接下来是吉日雕花梁，雕刻师傅会在梁木的梁头刻凤凰，梁尾刻孔雀，中间刻上牡丹花，让花瓣与梁头尾的凤凰孔雀融为一体，镂雕完成，上红蓝两色油漆，至此，"花梁"造毕。

　　上花梁是建房过程中最重要的环节，气氛既庄严肃穆，又热闹非凡。上花梁的最佳时间是一天中的子、丑、寅、卯4个时辰，最迟不能超过午时，房主请来道士做法，并备好两桌供品，一桌是请各路神仙来护佑房屋的，一桌是请木匠祖师爷鲁班的。供品的种类有10多种，除了茶酒果品外，较特殊的是有一盘带着猪心、肝、肺的供品，意喻如何不得而知，木匠师傅唱道："双手扶起正栋梁，鲁班先

师架华堂，如今用汝为栋梁，扶起高升发福长。"请完神就请鲁班大师了，木匠老师傅手持利斧将公鸡的鸡冠割开，将鸡冠上流出的鸡血滴在花梁的头、中、尾上，以示驱邪。此时最引人注目的时刻到了，只见用红布扎好的花梁，在房架两端站立的木匠师傅的手中缓缓升起，直上屋脊，准确无误地安放在房中两扇中柱顶端的衔口内。刚刚还鸦雀无声地场面，刹那间鞭炮齐鸣，诸亲友的纷纷祝贺，房主热情邀请大家进入宴席。

精美的花梁寓意吉祥，寄托着人们对美好生活的向往，花梁的制作传承了木雕、彩绘等民间技艺，具有传统艺术价值。所以尽管新型建筑在村镇普及，但槐南扛花梁习俗并没有消失，而是作为一种民间传统文化保存下来。2013年正月初一，槐南镇政府组织了一场别开生面的"扛花梁"活动，参与表演的村民穿戴一新，扛着雕刻着精美图案的花梁绕镇一周，所到之处，旌鼓喧天，鞭炮齐鸣，群众们纷纷加入这欢乐的海洋，共同祝愿风调雨顺，吉庆有余。

2018年7月，永安槐南上花梁入选三明市第五批非物质文化遗产名录。

精雕细琢

永安槐南摆供

永安槐南摆供是永安市槐南镇各姓家族世代相传的民俗活动。槐南民众大多信仰道教、佛教，每逢观音、五谷、盘古、赵大天君等菩萨诞辰日，当地村民都会拿出家里最好的食物供奉菩萨。"摆供"，即指这些摆出的供品和所举行的仪式。

摆供场面浩大，花色繁多，既神圣又充满艺术色彩，因为这是村民比虔诚、比艺术想像力的大比拼，事先各户都会在家精心准备供奉的精美食品，设计如何更加精美别致的摆盘式样。其中场面最大，最为讲究的要数"张大阔公"诞辰日和"盘古仙"诞辰日的摆供了。参与摆供的供品由各姓族长按户分配，各户抽签确定，一般由猪头、鸡、鸭、米粿、糍粑、粽子、水果等食物组成，品种从最初的18种增加到如今的26种。每次参与活动的达二三百户，供品数量往往达300多盘。五颜六色的供品，交由专人有序地摆在一张长7米、宽9米的供桌上，摆在最前面的是猪、鸡、鸭、鱼、米粽、冰糖等9品，正中摆蛋糕，最夺人眼球的是放在供桌四个角的"果食塔"，高达1.5米，由各类时令水果堆砌而成，即有观赏效果又令人眼馋。摆供停当后是祭祀仪式，首先由请来的戏班装扮成八仙从台上走下，配合祭文的诵读，绕供桌一圈，以示诸神前来祝贺和共享丰盛的供品。主持人念罢祭文并当场焚烧，将香灰放入祭祀的米斗，此时鞭炮齐鸣，祭祀仪式告一段落，整个摆供过程约持续3个小时，而戏班的演出则持续到4天之后，盛大的"张大阔公"诞辰祭祀活动才算结束。

槐南摆供是神祇信仰和现实生活相结合的地方民俗文化，既寄托了村民祈福禳灾保平安的愿望，也表达了他们对美好生活的追求与向往。2018年7月，永安槐南摆供入选三明市第五批非物质文化遗产名录。

琳琅满目

清流欧阳真仙信俗

欧阳真仙原名欧阳世清，亦称欧阳大一，是清流本地神祇，是以清流为中心的客家人和当地民众信奉的保护神。

《清流县志·人物志》称："欧阳仙坊郭里人。结庐于丰山顺真道院，养真修炼，后坐化。乡人祀之，极灵感，水旱疾疫，有司及乡人引之，随车雨能动风雷"，被宋孝宗皇帝敕封为"通天妙应欧阳真君"。供奉欧阳真仙的大丰山道院始建于宋政和元年（1111）。宝祐六年（1258），道士张道清在原址创建顺真道院，至此大丰山成为闽西北弘扬道教文化的重要道场。每逢农历七月十五，这里都要举行庙会，打醮祭祀活动以顺真道院为中心，由传承道士主持，依序演绎各种仪式，有沐浴、请神拜天师、起幡等等仪式并演念《三官经》《玉皇经》《大乘经》等消灾忏悔经文，祈求神明保佑一方平安，风调雨顺，化险为夷，赐福百姓。其时伴有戏班做戏，乐班演奏的道家音乐悠扬飘荡在大丰山上空。庙会日，信徒们便从清流、永安、宁化、明溪、连城、长汀等邻近各县赶来朝拜，他们不辞辛劳，高举彩幡，在引路香前导下，沿着崎岖山路逶迤而上直达道场，多时竟达万人，嚣声鼎沸。由于沿途人多拥挤，不少香客的彩幡彩坠会纠结成团，称为"结彩"，传说只有心诚者方可让彩坠自行结彩，或有手持香柱者，曰"接香火"，信徒中的资深者上山之前便沐浴斋戒，备好供品，半夜动身，赶赴心中的朝圣之地，更有甚者，上山之前斋戒三天，以示虔诚。

闽西北道教圣地大丰山，也是清流县重要景区。清道光《清流县志》描述大丰山，"凡登谒者，必于夏末初秋，若深秋则雾障寒冷沁骨，始行三十里，乱峰如削，绝涧奔雷，古木悬岩，怪松偃蹇"。山上文化景点甚多，顺真道院周边的化身岩、棋盘山、寄子岩等道教文化景点都在述说着动人的欧阳真仙故事。2012年，在三明举办的世界客属第二十五届恳亲大会中，数以千计来自世界各地的客籍代表来到客家灵圣之地清流灵台山，参拜了包括欧阳真仙在内的神祇。

2018年7月，清流欧阳真仙信俗入选三明市第五批非物质文化遗产名录。

祈福

清流灵地舞青狮

　　"舞青狮"是清流县灵地村黄氏家族特有的游艺竞技项目。几百年来，这一民间习俗随着黄氏族人的迁徙向外扩散到周边的姚坊、李家，龙岩的连城、上杭，乃至浙江永嘉等地。

　　灵地舞青狮所用狮头以竹篾制作框架，裱糊薄纱成型，再以青色颜料涂绘狮头，呈青面白眉，阔口獠牙，再披上青色棉布为狮身，故称"青狮"。舞青狮阵容由十四五人组成，其中青狮舞者2人，锣鼓钹乐队3至4人，武士10多人。春节期间，舞狮队都会出动给乡亲们拜年，每当锣鼓响起，青狮舞者上场，采用低桩矮步舞动青狮，表演跌扑、翻

灵地武术队

给留守老人拜年

滚、跳跃、搔痒、过桥、跳台等狮子常见动作，模仿动作神似，博得了观众阵阵喝彩声。随后上场的是武术队，十几名武士在拳师率领下，手擎大刀、耙头、钩刀、铁尺和

棍棒等兵器，先单人表演各自携带的兵器，接着是徒手对练、木棍对练或是钩头对大刀等精彩套路，把武术表演推向高潮。

　　灵地是"清流县武术之乡"，也与黄氏家族有关，黄氏先人在清道光年间即出过武术家，创下习武之风，最兴旺的时候，灵地就开设过4家"打厂"（武术馆）。清流流传的拳术颇有地方特点，其架势适中，转动灵活，防守严密。手、脚、头、肩、肘、胯、膝等部位均可攻可守，变化多端，故有"手打三分脚打七，没有眼睛无一滴""七臂齐用，眼风第一"秘诀。灵地除了至今仍保留着《单勾》《二十八宿》等众多武术套路外，更为罕见的是板凳拳，板凳拳技法多变，就地取材，易学实用，所谓"一条板凳三尺长，四腿开叉势难挡。舞动木虎上下翻，真是乡村英雄郎"。

　　当地的舞狮和拳术都是随客家先人南迁的中原文化与落籍地风俗融合后产生的文化形态。2018年7月，清流灵地舞青狮入选三明市第五批非物质文化遗产名录。

清流长校拔龙

　　清流县长校"拔龙"是流传近千年的客家游艺竞技风俗,其场面壮观和别具特色可与连城罗坊走古事、长汀童坊闹春田相媲美。

　　"拔龙"队伍由头牌、龙头、板凳龙身、龙尾组成。头牌居前开道,表明敬祖穆宗,神龙出行,龙头、龙身和龙尾随后依次行进。拔龙分别在长校村的两道天然屏障——海拔千余米的东嶂和山路陡峭的西嶂进行,第一天拔东龙,第二天拔西龙,遵循太阳东升西落,意在有始有终。拔龙从一开始就立即进入激烈状态,只见龙头带着护龙的一帮青壮,飞快前奔,力图甩开后面的龙身和龙尾,待得护龙尾的那帮年轻人缓过劲来,他们反客为主,改后队为前队,拉着龙头急速向后奔跑。如此来来回回几场拉锯战,远观就像一条健硕的火龙在跳跃,在奔驰。在整个过程中,龙身被拔断脱落成许多节,持龙身者迅速接龙再拔,如此反复,整场活动气势磅礴,险象环生,看得人胆战心惊,吸引着四邻八乡的宾朋好友共赴盛会。

　　寓意"越闹越旺、越拔越发"的拔龙风俗,寄托着客家乡亲祈求风调雨顺、添丁进财的夙愿,也充分体现了精诚团结、坚韧不拔的客家精神。近年,长校拔龙已成为当地民俗旅游的独特资源,愈益引人注目。2018年7月,清流长校拔龙项目入选三明市第五批非物质文化遗产名录。

龙上东嶂

清流赖坊摆五方

清流县赖坊镇摆五方源于宋末（约1279），是闽西客家地区驱鬼祈福的道教科仪融合敬祖穆宗精神的民间习俗。

每年农历九月，赖坊都会举行三天两夜的"太平清醮"活动，摆五方则是活动的重头戏。清醮前，村民们在村中古戏台前的大坪，按东西南北中五个方位摆起桌子，由本村五个房族长老主持，各房家产保管者拿出世代珍藏的古董、字画、刺绣、盆景等珍品，也会摆上当年收成最好的瓜果，分门别类摆放停当，供村民欣赏检验。按照摆五方的规矩，在正式活动之前，各房要先清点古董文物，供长老"鉴宝"、讲述。随后请来的五个道士以法桌为中心，按既定路线，分别在五张桌前持朝板禹步、上香、对打、作直线穿插、环形穿插等科仪动作。在道士带领下，福首、缘首带领村民绕着神龛、醮坛由缓到疾地行走，并逐渐形成绞绳样穿插行进，人们认为这种巡走能给他们带来吉祥。

赖坊摆五坊习俗应该说是一种雅俗，是客家人在山村生产生活和农耕文明的真实反映。村民们摆出各自家传文物珍品，互相观摩、鉴赏，农耕不忘诗书传家，对后辈是一种励志教育。2018年7月，清流赖坊摆五坊入选三明市第五批非物质文化遗产名录。

村民参与鉴宝

清流里田公王祭祀习俗

公王祭祀是清流县里田乡闻名远近的旧俗。里田位于清流、宁化、长汀、连城四县交址，属旧时"四堡"上路客家人聚居地，这里保留着许多中原古俗礼仪，公王祭祀就是原生态保存下来的民间文庙祭祀礼仪。

公王神像

里田公王祭祀活动从每年正月初六至十七，时长达11天。祭祀活动排序严格，依次为正月初六晚出大鼓、金钹、直角、大铜号，初八出花灯，十三出香案，十四鉴明辅和公王游乡，十五回神。以祭祀为中心延伸出内容丰富的民俗表演，有客家狮阵、龙灯拜庙、鞭炮阵、傩面雷公雷婆巡游、走古事、旱船灯等，引来观者如堵。整个活动至正月十五推向高潮，十七缓缓落下帷幕。

公王祭祀的精神核心是敬宗穆宗、崇儒尊老。村中年逾古稀的"大乡望""耆公"和德高望重的"绅矜"，始终是祭祀中众望所归的领头人，对参与祭祀主体活动的人员以及所宴请宾客也有学历和学识要求，意在激励下一代发奋学习，建功立业。这一系列活动完整地展现了客家人敬老尊贤的文化内涵和社会教化意愿。2018年7月，清流里田公王祭祀习俗入选三明市第五批非物质文化遗产名录。

清流"过火山"

清流县余朋乡太山村是畲族村，这里沉淀着古朴深奥、丰富多彩的畲族传统文化，最具代表性的是传统节俗三月三"乌饭节"。畲民在这一节日里都要举行盛大庙会，祭祖先，拜谷神，吃乌米饭，缅怀先人，款待来客。

"过火山"是乌饭节中最引人注目的绝活表演。太山庙会迎菩萨队伍回庙后，畲民在仙公菩萨供桌上摆好供品，燃香点烛，旁边布下"火山"，火山由几十担木炭堆成一条长约10米、宽80厘米、高30厘米的火路，炭火两端各放一个大盆，内装香灰符水。准备停当，道士们敲响锣鼓，吹起师角，口诵"雪山咒"，再烧"雪山符"，随后点燃木炭，并用鼓风机助力火势，直到木炭全部燃烧，烈焰熊熊。一切准备妥当，法师口颂经文，两个吹着师角的年轻道士带队，每人在装有符水的大盆里沾一下脚，带着人们赤着光脚从火红的炭火上跑过，就这么来回反复地跑，直至炭火完全熄灭为止。继后，村民高举家人衣裳，围着火堆转圈祈福，再将未燃尽的木炭铲回家中，以求避邪消灾，人丁兴旺，合家安康。

踩火石

"过火山"与"上刀山"一样，都是非常古老的祭祀礼仪和火崇拜习俗。2018年7月，清流"过火山"项目入选三明市第五批非物质文化遗产名录。

清流五谷真仙信俗

清流县林畲乡舒曹村"仁寿寺",奉祀神农氏,民间称为"五谷真仙"。仁寿寺始建于明朝成化年间(约1465),是福建省最古老的五谷真仙庙之一。相传明成化前,邱氏先祖开基仁寿峰,夜梦土地告之神农氏欲借住此地,族人有感神农氏灵威,经商议后破土兴建五谷真仙庙敬奉神农氏,保佑族人平安吉祥、五谷丰稔,此后历经600年香火不断。

清流五谷真仙庙是闽西北信众心目中的五谷真仙祖庙,每年大年初二开始,长汀、连城、漳平、宁化、清流、明溪、永安、将乐、三明、沙县、尤溪、顺昌、石狮等十余县(市)的香客就会前来朝拜取火,而后回去"做醮"。当地信徒则会在每年春节大年初一凌晨开始,每家每户派人到仁寿寺拜"菩萨年"。每年农历五月二十五日,当地还举办五谷真仙诞辰庙会,人气鼎盛。仁寿寺最为神奇的是五谷真仙灵签,签文的注解分碧仙云、东波解、圣意和古人典故4部分,释义常与客家人南迁有关,是中原文化流迁的佐证。

清流是第二次国内革命战争时期中央苏区所在地之一。1930年1月至1933年8月,毛泽东、朱德、彭德怀、滕代远所率领的红四军第二纵队、红四军第十一师、东方军等红军部队的疗养部就设立在仁寿寺。仁寿山下莲峰洞冬暖夏凉,为救治红军伤员立下了汗马功劳,成为清流重要的红色革命遗址,也是游人慕名探访的地方。随着乡村旅游、红色旅游业的不断扩大,仁寿寺声名远播,五谷真仙信俗也因之弘扬光大。

2018年7月,清流林畲五谷真仙信俗入选三明市第五批非物质文化遗产名录。

五谷真仙神像

大焙坑"跳火海"习俗

"跳火海"是三明市三元区中村乡大焙坑村重阳节旧俗。有关族谱记载，嘉靖末年（约1566），上杭客家人迁来大焙坑定居，在村口建起"福兴殿"，"请"来欧阳真仙与太保公、关公等一起供奉，并于九月初九欧阳真仙生日举办"跳火海"活动，借以娱神祈福，形成了神秘奇异的习俗。

重阳之夜，村民们在"福兴殿"前设下"火海"，"火海"是木炭垒成的锥形条状体。时辰一到，众人注目的"跳火海"环节即将展开，在鞭炮轰鸣声中，村人点燃炭火，待得炭火卷起熊熊烈焰，几名身穿节日盛装的年轻人围着"火海"敲锣呐喊，这时，多名村民光赤双脚，按东、西、南、北四个方位，飞身踏上火炭堆并来回踩踏，如履平地。激动人心的场面逗引着村中的年轻人，大家纷纷地脱鞋赤脚，欢呼着冲进"火海"，火炭被踢得火花四溅，红光闪烁，场景令人震撼。直到众人将火炭堆踩平、踩散，各家各户大人们虔诚地在火场取走火炭，作为"火种"带回家，以求家庭红红火火，兴旺发达。

"跳火海"民俗由先人对火的崇拜，演绎成具有宗教

福兴殿

色彩的祭神祈福民间习俗，场面惊险神秘、激烈壮观。该民俗传承了客家人为求生存、求发展，敢于上刀山下火海的大无畏精神，对研究大焙坑先民农耕文明历史也有重要的参考价值。

2018年7月，大焙坑"跳火海"习俗入选三明市第五批非物质文化遗产名录。

松阳"竹神"信俗

竹神麻公是三元区松阳村的地方保护神，竹神信俗在以松阳为中心的沙溪流域民众中广泛流传。据传清朝中叶，松阳村竹林虫害肆虐，"紫衣公"托梦村中庄氏长老，嘱其前去村后峰头炉取回竹神麻公三尊王神器，建庙供奉，可为竹山除病去灾。村人依梦所示香火供奉麻公，虫灾果然扫除。邻村信士也将麻公神器请出绕竹山巡游，虫害即灭。四邻八乡闻风仿效，麻公信俗就此传播开来。

松阳村所建麻公竹神庙源于清道光年间的"永福亭"，庙里供有麻公竹神塑像，清朝铸的香炉依然保存完好，壁上画有左龙右虎，原先的碑刻简介清晰可见。八月初八是松阳麻公庙会日，照例开坛设醮，请出尊王巡山除虫，全场法事延续两天两夜，近则中村、莘口，远到沙县、大田、尤溪等地信众也会前来朝圣。

竹神麻公

竹神信俗是三明区域唯一的与竹有关的民间信俗，其出现与存在，和松阳地理资源特征密切相关。松阳是一个高山村落，全村4万多亩的山林，竹林面积就占2.8万亩，是山林总面积的70%以上。茂密的山林，是松阳人祖祖辈辈维持生计的主要经济来源，衣食所系，村人倍加珍惜，古代没有更加科学的手段除虫灭害，淳朴的竹农只有将保护毛竹资源的祈愿寄托于神祇，同时寄托着人们对风调雨顺、人寿年丰、富裕安康的美好祝愿。由此，麻公竹神香火不绝，得以传承至今。

2018年7月，三元松阳"竹神"信俗入选三明市第五批非物质文化遗产名录。

三明谢祐信俗

谢祐是由人而神的地方保护神，三明市梅列、三元为其早期核心信仰范围，随着谢氏家族人口的外迁，主祀谢祐的"正顺庙"遍及沙县、永安、尤溪、将乐、南平、顺昌、漳平、德化等县，信徒远及闽粤赣及台湾。

三明正顺庙志记载，谢祐，宋治平年间（1064）生于三元区中村乡白水村，熙宁六年（1073）回谢氏入闽始祖元大公居住地邵武和平镇，拜延平府状元黄裳为师，接受启蒙教育。元丰五年（1082），谢祐随黄裳戍泉州、南安，受委派去建州送信，途经水晶洞，遇得道高人传授金符玉册，此后又拜真人为师，修行学道。元佑二年（1087），谢祐功成羽化，受到民众景仰。未几，山贼横行，流窜骚扰乡里，谢祐神灵化身征剿，灭寇安民，乡民感激谢祐，自发建祠奉祀。丞相李纲接受民众请求，上表朝廷为谢祐请功。南宋绍兴九年（1139），皇帝应奏请敕封谢祐为"广惠将军显列尊王"。咸淳十年（1274），朝廷应丞相文天祥奏请，加封谢祐为"日月盈光大帝"，并配祀慈惠夫人。

列西游神

南宋以后，随着谢祐保境安民的民间传说日益增多，谢祐神名也日渐显赫，闽粤赣及台湾等多地陆续建起了主祀谢祐的庙宇，规模最大的是始建于1233年的三明列西"正顺庙"，由孝宗皇帝赐"正顺"庙额，奉祀"广惠将军显烈尊王、日月盈光大帝——谢祐"，还有始建年代较早的白水村正顺庙和保存完好的永安贡川正顺庙。从民间信仰到朝廷两度敕封及历朝历代的推崇，谢祐在乡人心中已是一位护国佑民、扶危济困、惩恶扬善的地方保护神，正顺庙自然是逢年过节焚香朝拜之地，迎神风俗也由此而成，每年农历正月二十，列西大街小巷张灯结彩，乡民用銮轿抬着谢祐神像遍游村庄，所经各处家家户户都在门前设供迎接真神，以保全家一年安康，农事风调雨顺。就连端午节龙舟下水，全体水手也必须先去正顺庙前举桨朝拜，待得农历十三日龙舟上岸，也要到"正顺庙"前回拜，以示虔敬。

谢祐出生地白水村村民，以自己是谢祐的后人而自豪，在祭祀中更多了一层对先祖的缅怀之情。每年正月十三日，永安贡川的谢氏后裔都会派出族人，敲锣打鼓来白水村"取火"，将火种迎回贡川正顺庙，以祈薪火相传，人丁兴旺。

谢祐信仰所包含的爱国爱乡、守土为民的精神，和忠孝传统文化内涵所具有的吸引力、亲和力和感召力，成为谢祐文化发展的坚实基础和动力，有助于传承中华民族的传统美德。2018年7月，三明谢祐信俗入选三明市第五批非物质文化遗产名录。

萧圣君信俗

　　萧圣君信仰是尤溪民间信俗中的一个流派，是中国传统道教闾山派、外来印度瑜伽教与尤溪本土民间保护神信仰的多元结合体。

　　萧圣君，又称萧圣公，俗名萧郎瑞，字重兴，道号法明，祖籍福建仙游，宋绍兴十一年（1141）出生于尤溪县洋中镇际口村，青年时期入教后云游四方，为民驱邪消灾，足迹遍及八闽大地，与同为道教闾山派法主公教的闽清张慈观、古田连宗羌义结金兰。张慈观为"三十三天都天监雷法主"，萧法明为"副天法主"，连宗羌为"九天勇猛真君"，人称"闽中三圣君"。乾道四年（1168），萧圣君在际口莲花台羽化成道，乡民感其恩德，在际口圣泉岩建庙塑像奉祀至今。

　　萧圣君创立的法主公教，其传承的法师有"红头""乌头"之分，红头师是做祈福驱煞类道场的法师，乌头师是为往生者超度功德之道场的法师。红头师做文场时头扎法巾、顶戴道冠，身穿海青衫或大襟红色道袍；做武场则头扎法巾，身穿便服，腰系红带。"乌头师"做场，则头戴黑僧帽，唐僧佛冠，身穿青衫，披大红袈裟。萧圣君道场科仪渗入了许多瑜伽教派的法术。瑜伽教自唐代传入中国，唐、宋间流传于福建、江西等地并逐渐世俗化，其中不少科仪仍延用于当今法主公教道场之中，属于法主公教文化遗存。

　　在科学技术水平低下的古代社会，法主公教圣君团体的法师们常常是巫、医、道结合，用某种神秘的语言以及仪式给人以精神上的慰藉，并为人治病，减轻患者痛苦，故而其信俗得以流行。每逢萧圣君诞辰，来自福建、江西、浙江、广东、香港、台湾地区等地的信众，以及新加坡、马来西亚等国家的谒祖进香团就会到际口萧公祖殿寻根朝拜，使萧圣君信俗成为文化交流平台。

　　2018年7月，萧圣君信俗入选三明市第五批非物质文化遗产名录。

三明市非物质文化遗产代表性传承人

代表性传承人

他们是历史的匠人，被人们誉为非遗保护的"活宝库"。他们具备着才智、灵性、恒心和执着的坚守，承载着非遗项目的文化精髓和精湛技艺，是非遗代代相传的传递者。

三明的50多位非遗项目代表性传承人，半数是中青年人，这是可喜之处，但耄耋长者也不在少数。他们身怀绝技，龙卧深山，让他们乐见后继者的成就，享受颐养天年的价值和乐趣，是非遗保护的艺术。

熊德钦

熊德钦，1954年1月生于永安市青水乡丰田村，国家级非物质文化遗产项目永安大腔戏代表性传承人。

永安大腔戏形成于明代中期，是江西弋阳腔传入闽西北的遗存形态，因其表现形式为"大锣大鼓唱大戏，大嗓子唱高腔"，故称大腔戏。大腔戏传承人熊德钦出身于永安大腔戏世家，是大腔戏第27代传人，其祖父熊顺礼演过大腔和小腔戏，善正生、净两行；父亲熊锡绳，大腔戏师傅，在大腔戏班演正生、大花等角色。德钦自幼耳濡目染，爱好戏剧，上小学时即开始向父亲学大腔戏。1979年拜熊德树为师，学习正旦、小旦和后台乐器3行，并向同村邢绍求、邢振根学过旦角的唱腔和表演技艺，师出多门，博采众长，所以他表演的正旦、小旦，形象逼真，唱腔准确，音质优美动听，形成了自己独特的风格。

熊德钦从1982年至今在丰田大腔戏剧团担纲主演，身兼剧团副团长、副导演及后台乐器演奏师傅。演出时主要扮演《白兔记》中的正旦、小旦，《双鞭记》中的老旦、三花等角色。1984年为"四平腔学术讨论会"代表演出全本《白兔记》，扮演正旦李三娘获得好评；1988年为《中国戏曲志·福建卷》的编纂提供资料，获中国戏曲志福建卷编委会所授"感谢状"；2006年配合中央电视台1套《新闻频道》拍摄新闻片，又与央视6套《音乐频道》"民歌世界"栏目演唱荆楚古音乐"大腔三音歌"；2011年在青水畲族乡举办的"首届烟农歌王赛"获"大腔三音歌"演唱二等奖，产生很大影响。多年来，他培养出大腔戏传承人熊生浪、邢秋莲、邢盛麟、邢清秀、熊长明等多位新人，为永安大腔戏的继承与发展做出很大贡献。

传授

创作

穿越千年演绎唐朝情事

七夕主题非遗戏剧盛宴

邢承榜

邢承榜，1953年9月生于永安市青水乡丰田村，国家级非物质文化遗产项目永安大腔戏代表性传承人。

邢承榜出身于永安大腔戏世家，是大腔戏第27代传人。其祖父邢振根是著名旦角艺人和教戏师傅，父亲邢上建任大腔戏正生、丑角。邢承榜从小爱好戏剧，10岁即跟祖父学唱大腔戏，1979年师从熊德树，攻正生，边学习边登台参加演出，在《白兔记》中演刘智远，《双鞭记》中演尉迟宝林。他所演的正生、老生、大花角色，唱腔对白准确，动作到位，加之扮相清俊，嗓音响亮，颇受乡亲看重。1984年10月，大腔戏因故面临失传，他临危受命，挑起了剧团团长的重担，克服种种困难，努力整顿剧团，主持招收演员，设法组织演出，使大腔戏重振旗鼓。1984年，《白兔记》参加永安市传统戏剧展演成功，获得专家学者的好评，此后曾多次接受中央电视台、福建电视台和三明电视台等新闻媒体专题采访，并为专家考察调研提供大腔戏表演有关资料。

如今，他除演出外还身兼丰田大腔戏剧团团长、导演及封台师傅，致力于大腔戏《白兔记》《双鞭记》等传统剧目及传统表演仪式的研究与传授，并重视传承工作，带领子媳学习大腔戏，培养了熊长明、邢绍雅、邢绍孔、熊顺莲等多位新人，对永安大腔戏的传承贡献良多。

说戏

黎秀珍

黎秀珍，1946年10月生于泰宁县上青乡东兴村，国家级非物质文化遗产项目泰宁梅林戏代表性传承人。

泰宁梅林戏源于清乾隆年间，是徽剧与泰宁民间小调、道士音乐、当地方言以及客家文化的有机融合所繁衍出来的地方剧种。传承人黎秀珍14岁进泰宁县梅林戏剧团学艺，被选送南平专区京剧团学习，即拜京剧名角王芥华为师，专攻猴戏。回团后，又师承陈树镛、徐步高、葛宝宝，专攻武生与老生。刻苦学艺使他从众多学员中脱颖而出，15岁正式登台演出，成为当时剧团的台柱。

黎秀珍戏路宽广，表演风格多样，文武兼备，招式清晰，身段漂亮，在几十年的演艺生涯里，他不但塑造了孙悟空、周瑜、关羽等数十个不同类型、不同年龄段的古代人物形象，还成功塑造了郭建光、杨子荣、李向阳等现代戏的英雄人物。1983年，他出任泰宁县梅林戏剧团团长、书记，之后又任县文化局副局长、县文联主席，但自始至终，他都没有离开自己钟爱的舞台。后成为中国戏剧家协会会员、福建省戏剧家协会常务理事、福建省戏曲音乐协会常务理事、三明市戏剧家协会副主席。1990年，秀珍入选《当代戏曲表演艺术家名录》。1992年6月，全国《天下第一团》优秀剧目展演，他自编、自导、自演的《贬官记》，荣获国家文化部颁发的优秀剧目奖，他个人亦获优秀表演奖和编剧奖。

黎秀珍编、导演的剧目不少，导演手法朴实明快、求新求巧，以百姓喜闻乐见的轻松风趣为主体，兼具厚重、沉郁等多种风格，以达到戏剧最佳效果。1974—1978年，他导演的《关公怒》《求骗记》《刘二婶回村》《贬官记》《齐英出山》《邹应龙》等在省、市戏剧调演中获导演奖；2004年导演的《冤家》获国际小戏艺术节银奖；2014年导演的《邹应龙》被福建省委宣传部选送赴台演出，受到高度评价；1985年与他人合作的新编古装故事

剧《贬官记》，获得福建省第十七届戏剧调演创作二等奖、华东六省一市"田汉戏剧"创作奖、福建省首届"水仙花"剧本创作奖、福建省首届"百花文艺"奖；1992年获全国"天下第一团"优秀剧目奖、优秀编剧奖；1997年移植为闽剧上京演出，获"五个一工程奖""文华剧目奖"；2004年获得国家首届"舞台艺术精品工程"剧目奖。新编历史故事剧《邹应龙》获三明市创作一等奖、福建省创作二等奖；现代戏《张仁和》获省剧目奖；2007年6月梅林戏《背子赶会》应邀赴京参加"全国非物质文化遗产珍稀剧种展演"，受到了文化部嘉奖，

彩排

节目现场在中央电视台第一套新闻联播中播出。6月中旬中央电视台戏曲频道专程来泰宁采访梅林戏剧团并拍摄梅林戏专题片，于同年12月30日在中央电视台十一套播出。2015年9月应邀赴香港展演了"锦绣梅林""傩舞""挡马"等剧目；2016年12月应邀赴韩国、日本演出梅林戏《客家茶情》等；2017年应邀赴澳大利亚演出梅林戏《三星共贺太平年》等剧目；2015年编撰了国家级非物质文化遗产——泰宁梅林戏发展史；2017年编撰了《梅林戏音乐》。2015年泰宁县梅林戏艺术传承保护中心与三明艺术学校联合招收"梅林戏"大专班学员20名。他时常到校给学员传授梅林戏音乐及表演课等，为培训梅林戏接班人继续做出贡献。

严建华

严建华，1965年12月生于泰宁县新桥乡大源村，福建省非物质文化遗产项目泰宁大源傩舞代表性传承人。

大源傩舞起源于唐末，是一种宫廷舞蹈，舞者上身赤膊，下身着裙，扮相各异，动作古朴悍猛。大源傩舞因历史原因曾间断了40余年，几近失传。1995年严建华为拯救濒临消亡的严氏先人遗存习俗，奔走于十几个村庄，访问了几十位老人，从当年的参与者、见闻者、知情者口中，了解并掌握了大量的傩舞原始资料。不久，在他倡议下组建起大源傩舞表演队，并配备了傩舞所用的服装、闹台、木鱼、尺板、小鼓、如意等道具。表演队初具规模后，严建华作为队长，将他所掌握的大源7种表演角色的表演动作，手把手传授给其他队员，担当起队长加师傅的角色，先后培训了50名新队员，自此大源傩舞这一古老的传统舞蹈得以重现。如今，乡、村两级分别成立了非遗保护领导小组，设置了非遗保护专项资金，由理事会负责队伍的培训和组织演出。2015年成立了以傩舞队队员为主的"大源傩"农家乐，注册了"大源傩"商标。近年来傩舞队更新了道具设备，大源新建了非遗公园、傩舞表演舞台、停车场，举办了摄影展，布置了非遗展厅等，正着力打造"古傩大源"，培育大源乡村旅游。

20年间，建华带领着他的大源傩舞频繁参加了省、市、县、乡等组织的民间文艺调演或大型文化艺术活动，多次获得好评及嘉奖。其中，2005年6月应邀参加南昌"国际傩文化艺术节"，荣获国际傩艺术展演银奖和万人踩街优秀表演奖；同年6月18日赴京参加"中国魅力名镇展演"，并于9月再次赴京参加"十佳魅力名镇"颁奖晚会；中央电视台二、三、四、七等频道，福建电视台、东南卫视、海峡卫视、浙江卫视等电视台先后制作了大源傩舞专题片，大批来自全国各地的摄影家、摄影爱好者、游客、大专院校师生、前来拍摄、观看、研究傩舞。大源傩舞已成为泰宁的一个文化品牌、一张名片。

宫廷傩舞

古傩行

李炳洪

李炳洪，1955年12月生，福建省非物质文化遗产项目清流李家五经魁代表性传承人。

清流五经魁始于明嘉靖初年，是一种民间传统傩舞，其中5个人物分别是雷震子、钟馗、包拯、寇准、李广。五经魁在沧桑岁月中失传多年，李炳洪为探寻这一祖先遗存，联合村中热心文化事业的人士，开展了对前辈的采访，发现完全掌握五经魁技艺之人已经极少，80岁高龄健在的仅有2人，其余的也是60岁上下的人。李炳洪通过他们的回忆碎片，将五经魁资料整理出来，按图索骥，反复试验，形象一次比一次真实，经多次努力，终于恢复了五经魁原貌。此后每逢正月十三至十五佳期，他都精心组织人员编排表演，并现场指导，还先后领队参加县里的文艺演出活动，深受好评。2005年，参加清流县闹元宵"农行杯"广场文艺晚会；2008年正月十五，参加清流县九龙广场文艺晚会；2017年，参加三明市纪检监察系统"喜迎十九大"文艺比赛荣获二等奖。

闹春

王 华

王华，1947年11月生，福建省非物质文化遗产项目永安大腔傀儡戏代表性传承人。

大腔傀儡戏是福建省保存最原始的一种提线傀儡戏艺术形态。约在元至元十九年（1282），继承祖业的傀儡师王金备在永安创立"万福堂"傀儡戏班。王金备掌握了大量传统剧目，表演中有许多提线绝活，台词滑稽幽默，角色细腻生动，每逢丑角、净角出场，往往让观众捧腹，他技艺全面，可以一人演全场戏，无需锣鼓伴奏，人物上下场锣鼓均以口念代之，堪称一绝。王金备传艺于后人，王华11岁跟父亲先学后台伴奏，12岁学提线技艺，16岁开始独自登台表演，能熟练掌握大腔傀儡戏的14个传统剧目。其父过世后，王华子承父业，与同母异父兄弟钟祝涛继续在各地演出。1979年，王华复办傀儡班，招收学徒15人，传承大腔傀儡戏，后又重组"万福堂"，以其子王茂满、王茂园、侄儿王庆振、女婿钟金有等为骨干，吸收部分外村男女艺人，组成相对稳定的班社。

班社在永安市青水畲族乡及三明、尤溪、大田等县市周边地区演出，颇受好评。如今，经王华指导培养的弟子都陆续组建新的傀儡戏班社，如"青水乡民间木偶二团""青水乡民间木偶三团"等，这些班社常年活跃在当地社区和邻近县市乡村之间，使得大腔傀儡戏这个全国唯一能演唱大腔特色品种的提线傀儡戏剧种得以传承光大。

杨大光

尤溪南芹小腔戏代表性传承人，已故。

江玫丽

江玫丽，1959年10月生于三明市宁化县，福建省非物质文化遗产福建客家擂茶制作工艺（宁化客家擂茶制作工艺）代表性传承人。

擂茶姐妹

宁化客家擂茶采用茶叶、芝麻、花生等生料，以及青草药擂制而成，民间流传已近千年。传承人江玫丽自幼受客家文化熏陶，对各类客家小吃的烹调及制作技艺产生浓厚兴趣，并开始跟随家人学习客家擂茶的基本制作方法。在此基础上，玫丽还虚心向老者、邻里亲朋以及擂茶制作高手请教，学习擂茶技艺，同时不断加深对擂茶中常用青草药药理及药性的了解与运用。经过多年的实践与探索，江玫丽现今可一次性制作供100多人同时饮用的擂茶。在熟练掌握客家擂茶制作技艺的基础上，玫丽制作出的擂茶也形成了一些独有的特色，主要表现在两方面：一是能根据不同需求，将不同种类及比例的青草药和配料制成具有不同保健功效的擂茶；二是所制擂茶清香可口，老少咸宜，深受大众好评。

张旺金

张旺金，1947年11月生于将乐县，将乐龙池古砚制作工艺的第3代传人，福建省非物质文化遗产项目将乐民间龙池古砚制作工艺代表性传承人。

将乐龙池砚久负盛名，是我国著名古砚之一，以"发墨细腻，墨色纯青，光亮耐用，不伤笔毫，写字作画，成色明晰，不易褪色，宜于长期保存"著称。传承人张旺金1966年开始师从父亲学习龙池砚的传统制作工艺，几年艰辛，掌握了选材、粗凿、精雕、细刻及打磨等全部工序。他深得父亲真传，尤为注重突出雕饰龙的图案为主，其他为辅的主要特点。由其精心雕刻的龙池砚构图精巧、光泽莹亮、细润光滑，轻敲声音清脆悦耳，为石砚上品，深受广大用户和收藏爱好者的喜爱。

张旺金的作品多次参加省、市名特优商品交易会、民间艺术品展销会，屡获声誉。其中，2001年，"龙池"牌龙池古砚获三明市名特优商品交易会金奖；2002年，

"龙池"牌龙池砚"群龙托乾坤"获福建省首届民间艺术品博览会金奖；2004年，获福建省首届民间艺术精品暨第三届省民间艺术家评选活动铜奖；2004年，龙池砚"飞龙夺魁"获中国第三届国际民博会暨第二届中华（天津）民间艺术精品博览会金奖；2007年，获"福建老字号"称号；2008年，获中国（莆田）第三届海峡工艺品博览会银奖；2009年6月，龙池砚获准实施国家地理标志产品保护；同年，被福建版权局列为"福建省版权保护重点企业"。将乐龙池砚早在2005年即被列入福建省首批省级非物质文化遗产保护名录，这与该项目传承人张旺金几十年如一日刻苦磨砺是分不开的。

龙池精品

罗显光

罗显光，1951年6月生于明溪县，福建省非物质文化遗产项目明溪肉脯干制作工艺代表性传承人。

按秘方配制

言传身教

明溪肉脯干，以其独特的风味而驰名海内外，被誉为闽西八大干之首。肉脯干始创于600多年前，清同治六年（1867），明溪惠利桥赖氏肉脯干批量上市，算来也有250年了。传承人罗显光自幼学习肉脯干制作，深得祖传老工艺、老技术、老配方的要诀。为使客家先人遗留下的传世技艺发扬光大，他自筹资金500万元，建设专用厂房5000多平方米，注册成立了福建省明溪荣兴食品有限公司。通过对肉脯干生产线的扩建和改造，不断调整和改进产品结构，提升生产工艺，现已建成了肉脯干和研发出其他肉制品加工的标准化生产线。为满足日益扩大的市场需求，显光不断探索，努力提高科技含量，大胆引进国外的先进设备，采用世界先进的腌制、滚揉、斩拌、嫩化、烟熏、真空包装等现代技术，在保证产品传统口味的基础上，开发出符合各类人群需求的多种风味，提高了肉铺干的生产产量，以满足全国各地的订单。他还计划投资2亿多元，扩建一个年产5万头生态生猪养殖基地，以及生物饲料基地，从源头上保证原料的质量和安全性。

在产供销之余，罗显光并未忘却人的因素第一这个真理，他投资设立了明溪肉脯干制作技艺传习所，专事培训新人。目前，已有十几名结业的技术工人从传习所走上生产岗位，成为事业发展的新生力量。

刘仰根

刘仰根，福建长汀人氏，1957年生于将乐县龙栖山造纸世家，受祖父刘庭森熏陶，师从父亲刘启春，是手工竹纸嫡传人，2008年获得福建省非物质文化遗产代表性传承人命名；2017年12月入选国家级非物质文化遗产项目竹纸制作技艺代表性传承人。

刘仰根生长于造纸世家，与西山造纸结下不解之缘。童稚时期即经常跟在祖父身边看造纸，有时还给祖父打下手。1973年，16岁的他就被父亲带进纸厂正式学艺。一年刻苦学艺后，他掌握了西山造纸技艺，此后，他把所有的时间和精力都倾注进了作坊。

机制纸兴起后迅速占领市场，百余家西山造纸作坊纷纷停业，纸业工人大批转行，到1993年之后，偌大的龙栖山只剩下刘仰根一家造纸作坊。是什么使得仰根苦苦支撑着呢？是一种信念！老祖宗传下来的技艺，不能在我的手上丢失。于是，他咬牙坚持，求索竹纸生存之道。想出了"以山养纸"路子后，他出手承包了300亩毛竹山，用毛竹的利润贴补造纸，每年拿出几万元用于西山纸技艺的传承。为减少亏损，他又做起了推销员，四处奔走，一刀一刀上门推销西山纸。路走得相当艰难，他身边熟悉造纸技艺的工人越来越少，经营危机日渐逼近，但功夫总是不负有心人，不屈服于人生低谷的刘仰根，终于渡过寒冬，迎来了来自北京的春风，2008年6月，将乐手工竹纸制作技艺入选第一批国家级非物质文化遗产扩展项目名录。

喜讯决定了刘仰根坚持经营的意志，他决心要把西山纸制作技艺传给儿子，传给愿意从事造纸的人，把这项技艺传承好。他再次投入资金，修缮了造纸作坊，以较高的工资招聘了5名学徒。他手把手地教学徒砍嫩竹、断筒、浸漂、剥竹麻、压榨、匕槽、踏料、耘槽（打浆）、抄纸、干纸、分拣、裁切等工艺，经过几年的培训，这5名

学徒逐步掌握了造纸技艺，竹纸生产重回正常轨道。2009年，北京故宫博物院修缮部需要4刀西山纸，他来回跑了几百里，从三明火车站把纸寄出。2011年上海人民文艺出版社与他谈了每年专供300刀西山纸的意向。十几年来，他和家人连年参加海峡两岸文博会、海峡工艺博览会、省、市、县主题非遗展示和技艺传承活动，广受群众欢迎。在人们关注的目光下，他坚持传承竹纸制作技艺的脚步愈加坚定。

题贺

邓丽娣

邓丽娣，女，1942年6月生于永安市贡川镇，福建省非物质文化遗产项目永安贡席制作工艺代表性传承人。

永安贡川草席以"成卷挑斗米不弯，摊开盛水水不漏"的特点成为宋代朝贡的精品，故称贡席。邓姓为宋代以来最早开始引种席草的家庭之一，邓丽娣受家庭传统的深刻影响，自幼随父辈学习贡席传统制作技艺，并于1972年开始专职制作贡席。经过多年的学习与苦练，邓丽娣能得心应手地使用席架、席扣、席鞭、麻绳、竹钉、席刀、席石等工具制作品质优良的贡席，并熟练掌握了割边、修边、绑边、穿边等制作技艺。由邓丽娣制作的贡席具有细密、结实耐用、吸汗、冬暖夏凉之优良特点，深受大众喜爱和好评。

邓丽娣尤为重视贡席的品质，始终坚持以传统技艺进行草席制作，为贡席传统制作技艺的保存与传承做出了贡献。此外，邓丽娣还把制席与文化联系在一起，自编自演了舞蹈《贡席舞》参加永安市农村文艺演出，通过文化手段提高贡席的知名度，是高明之举。

罗立根

罗立根，1940年6月生于永安市槐南镇，福建省非物质文化遗产项目永安安贞旌鼓代表性传承人。

安贞旌鼓源于唐代战鼓，后成为民间驱邪祈福民俗仪式神器。罗立根8岁开始在师傅罗立省的口传身教下学习安贞旌鼓，是罗立省嫡传徒弟。平时他常跟随族人学习旌鼓的设计、制作和表演技艺，经过刻苦学习和不断实践，熟练掌握了全部技艺。旌鼓鼓身为椭圆形，多用杉木板制成，鼓面为圆形，多用晒干的牛皮或山羊皮蒙制，大小鼓周边均涂成黑色，鼓面中心（直径为10厘米）涂成红色。涂颜色时，先用墨汁均匀涂上，鼓心用花红涂红，等晾干后，再上清油。每年春节和元宵节，立根都参与组织旌鼓队绕村表演，其所率旌鼓队阵容强大，整齐壮观，动作协调，鼓声雷动。其旌鼓表演颇具特色，鼓点可快可慢，变化无穷。他多次带领安贞旌鼓队参加大型表演活动，2006年，曾进京到中央电视台参加民俗文化展示。多年来，立根致力于向村中年轻一辈传授安贞旌鼓的设计、制作与表演技艺，热心安贞旌鼓队的建设和培养后继人才。同时，他运用自己所熟悉的安贞旌鼓发展演变知识，参与相关文献的整理。

手把手传艺

杨国民

杨国民，1967年9月生，福建省非物质文化遗产项目龙角舞（永安）代表性传承人。

讲解要领

龙角舞是永安民间传统舞蹈表演形式，有一套严密且独特动作套路，一般在祭祀仪式中出现。杨国民从小跟随其父杨世炎学习龙角舞，经过其父的细心教导和自己的刻苦学习，系统地掌握了龙角舞说唱、动作等各方面的要领，成为家族第6代龙角舞传人。成年后，他在原有基础上加以改进，使之更具艺术性，观赏性更强。他所表演的龙角舞，唱词大多采用"悲调""哭调"说唱，整套动作套路与经书所列方法一致，当唱词唱到东，身体的正面就必须朝东，说到西就必须朝西，念到南就必须朝南，指到北就必须朝北，如此反复循环。他还巧妙地吸收了舞蹈的美妙姿势，手掌的姿势一般以兰花指展现，脚的步法，无论是行、走、绕、跑、蹲、跨、跳的动作幅度有多大，最终都以"丁"字步法落定。

从艺以来，杨国民及其师弟杨麻德日每年都会被上坪乡及附近乡镇请去参加祭祀或道场表演，深受当地群众欢迎。他和师弟还多次参加永安市的民俗展演，并于2007年获永安市民俗展演二等奖。在表演之余，他非常注重培养龙角舞的后继人才，倾心传艺授徒，其弟子陈如富、陈庆周已基本掌握了龙角舞说唱、动作等各方面的要领，使龙角舞在上坪得以传承。

严建华

严建华，1965年12月生于泰宁县新桥乡大源村，福建省非物质文化遗产项目泰宁大源赤膊灯代表唯传承人。

大源赤膊灯始于宋熙宁年间，相传是先人们根据生产生活用火现象感悟自创的一种灯。后赤膊灯间断了30余年，几近失传，直到1985年春，赤膊灯才开始有了生机，但它的资料、摆字、布阵方法已经没人会了。20世纪90年代后，严建华见祖上遗传的古俗就要消失，心中着急，于是他遍访村里老人，从他们的回忆和传闻中整理出了赤膊灯的历史沿革和活动方法，掌握了大量的原始资料。接下来他对赤膊灯的游行线路和摆字布阵做出了大幅度调整，力求恢复历史旧貌，自此大源赤膊灯传承得以发扬光大，活动更加有序。严建华既是队员，也是组织者和导演。20余年来，在他带领下，大源赤膊灯不断得到重视，多次参加了由县、乡等组织的非遗调演，参加了两届泰宁元宵民俗文化节"小城过大年"活动，2007年除夕赤膊灯被CCTV-1"一年又一年"节目作为福建省唯一的

特色民俗节目展播，2007年9月参加了CCTV-3"欢乐中国行"走进泰宁大型文艺活动，参加了傩舞队成立20周年庆和"大源傩"首届民俗文化节展演，参加了为期20天的福州三坊七巷非遗展和30天的泰宁非遗展。在历次活动中，大源赤膊灯演出近百场次，均获得高度评价，成为泰宁的又一张名片。

严建华在大源赤膊灯的恢复、传承和发展中功不可没。2009年9月，他本人被评为福建省优秀村级文化协管员；2011年7月，被三明市委授予优秀共产党员称号；2013年11月，获福建省最美乡村文化员提名奖；2014年1月，被评为三明市最美乡村文化员；同年2月，被评为泰宁县第二届优秀人才；2015年6月，被评为泰宁县最美非遗守望者。

吴可庭

吴可庭，1948年9月生，福建省非物质文化遗产项目永安"唱花"代表性传承人。

永安唱花属在劳动中产生的原生态民间说唱，以永安方言创作、传唱，一问一答，一唱一和，流传于永安大湖一带，至清中期，由迁徙至大湖新冲的闽南移民传承传播，又带有闽南高甲戏腔。永安唱花"花本"内容丰富，简单易记，涵括天文地理、季节农事、历史人文、技术发明、伦理道德等，演唱时间相对固定，一般只在正月初一至初五晚上举行。

吴可庭1976年得到祖父吴章树、父亲吴书灿和村里老一辈唱花师傅言传身教，较全面地继承了永安唱花行腔转调等说唱技艺和唱词编排传统，并传承了《起神花》《行路花》《六十甲子花》《盖房花》等几十首传统

"花本"，其演唱自然流畅，质朴地道，具有浓郁的乡土气息。目前，永安唱花的传承人员有所增加，由原先的5人增加至8人，但表演人员中最老的86岁，最年轻的也已59岁，吴可庭是新时期以来永安唱花在民间传承的中坚力量与代表人物。

吴可庭从事唱花30多年来，积极传承与传播永安唱花，弘扬民间传统艺术，丰富农村文化生活，并致力于唱花唱本的收集整理，现出版一集《唱花唱本》，还刻录一套DVD影像资料，多次参加永安市的民俗展演及文艺晚会演出并得到表彰。

王渭滨

王渭滨，1943年生于将乐，是将乐食闹音乐第三代传人，福建省非物质文化遗产项目将乐食闹音乐代表性传承人，已故。

将乐食闹是福建民间音乐中独特的品种，是研究中国民俗文化和民间音乐的重要材料。传承人王渭滨父亲王学诗是将乐食闹第一代传人，王渭滨聪颖，自幼随父学习食闹音乐，成为嫡传弟子。他吹拉弹奏样样精通，5岁开始随食闹乐队为喜庆人家演出，成年后更是热心社会公益性活动，自2001年起每年组织食闹乐队参加全县新春大拜年等群众文化活动。2007年扩大古镛镇食闹乐队，开展食闹音乐传习活动，现场为群众讲解食闹音乐常识，并即兴表演了有关器乐的演奏技巧，大大提高了广大群众对将乐食闹的了解和兴趣，平时也不计报酬地把技艺传授给食闹爱好者，经常应邀参加乡镇农村食闹队培训指导。他长期利用业余时间协助父亲培训弟子，至1965年共协助培养了弟子50多人。几十年来，王渭滨传授的弟子众多，其中熊木生、熊将元、熊祥成、熊木根、廖安当、宋求发、余基远、车德宜等学员在演奏技法上已相当成熟，是名副其实的第4代传人，这是他对于食闹音乐的最大贡献。如今他虽已年近耄耋，仍在为将乐县举办的非遗展演、宣传、为将乐食闹音乐的传承、保护与发展默默地奉献着。

陈丽风

陈丽风，三明市沙县人，1971年7月生，福建省非物质文化遗产项目沙县肩头棚代表性传承人。沙县西门幼儿园肩膀戏培训基地负责人，长期从事肩膀戏表演和小演员培训工作，获多项表彰。

陈丽风师从沙县肩膀戏艺术团资深艺人黄振，努力把沙县肩头棚的演出、传承工作做得有声有色。陈丽风大胆创新，有力地提升了肩膀戏的技艺，使小演员站在大人肩上，不仅能变化手上动作，还可以变化腿动作；使原来作为底座的大人不仅只走台步，还可以自如跑、跳、翻跟斗，让肩膀戏走向了专业化道路。其代表作品有《哪吒闹海》《薛仁贵做寿》等。

2007年，在陈丽风的主导下，正式在沙县城西幼儿园挂牌"肩膀戏艺术分团"，主要负责肩膀戏编排，对小演员进行基本功的培训。8年来，培养了一批又一批的小演员，参加各类演出百余场，并受到海内外各界人士的好评，为肩头棚的传承做出了贡献。

师徒同台

杨宗福

杨宗福，1954年7月生于尤溪县，福建省非物质文化遗产项目尤溪南芹小腔戏代表性传承人。

南芹小腔戏是在清嘉庆年间传入尤溪县新阳镇南芹村的，当地人余清福创办了庆隆班，从此，小腔戏就在南芹村扎下了根。杨宗福从13岁就在南芹文艺宣传队学习歌舞以及样板戏。1977年进入小腔戏剧团学习小生、正生等角色，他刻苦学艺，经常利用农闲时光，到村里戏台上练习，演技日臻成熟。他的演技极具个人特色，"虚拟表演"尤其拿手，尽管舞台上没有马匹、崇山峻岭、河流湖泊，没有狂风骤雨、似火骄阳，但是凭借他的虚拟表演，使观众如身临其境、大呼精彩。他在传承传统小腔戏剧本36个大本、108个折子戏曲目的基础上，自己创作的曲目有《赵玉村》《唐伯虎》《猪八戒撞天婚》等，成为尤溪小腔戏第12代传人。

1982年，杨宗福重建南芹小腔戏剧团并担任团长兼副导演，招收培养了多批学员，带班到大田、沙县等地巡演，克服资金不足等困难，积极筹资添置戏服、道具，保证了戏班的顺利演出。他着眼未来，建立"草根剧团"，在每年农历六月二十四日祖师爷生日那天招收新学徒，每周末免费教课，并亲自教授小腔戏戏谱，除此之外，还热心帮助外县、外镇传艺。近些年，每遇重大节庆，他带领的小腔戏剧团都会接到各乡镇邀请，到各地上演《满堂福》《赵玉林》《取盔甲》《穆桂英大破天门阵》《双桂图》等多部精彩剧本。他们把小腔戏文化在各乡镇推广，丰富了农村的文化生活，广受乡亲们欢迎。

精妙的虚拟

刘怀中

刘怀中，1942年生于将乐，祖籍福建闽清。福建省非物质文化遗产项目闽北南词（将乐）代表性传承人。

1962年秋，刘怀中开始师从将乐南词老艺人张文仪学习南词，是其关门弟子。他刻苦学习，除了能演奏、演唱将乐南词的传统唱本、唱段外，努力探索将乐南词这一传统艺术形式与现实题材相结合的路子。1964年，他创作的南词说唱《赵书记治水》，以新的表演形式登上了舞台，并大获成功，成为省、专区农村文艺汇演的佳作。1965年，被选送作为福建省代表队参加第五届"上海之春"音乐会，突破了此前曲艺南词仅限清唱和坐唱的形式，奠定了南词音乐表演新模式，并被省内很多地方效仿。"文革"期间，他仍坚持创作，利用为余坊、南口、高唐等公社文艺宣传队编写演唱材料之机传播南词。先后创作了《李宏志回村》《扎根记》《勇姑娘》《迎新娘》《半篮花生》等脍炙人口的作品，在闽北南词界影响深远。

杨怀中从艺几十年，几乎是单枪匹马地、手把手地培养了一批批从幼儿到花甲的南词传承人，并经常始终把培植新人放在心上。1983年后，连同师兄妹以传、帮、带的方式培养了新一代南词学员许锦昌、饶淑华、范新娟、杨秀珍等十几人，并经常带领他们参与社会公益活动，举办非遗展演，为将乐南词的传承、保护与发展做宣传，并鼎力促进"将乐县南词艺术研究会"的成立。1992年调省城工作后，仍每年数次返回将乐县，举办南词讲座或传授南词唱腔。2007年，刘怀中编写并出版发行了专著《将乐南词和食闹音乐》，对发展将乐南词、保护区域文化生态、发展民间曲艺、繁荣新时期的文艺创作、丰富

人民群众的文化生活有着重要的促进作用。在他的努力创编、传播、讲演影响下，将乐有《抢险英雄郑忠华》《路》《白条》《将乐美将乐乐》《李寄斩蛇》等作品相继问世。其中，少儿南词演唱作品《李寄斩蛇》分别获得福建省首届"丹桂奖"少儿曲艺大赛儿童组二等奖和全国第六届少儿曲艺大赛三等奖。在他的倡导和推动下，将乐县立足传承，开展南词进校园，进社区活动，推动南词曲艺传承，新人新作不断涌现，连续5年在国家、省、市曲艺比赛中获奖，《李寄斩蛇》《山无粮水无税》《程门立雪》连续斩获各级比赛荣誉20余项次，为三明曲艺事业赢得了荣誉。

指挥若定

范开梦

范开梦，1934年11月生于大田县，非物质文化遗产项目龙舞（大田板灯龙）福建省代表性传承人。

迎板灯龙习俗在大田流传至今已逾千年。元宵佳节前后迎板灯龙的活动遍及大田县18个乡镇，其中均溪镇玉田村板灯龙最长时达1700多节，蔚为壮观。

范开梦15岁就积极参与板灯龙的迎龙活动，熟练掌握了舞板灯龙技巧，20岁师从玉田村迎龙行会主持范冠万，学习板灯龙制作工艺和迎龙仪式主持，后每年游历全县各乡村，为当地制作板灯龙，同时吸收了各地竹编扎纸艺人的工艺经验，技艺日渐成熟，期间还拜师学习了大田花灯制作技艺。20世纪80年代初，玉田村、红星村范氏族人恢复了迎龙习俗，开梦担任迎龙行会的主持，从事板灯龙的制作和仪式主持，积极组织乡村大规模迎龙活动。他所制作的板灯龙工艺精湛，集绘画、剪纸、书法雕刻艺术和扎制编糊工艺为一体，尤其龙头的制作工艺相当复杂，是绝对的精品。开工时须先在一块木板上用竹片、竹篾扎成龙头的形状，糊上彩纸，画上鳞纹，配上宛如铜铃的龙眼、高挑张扬的龙角和一张一翕的龙嘴，缀上彩纸铰成的"龙须"，龙头内可点龙烛。一个龙头制作过程长达半个月，须和5个徒弟共同完成，制作好的龙头高达3米，气势恢宏，栩栩如生，通常要20来个精壮小伙子每班6人轮流合力执舞。龙身制作精巧，每节龙板与烛灯连成一体，游龙时，既像真龙在飞腾，又像万盏灯火在闪烁；12扇可拆卸的龙架组成3盏龙灯固定于龙榜上，每盏灯由两阳两阴4扇组成，每扇龙纸分里外两层，在烛光的照耀下一明一暗相互衬托，格外显眼，令观者拍案叫绝。

目前范开梦把目光和精力放在了后继者身上，他前后在本村收了5个徒弟，传授舞龙技巧和掌握主持迎龙仪式。他们分别是：范瑞钰，1963年跟随范开梦从事竹编及板灯龙制作；范承俊，1978年开始从事竹编及花灯制作，1986年学习板灯龙龙头制作；范初庆，1986年学习板灯龙龙头制作；范美双、范启凡，2003年学习板灯龙制作。现在，5个徒弟均能独立完成板灯龙的制作。同时，开梦还积极参与了一件非常有益的事，宣传非物质文化遗产的保护，常应邀到大田县实验幼儿园、大田一中、鸿图中学等学校，宣讲非遗保护的意义、板灯龙习俗的历史和制作的基本常识。

龙的威严

程　勇

程勇，1948年4月生于湖北省洪湖，福建省非物质文化遗产项目李寄斩蛇传说代表性传承人。

2008年，程勇从县越剧团退休后，应县文化馆邀请，着手"李寄斩蛇"传说项目的非遗申报工作。原本就十分喜爱与孩童们朝夕相处的他，一进入小小李寄的世界，即深深为之惊叹和入迷。他立足本土文化，拓展思路，从娃娃着手，把"李寄斩蛇"的故事在从课堂讲授引导向课外传播。通过评书、快板、客家讲古等多种曲艺形式，将"李寄斩蛇"的故事传播开来。

2014年，由程勇编导，县文化馆业余艺术团5名幼儿以将乐南词说唱形式表演的《李寄斩蛇》，在福建省首届少儿丹桂奖曲艺大赛上一举获得二等奖。之后，小演员们又在程勇老师的带领下，把这个优秀节目送上全国第六届少儿曲艺大赛的舞台。如今，年及七旬的程勇仍在为孩子们编剧、排练、演出，带领一拨又一拨的孩子们，从这个故事里寻找李寄，寻找中华民族熟悉的勇敢和自信。

古今的演绎

黎基求

黎基求，1942年9月生于泰宁县上青乡江边格上村，福建省非物质文化遗产项目泰宁上青古乐代表性传承人。

　　上青古乐从宋至今，已传承一千一百多年，传承方式以家族性传承为主，经过父子、兄弟代代继承，已至27代。黎基求从小随父辈进道场听道教音乐，13岁开始学习吹拉弹唱，稍长后帮父亲整理祖先遗留下民俗乐谱，历经20几年，完成近300首民间古乐。在搜集过程中，他考虑到工尺谱系古传记谱法，认为只有音符，没有音阶和节拍，不利于流传，便凭唱腔一句句转译，将170余首古乐译为简谱，并收集到古曲尺谱手抄本和记录本5本，整理编辑出版《泰宁道教和上青道曲》一书和编辑出版《上青古乐》专集。上青古乐节奏明快，乐汇完整，具有独特的旋律特征。以乐段结构为主，二段结构为辅的词曲结构，多样化的间奏类型，微调和五声音阶最多的调试音阶，五种核心腔汇组成的拱形旋律，使古乐具有独特的民族传统艺术和民间地方艺术特色，广泛用于民间民俗礼仪活动。

　　黎基求发起组织泰宁县"上青古乐"艺术研究会并任会长，积极申报非物质文化遗产项目。2008年11月，他当选为泰宁道教协会副会长；2015年，被评为县级十佳非遗守望者；2013、2014、2015年，他连续获年度文化改革发展工作先进者。

黄发杯

黄发杯，1922年8月生于永安槐南，福建省非物质文化遗产项目杂剧作场戏（永安）代表性传承人，已故。

杂剧作场戏是由北宋年间来槐南定居的何氏和黄氏家族传承下来的一种传统戏剧。黄发杯生长于槐南作场戏世家，12岁开始在父亲黄长增和师傅黄家张的口传身教下学戏，从最初演田公师傅，到现在成为杂剧作场戏的总顾问，从事作场戏演艺历经84年，是当今槐南镇作场戏最年长的代表性人物，是作场戏角色、服装、动作、道具及表演技艺最熟悉的传承人。从20世纪50年代初，他即主持每年的演出事宜，并带徒传艺，经他培训的徒弟达40多人，这批徒弟均成为作场班的骨干，作场戏中的27个角色都有他教的徒弟。"文革"期间，作场戏被禁演，为了保护祖宗留下来的这份文化遗产，他和部分作场戏里骨干协商，秘密保护作场戏场本。"文革"结束，为保护作场戏，黄发杯奔波于政府和文化部门，引起政府重视，在相关部门支持下，作场戏很快恢复演出。此后他带领弟子班走出槐南镇，四处演艺。2012年，他作为全场最高龄的演员亮相在福州南戏交流研讨会的展演活动上，并成为座谈会的特邀嘉宾和学者们一起交流作场戏，为中国宋杂剧遗响的研究，提供了活态资料，让戏剧瑰宝更好的得到保护与传承。他的事迹和演技，得到与会专家们的一致称道和赞扬。

弟子班

廖国衡

廖国衡，1932年生于大田县，福建省非物质文化遗产项目杂剧作场戏（大田）代表性传承人。

大田朱坂村宋杂剧作场戏又称丰场戏、阔公戏，其演剧组织、制度、出目及演出形态保留许多宋代杂剧文化特征。廖国衡为大田杂剧作场戏第14代传承人，10岁师从父亲学习杂剧作场戏，几年专心致志，熟练掌握了杂剧作场戏的角色、唱腔和演出形式。"文革"期间，杂剧作场戏被迫停演，相应的道具、剧本等均被损毁，廖国衡偷偷藏下了1930年廖法昌抄本《丰场总纲》，为杂剧作场戏留下了不可多得的珍贵资料。1981年，在他的全力推动下，朱坂村恢复了杂剧作场戏的演出，由原来的每10年一次，改为5年一次。廖国衡在积极组织演出活动之余，还亲自授徒，为朱坂村栽培出多名精通杂剧作场戏演出的多面手。2017年入选三明市非遗项目代表性传承人的余家金，就是他的徒弟。

为杂剧配乐

陈振云

陈振云，1986年4月生于福建将乐，福建省非物质文化遗产项目将乐大南坑陶瓷烧制技艺代表性传承人。

将乐在宋代之后曾经是我国重要的陶瓷生产地，"陈记柴窑"正是这一历史的见证。陈振云生长在大南坑陈氏陶瓷世家，从小就流露出对陶瓷烧制的独有灵性。刚刚10岁，尚未脱离孩提时代的稚嫩，他却早早地开始了跟随父亲——大南坑陶瓷烧制技艺老师父陈克余的学艺之旅。宋、元时期开始至今的大南坑古柴窑，随着时代变迁，绝大多数已渐渐被废弃，只有"陈记柴窑"的主人依旧保留着完整的传统陶瓷制作技艺。该窑的家族传承历史可自当前的第十代上溯至第一代的陈世起，从清朝乾隆年间传续至今已有300余年历史。

2014年，陈振云毅然离开美丽海滨城市厦门，一头扎进大南坑的深山里。随着将乐陈记柴窑陶瓷发展有限公司的创办，和鼓山签订万佛塔协议并开始制作青白釉佛像，大南坑的窑火越烧越旺。

钻研精进的陈振云掌握了采石制泥、淘炼泥土、炼灰配釉、制造匣钵、圆器修模、圆器拉坯、琢器做坯、采取青料、炼取青料、印坯乳料、圆器青花、制划琢器、施釉吹釉、旋坯挖足、成坯入窑、烧坯开窑、圆琢洋彩、明炉暗炉等一整套完整的古代柴窑陶瓷制作工艺。不仅如此，他还掌握了完全依赖人工来控制温度，烧制柴窑"鸭蛋青"陶瓷作品的技法。

投入的研习，换得成果斐然。2015年，陶瓷产品成功在莆田工艺美术城展出，获第10届中国海峡工艺品博览会银奖、铜奖和2个"百花奖"优秀奖。2016年，作品《虎口立把倒流壶》获得海峡工艺博览会金奖，《精雕十八罗汉》获得百花奖银奖。2016年，陈振云被推荐参加中国美术学院举办的中国非物质文化遗产陶瓷制作培训班，学习期间，他制作的作品，受到众多专家、教授的肯定。

学艺乃有源，传艺更不断。陈振云在自我学习和完善的同时，不忘谋划着古老陶瓷烧制技艺传承的明天。2017年他把讲座学习带进了中小学生课堂。在县委、县政府的重视、支持下，他与将乐县职业中专学校合作创办了陶瓷专业，计划招生授徒，学习陶瓷烧制技艺。

在2017年底的第十届海峡文博会——海峡工艺优秀作品奖评选中，振云制作的《孔雀东南飞》橄榄壶获金奖，并获得专家评委和客商的广泛好评。

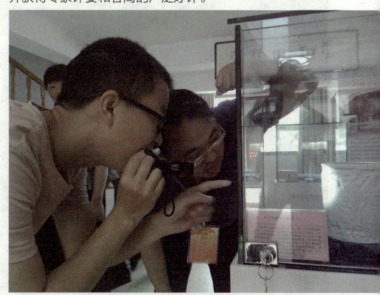

细微处

邱恒勇

邱恒勇，1979年4月生于宁化县，福建省非物质文化遗产项目木活字印刷术（宁化）代表性传承人。

邱恒勇的家族为木活字印刷修谱世家。邱氏印刷修订谱牒旧时在宁化曾享盛名，邱恒勇太叔公邱爵金为当时修谱名家，祖父邱位山传邱炉明，邱炉明传邱恒勇。1994年，邱恒勇师从父亲邱炉明学习木活字印刷术，24岁继承父业独立接单修谱，堂号"文林堂"，主修曹坊、治平、城南、安乐等南路一线族谱，为宁化目前仅存的依赖木活字手工技艺为主业的年轻谱师。邱恒勇秉承家族优势，能够熟练掌握修谱中理稿、检字、排版、校对、切纸、刷印、打圈、划支、填字、分谱、折谱、打孔、下纸捻、装线、封面、装订等10余道工序，能独立承担完成整个木活字印刷修谱流程。所刻木活字以新宋体为主，笔画整齐、刚劲，用刀干净、利索，印刷墨色浓淡适度，无杂丝、无染墨，迅速快捷。书本装订美观大方。曾参加过2010年三明市林业博览会、2011年厦门海峡两岸文化博览会等展出，受到多方媒体的关注和报道。

赖庆发

赖庆发，1949年10月生于明溪县，福建省非物质文化遗产项目宝剑锻造技艺（明溪）代表性传承人。

赖庆发独钟金属锻造技艺，几十年间，亲手铸造剑器无数，并创立了"闽王牌"宝剑，其本人与作品获得了诸多奖项和荣誉。2014年11月，他获三明市人民政府授予"首届三明市工艺美术大师"荣誉称号；2015年11月，获福建省工艺美术学会授予"福建省民间工艺大师"荣誉称号。2013年10月，作品"闽王牌"黑檀、金刚重剑获第六届海峡（厦门）文博会银奖；2014年庆发剑器作品——百炼金刚重剑获第49届全国工艺品交易"金奖"；2014年11月，"闽王牌"宝剑获第十届（三明）海峡两岸林博会金奖；2014年10月，"闽王牌"双槽花梨汉剑获三明市工艺美术大师作品银奖；2015年11月，"闽王牌"卧龙剑获中国（安溪）家居艺博会"匠心杯"金奖。从2013年开始，他连续参加省、市、县非遗宣传日、周、月活动，并每年开展4次传习活动，授徒15名，让自己终生精研的锻造技艺后继有人。

传 艺

谢武秀

谢武秀，1960年7月生于福建将乐，福建省非物质文化遗产项目福建客家擂茶制作工艺（将乐擂茶制作工艺）代表性传承人。

谢武秀自小随外公外婆生活，外婆是擂茶能手，她7岁就成了外婆擂擂茶小帮手，熟知擂茶制作过程中的每一道步骤，就连和小伙伴玩游戏也都是"擂擂茶"，因此养成了几十年的擂茶制作经历。

谢武秀的擂茶制作不但手法娴熟、舒展，还熟悉掌握民间应季草药配方，经她制作的擂茶观感、嗅感、口感俱佳。她不仅热衷擂擂茶、喝擂茶，还特别喜爱擂茶习俗演变的擂茶文化，例如擂茶歌谣、擂茶舞蹈和擂茶广场舞等等，积极参加省市县级部门组织的擂茶交流、展示、比赛等活动，活脱脱的一个擂茶痴情者，因此，她多次受县里的安排参加海峡两岸（厦门）文化博览会擂茶制作展示，

参加由国家林业局、福建省人民政府共同主办的第六届、第十届"海峡两岸林业博览会——将乐专场"擂茶制作以及文艺表演。2014年8月，她参与指导、表演的健身舞《敬上客家幸福茶》在省、市音乐舞蹈节广场舞比赛中获得诸多奖项。近年，她将多年擂茶制作展示和擂茶文艺作品表演的心得体验，编创了一套擂茶健康保健广场舞，把保健茶饮和保健锻炼有机结合。这是对客家擂茶文化的巧妙解读和应用，所以，2017年在将乐县第十届"玉华洞杯"擂茶风情展演暨客家擂茶制作技艺传承人选拔大赛中，她获得了她应得的荣誉——大赛金奖。

揉出风情

黄茂生

黄茂生，1949年10月生于泰宁县大田乡大田村，非物质文化遗产项目泰宁大田蚯蚓灯三明市代表性传承人。

泰宁大田蚯蚓灯起源于明初，至今已有600余载。因桥灯板易连易拆，非常适应山区地形崎岖的特点，在闽浙赣一带边界山区广为流传。黄茂生掌握并承载了系统的蚯蚓灯、走马灯的知识，熟练掌握蚯蚓灯整套的制作工艺，加上40多年的灯具制作经验，便成了蚯蚓灯制作的领头羊。他通过口传心授方式，让蚯蚓灯这一古老工艺绵延不断，得以传承。每逢春节，他积极组织举办灯会，以街市为闹灯平台，十里八乡村民云集赏灯，热闹非常。2000年后，独具特色的蚯蚓灯连年在三明市和泰宁县电视台播放；2007年正月初五，黄茂生率队赴县会演，得到县政府奖励；当年元宵期间海峡卫视记者慕名前来专访，并在海峡卫视做过多次报道。2015年6月，泰宁县委宣传部和县文体广电出版局举办"最美非遗守望者"活动，黄茂生获得"最美非遗守望者"光荣称号。

黄秀凤

福建客家擂茶制作工艺（将乐擂茶制作工艺）项目代表性传承人，已故。

巫财旺

巫财旺,1962年2月生于清流县,非物质文化遗产项目嵩溪豆腐皮传统制作技艺三明市代表性传承人。

　　嵩溪豆腐皮制作始于清嘉庆六年,经过几代人的摸索,产品日臻完善,是家居与宴席之佳品。巫财旺生长在豆腐皮制作世家,其技艺自先祖一路传下,直到他这一辈,再由他传给巫根稳、陈林妹等5名徒弟。除此之外,他还把技术无私传授给乡亲们,带动更多的人发家致富。财旺认识到市场经济竞争激烈,想要提高经济效益必须改革创新,他大量查阅有关资料和书籍,进行多方探索实践,在保持传统技艺的十二道工序制作方法不变的情况下创新改进生产设备。新的设备制作的豆腐皮不但产量大增,外观更好,色泽鲜艳、口味不变,增强了市场竞争力,提高了经济效益。村民的收入多了,自信心更足了,由此带动了更多的村民加入制作队伍。

　　1998年,国家工商总局注册了"嵩溪"牌和"康尔利"牌豆腐皮商标,以公司加农户的模式,产品销往全国各地。2000年12月8日,嵩溪豆腐皮获福建省"名特优"新农产品展销会金奖;2006年11月8日,获第二届海峡两岸(福建三明)林业博览会金奖;2009年,经国家质检总局批准为"中华人民共和国地理标志";2016年6月10日,参加福建省文化遗产日三坊七巷展示活动。

传帮带

叶礼行

叶礼行，1934年生于明溪县胡坊镇胡坊村，非物质文化遗产项目明溪胡坊茶花灯三明市代表性传承人。

叶礼行从小喜欢热闹的民间风俗，最乐于参加的是元宵节迎花灯。喜欢引发兴趣，十几岁起他就开始了花灯生涯，掌握了一整套茶花灯制作技艺，经他之手制作的茶花灯造型美观大方，风格独特，获得了乡亲们的赞赏。每年元宵前后，他都早早地投入游灯活动的准备事宜，开始主持村民花灯队伍的组织，对茶花灯游园活动的流程进行把关，并亲任花灯游园活动评委，对参加游园活动选送的茶花灯进行评选，是群众认可的民俗活动组织者。

叶礼行是个热心人，常利用农闲时间向人们宣传茶花灯历史，介绍游园活动流程，很受欢迎。胡坊镇政府为保护非遗项目，鼓励民间传承，特地在镇中心小学为他开设非遗公开课，请他登台讲解茶花灯制作技艺，让乡亲们和孩子们了解非遗保护的重要意义。他也不辞辛苦，口传身教，培养了一批茶花灯制作民间艺人，让胡坊茶花灯的制作后继有人。

邹建宁

邹建宁，1963年4月生于连城县四堡，非物质文化遗产项目木活字印刷术（宁化）三明市代表性传承人。

邹建宁1978年师从邱位山、杨日升等学习修谱，能熟练掌握刻字、印刷等流程，曾主修湖村、泉山一路，至20世纪90年代末停止，改行从事印章雕刻、根雕等行业，然印刷技艺未辍，偶也接修族谱。他印刷技艺娴熟，尤其是刻字功夫为一绝，所刻字灵动古雅，并且能够临刻颜真卿体、柳公权体。他熟练掌握修谱中的所有工序，且心灵手巧，自学能力较强，广纳博采，在木活字刻制中加入书法、绘画、雕刻等美术元素，触类旁通，使刻字技艺

突飞猛进，具有较高的工艺美术价值。他曾接受过中央电视台、福建综合频道《发现档案》栏目、东南卫视《东南瞭望眼》栏目、福建教育频道等多家媒体的采访报道，先后参加过深圳文博会、北京中华民族艺术珍品文化节展、厦门海峡两岸文博会等展出。2014年至2015年，分别随中国木文化协会赴美国、土耳其参加木文化交流活动，受到各方媒体广泛的关注。

林正棠

林正棠，1947年生于三明市三元县，非物质文化遗产项目三元龙船歌三明市代表性传承人。

三元龙船歌是三元乡民在端午节划龙舟时，用方言集体咏唱的歌曲，迄今已有300多年历史。林正棠少年聪慧，跟随龙船击鼓手和龙船歌手的父亲，学唱龙船歌，并形成了自己的演唱风格，成为出色的击鼓手和龙船歌演唱者。40年来，每逢端午节前后，他都参加龙船竞赛的有关活动，并组织起20多人的龙船歌咏唱队。那激昂雄浑的乡音，飘荡在沙溪河上，多少过往的行人驻足聆听、观看，共同感受这强烈的拼搏精神和浓厚的客家风味。近年来，三元的龙船歌表演获得了不少赞誉，2009年接受三明电视台的采访并播出；2010年参加梅列区主办的非遗表演赛获优秀奖；同年9月参加三明市客家山歌表演赛获第三名。更为可贵的是，林正棠近年来收集整理出三元客家的文史资料及民歌，编印成册，并开始培训徒弟，让龙船歌世代相传。

擂起激情

黄　振

　　黄振，1963年3月生于浙江省嵊州市黄泽镇，非物质文化遗产项目沙县肩头棚三明市代表性传承人。

　　黄振在担任沙县肩膀戏艺术团团长期间，除负责艺术团日常事务外，倾心肩膀戏的剧目创作，创编了《花子过关》《小放牛》等十几部优秀剧目。其中，参与编排的肩膀戏《猪八戒巡山》参加全国第五届民间艺术节获金奖，2005年编排的肩膀戏《小姑贤》参加福建省第二届社区会演获表演奖，2007年《小姑贤》参加福建省侨联系统第四届"国税杯"文艺调演获二等奖，2008年编排的肩膀戏《悟空再闯蟠桃宴》参加海峡两岸民间艺术邀请赛获金奖。平时，她注意抓肩膀戏的演员培训工作，发挥自身的表演功底，为艺术团培养了一批肩膀戏演员。因工作得到认可，多次被评为先进个人、优秀党员和优秀指导老师。

范瑞钰

范瑞钰，1942年4月生于大田县，非物质文化遗产项目龙舞（大田板灯龙）三明市代表性传承人。

范瑞钰18岁即师从范开梦，学习板灯龙制作工艺，多年苦心孤诣，刻苦钻研板龙制作的每一细节，所谓熟能生巧，制作出来的板龙工艺精湛，形态精美绝伦。除此之外，他还潜心学习迎龙仪式主持，并熟练掌握了舞龙技巧。20世纪80年代初，玉田村、红星村范氏族人恢复了迎龙习俗，瑞钰与范开梦、范初选负责板灯龙龙头龙尾的制作，并积极参与迎龙活动，在迎龙整个过程中起主干作用。其后，他每年正月初九即开始投入板龙制作，日夜兼程，持续到正月十五。十五后迎龙开始，他紧接着又站到了舞龙队伍的前头，进行仪式主持，近年来组织了多次乡镇大规模迎龙活动。现在，他又把目光转向年轻人身上，积极鼓励他们参与板灯龙技艺的传承，让祖宗先人留传下的宝贵遗产后继有人。

胸有成龙

温道双

温道双，1968年2月出生于大田县，非物质文化遗产项目龙舞（大田板灯龙）三明市代表性传承人。

温道双学习板灯龙相关技艺始于20世纪80年代，30多年来不离不弃，始终在不断探索、学习之中。功夫不负有心人，他的板灯龙制作技艺日益精湛，制作的龙头龙尾神态逼真，令人称赞。3米多高的板灯龙龙头工程浩大，每年的正月初十到十五，他便与其两个兄弟，放下农事家务，全身心投入板灯龙的制作中去。待到龙头龙尾制作大功告成，他又投入迎龙舞龙活动中去，以他娴熟的技巧把板灯龙舞得神灵活现。目前，他正着力挖掘培养新人，让板灯龙这一国家级非遗项目实现有序传承。

杨 诚

杨诚，1951年11月生于福建省将乐县，非物质文化遗产项目将乐食闹音乐三明市代表性传承人。

在将乐流传近百年，根植民间，每当逢年过节、迎神赛会、喜庆欢乐或丧葬仪式，将乐的食闹音乐总有一席之地。杨诚主动担起食闹音乐领头人的担子，近如城区的新华村、解放村，远至县郊的张公村、玉华村，他进村入户联络队友，苦口婆心地动员他们参加活动，逢需要表演的场合，他发动队员们自主集资购买服装，参加表演。在他的坚持下，一个古老而又新鲜的队伍悄然站立起来，随之而来的是"请食闹"这一将乐当地重要的民间习俗，又回到人们的视野。这支崭新的食闹乐队十分具有人情味，红白喜事有请必到，一年下来出场活动近70余场。杨诚擅长演奏唢呐，不管是喜庆的《将军令》《闹长沙》《得胜令》，还是丧葬的《天开门》《金钮丝》，食闹乐队有了唢呐，就有了热闹劲儿。

随着古镛民间食闹乐队的创立和运行，这支队伍越来越多地活跃在公共文化服务的舞台上。新春佳节来临，八方宾客莅临，这支队伍热热闹闹的音乐声就回荡在街头巷尾。

扬声博览苑

黄圣君

黄圣君，1965年6月生于永安，非物质文化遗产项目杂剧作场戏（永安）三明市代表性传承人。

口授

1979年，槐南作场戏在蕴酿恢复时期，黄圣君时值14岁，即师从杂剧传人黄发杯学戏。师傅发现他有表演天赋，18岁时就让他演作场戏中的重要角色——判官，21岁开始担任"太白金星""五海龙王"等许多角色，很好地承接了老一辈作场戏师的技艺，让观众领略到古杂剧的风采。

黄圣君担任杂剧作场戏剧团副团长后，除了诸多行政工作外，还坚持带徒授艺。多年来，靠着对作场戏的挚爱，不畏艰辛，他亲自带出了黄生新、黄书旺等十几个徒弟，使这一历史悠久的剧种不仅得以延续，而且有新子弟的不断加入而焕发新的活力。福建省专家发现并挖掘作场戏这一宋代杂剧遗存后，他积极做好作场戏史料和演出资料整理以及唱腔的录音，配合专家对作场戏进行论证，为杂剧作场戏的保护与传承，做出实质性的贡献。

近年，槐南作场戏名声在外。2012年6月，参加福建省杂剧与南戏学术研讨会展演；2013年元宵，参加永安市豪门御景文体休闲广场非物质文化遗产展演；2015年2月，应波兰TVP电视台拍摄《中国之行 魅力福建》专题片之邀录制作场戏；2017年，参加第二届安贞（中国）古银币研讨会暨安贞旅游文化艺术节演出。

余家金

余家金，1968年生于福建省大田县，非物质文化遗产项目杂剧作场戏（大田）三明市代表性传承人。

　　大田杂剧作场戏又称丰场戏、阔公戏，传承所在地在大田县朱坂村，其演剧组织、制度、出目及演出形态保留许多宋杂剧文化特征。余家金1981年师从杂剧作场戏传人廖国衡学戏，几经磨炼，掌握了杂剧的角色、唱腔、演出形式，逐渐成为精通杂剧作场戏演出的多面手，对杂剧作场戏的各种角色均能饰演，同时熟练掌握作场戏的各种仪式、礼俗。近年，余家金等新一代传承人积极配合政府文化部门开展文化遗产的保护，进一步挖掘杂剧作场戏这一宝贵遗产，积极参与大田民间戏曲展演等活动，配合福建电视台综合频道专题片《戏闹新春》的录制。2012年，朱坂杂剧子弟班到福州参加了福建南戏、杂剧展演，得到了国内戏剧专家的肯定。

宁建设

宁建设，1951年8月生于福建建宁，非物质文化遗产项目建宁龙头宜黄戏三明市代表性传承人。

　　明嘉庆四十年（1561），抗倭名将谭纶从浙江台州带来"海盐腔"戏班，宜黄戏随之传入建宁，并深受建宁人的喜爱，明末，建宁开始有了自己的剧种——建宁宜黄戏。宁建设 1974 年拜师学习宜黄戏，3 年后开始从事宜黄戏表演。除演出外，1994 年他招收村里爱好戏剧的年轻人跟随他学艺，师徒经常受邀到周边地区演出或参与社会公益性活动。2008 年后，建宁宜黄引起越来越多乡亲的兴趣，宁建设带着戏班参加了建宁县首届农村文艺汇演、建宁县"第二届民俗文艺调演"、三明"非物质文化遗产"展示和"文化三下乡"公益巡演。期间，多次到学校进行表演及传授活动。2008 年，参加建宁县首届农村文艺汇演活动，获三等奖；2015 年，参加三明市"非物质文化遗产节"展示，获优秀奖；2016 年，参加福州"6·11非物质文化遗产"表演活动，获优秀奖。建宁宜黄戏路子正越走越宽。

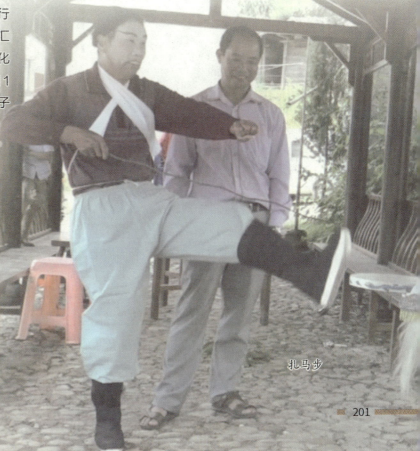

扎马步

古戏台的今天

邓建华

邓建华，1962年4月出生于沙县，非物质文化遗产项目沙县盖竹小腔戏三明市代表性传承人。

邓建华从小刻苦，跟着戏班边学戏边外出演出，随戏班走遍邻近村子和三明的碧溪、长溪等地，参演了《锁阳城》《双虎山》《天水关》《郭子仪拜寿》等众多传统剧目，积累了一定经验。学成之后演技娴熟，常在剧中扮演大花、二花、三花、副生等多行当，并掌握了二胡、唢呐、笛子等后台所需器乐，成为戏班多面手。此外还得父亲秘传，学会了老戏班在演出前的请神、安神、净坛、净台以及演出结束后的谢神、送神等法事科仪。

邓建华37年来坚持钻研小腔戏艺术，从事小腔戏演出和传授。目前他作为戏班第5代师傅，热心收徒传艺，在盖竹村两委和富口镇文化站的协助下，积极推进小腔戏的继承和发展，促进小腔戏在传承中创新，在创新中繁荣。

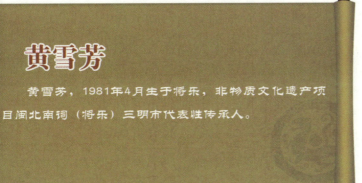

黄雪芳

黄雪芳，1981年4月生于将乐，非物质文化遗产项目闽北南词（将乐）三明市代表性传承人。

南词八韵是流传于将乐的曲艺艺术。教育工作者黄雪芳在文化馆领导的鼓励下，师从南词老艺术家刘怀中，投入将乐南词的学习、传承及活动的组织工作，相继于2011年指导了南词新创作品《将乐美》《将乐乐》《吉祥歌》，一举登上了中央电视台少儿频道"风车大舞台"栏目；2014年，指导少儿南词说唱《李寄斩蛇》荣获全国第六届少儿曲艺大赛三等奖；2015年，指导南词说唱《山无粮、水无税》获得福建省"丹桂奖"曲艺大赛创作奖、新人奖等奖项；2016年，指导将乐南词说唱《山无粮、水无税》获得福建省第二届少儿"丹桂奖"曲艺大赛节目奖三等奖和演员奖三等奖；同年，代表福建省参加第七届全国少儿曲艺展演。将乐南词新作、新人不断涌现，与她的努力密不可分。

2017年5月，雪芳带领实施了为期3个月的"我是南词小传人"南词进校园活动，全县参与活动学生逾万人，30个节目参加展演，全县中小学、幼儿园不仅集体学习将乐南词、小调，气氛热烈，蔚然成风，同时也涌现出一批南词曲艺新苗，取得了可喜的成果。

诲人不倦

巫松根

巫松根，1981年2月生于宁化县城郊乡九柏嵊，非物质文化遗产项目木活字印刷术（宁化）三明市代表性传承人。

松根2006年师从"文林堂"邱恒勇学习谱牒修订技艺，从而熟谙木活字印刷流程，至2012年已独立掌握所有刻印、装订等核心技术，主修曹坊、治平、城南、安乐等南路一线家族谱牒。2006年于清流县董家岭董氏宗祠修订董氏族谱11房68本，历时8个月；2008年于宁化县曹坊乡双石村修订童氏族谱7房49本，历时8个月；2010年于宁化县曹坊乡双石村修订夏氏族谱8房96本，历时11个月。2011年，和师父邱恒勇于宁化县城关成立"文林堂木活字印刷作坊"，除了承接传统的谱牒修订业务，另兼经营电商，从工艺美术的角度另辟蹊径，拓展了木活字印刷术的另一块市场。2013年，应召宁化县文体广电出版局，参与建设木活字印刷术展示厅，从事谱牒修复、木活字工艺品制作、活字文创电子商务等相关传承推广工作。

蔡和书

蔡和书，1960年8月生于尤溪，非物质文化遗产项目尤溪桂峰黄酒酿造技艺三明市代表性传承人。

尤溪桂峰黄酒酿造技艺至今已有700多年历史，在现代工业浪潮的冲击下，是为数不多的运用传统工具和纯正手工酿造的佳酿美酒。蔡和书17岁随长辈学习桂峰黄酒酿造技艺，40年来，一直以酿酒为业。他自幼勤劳刻苦，善于钻研，凭着师傅的教导和自己的领悟，他能够精确地判断糯米、红曲、水质品质的好坏，对酿酒温度、时机、比例掌握得十分精准，成为福建黄酒酿造行业远近闻名的酿酒大师。桂峰黄酒酿造技艺传承到蔡和书这一代已是第30代了，是我省为数甚少的仍然遵循着古法，使用传统工具，采用手工艺酿酒的技艺。虽然现代工业发达、信息发达、很多方法也在互联网上传播，但酿酒过程比如蒸、晾、揉、入坛、调曲、发酵、榨酒、炆酒、封坛，仍需言传身教及长期摸索，不能急功近利地盲目使用现代化工具，而这正是桂峰黄酒酿造技艺的魅力之一，也是吸引蔡

和书40多年来为之着迷的原因。

为了将这一体现中华民族传统文化精髓的技艺保护、传承和发扬下去。蔡和书鼓励村民种糯米、多酿酒、酿好酒。他带着自己酿造的"蔡岭坊"红酒，到浙江、江苏、龙岩、南平、台湾等地参加各种展览。"蔡岭坊"酒也是尤溪县朱熹公祭大典唯一指定用酒，并作为三明市传统技艺的代表，参加全省非遗技艺展示。此外，蔡和书还应邀赴台湾，为台湾蔡氏族亲介绍祖传酿酒技艺。

蔡和书不忘初心，秉承古法，立志将这一传承酿造工艺传承下去。桂峰农庄现已有酿酒师3名，固定学徒5人，他的儿子蔡文明也为他的这一份坚持所感动，放弃了在大城市优厚的待遇，回到这个小村，拜父亲为师，秉承国酒之魂，承载匠人之心，致力于将这一中华民族传统文化精髓的技艺一代代传承下去。

姜历山

姜历山，1949年1月生于永安市贡川镇集凤村，非物质文化遗产项目永安贡川官丸烧麦宴三明市代表性传承人。

官丸烧麦宴是从明代至今流行在永安市贡川镇的一种传统饮宴风俗。姜历山26岁退伍回家乡，便拜官丸烧麦宴名厨廖茂成师傅学习制作宴席，第一年主要学习了选材，27岁开始学习刀功和食材选料，28岁学习蒸炒卤煮炸的技术和火候的掌握及装盘。他在廖茂成师傅的精心传教下，经过五年的系统学习，基本掌握官丸烧麦宴全席的制作并出师。为了更精确地把握官丸烧麦宴各道菜肴的特色精髓，在出师后3年里每当制作官丸烧麦宴全席时，历山总是请廖师傅在一旁，从选料、配料、刀工、火候的应用等都一一监督。

姜历山承上启下，以保留传统风味不变为根本，利用现代炊具及佐料，让官丸烧麦宴的烹制从时间上更科学。通过个人努力，近几年来，姜历山为当地村民的升学、做寿、满月庆生以及永安市笋竹节、各级电视台、新闻媒体的来访等制作了大量的官丸烧麦宴席，并参加历届永安市笋竹节活动和香港凤凰台节目录制、台湾脚逛大陆节目录制、播出，还接受中央电视台二套《走遍中国》栏目的录制、播出以及福建东南电视台节目录制、播出。2006年，编写八闽奇宴《官丸烧麦宴》宣传册，并协同《贡川古韵》一书记载官丸烧麦宴，积极做好官丸烧麦宴的宣传，更好地做好传承与保护。

烹制烧麦

林祥康

林祥康，1952年12月生于福建省长乐市，非物质文化遗产项目宫廷金银器制作工艺三明市代表性传承人。

林祥康祖父林良臣是清末宫廷金银造办处员工，回乡后即把工艺传给其子林发炳，再传子林祥康。林祥康渐渐爱上了这门祖传手艺，1949年以来，他默默地坚守着父辈留下的手艺，潜心研究金银器制作，成品愈加精美。在三明市工艺美术协会极力推荐下，林祥康第一次将自己的作品参赛，《盛世腾龙》在"创新杯"福建工艺美术大赛中获得金奖，《镂空银薰香球》系列在"争艳杯"福建省工艺美术精品大赛上获得银奖，《唐韵酒壶》获中国工艺百花奖银奖，还有银鎏金薰香炉、薰香球入选第九届韩国清州国际手工艺双年展中国馆展。目前，林祥康是运用全手工制作金银器的工艺师、中国工艺美术协会会员、福建省工艺美术协会理事。

器之华贵

朱建明

朱建明，1975年5月生于永安，非物质文化遗产项目永安小陶八一龙灯三明市代表性传承人。

八一龙灯是八一村张坑朱姓裔孙于清乾隆年间所创的迎龙民俗。朱建明从小深受朱氏家族文化熏陶，对八一龙灯兴趣颇深，15岁师从父亲和制灯好手朱昌仰、朱光木。在他们精心栽培下，他从选竹子、破竹篾、擞造型、扎杜麻、做龙头、画龙袍等各种制作工艺以及龙珠、龙头、龙身、龙尾的技术技巧进行了系统学习，并全面掌握了舞龙灯的11种套路。2006年开始接手龙灯队事务后，他召集村里青壮年后辈，亲自传授父亲那里学到的民俗技艺。在传艺过程中，为了使八一龙灯更好的保留原样，建明力求自己做到两点：一是对每一位子弟耐心地、不厌其烦地教练，使其达到合格为止；二是在每次授徒传艺中，亲身示范使永安小陶八一龙灯表演套路能原汁原味地传承下来。

如今，作为永安小陶八一龙灯队队长的他，不仅能组织安排好各类大型民俗活动，还积极配合政府部门组织的各类民俗文化展示、民俗文化拍摄，在保护、传承上做出了重大贡献。

朱建明艰辛的授徒培养出了一支优秀的舞龙队伍，他带着这支队伍，把八一龙灯舞向外面的精彩世界。1988年春节，他们在三明市首届舞龙灯比赛获得一等奖，同年参加福建电视台"88年春节同乐晚会"。他们还参加电视剧《闽中魂》的拍摄，参加永安市首届笋竹节开场节目，让更多的专家了解小陶民俗文化，让朱氏九节龙民俗，得到更好地保护与传承。

黄集良

黄集良，1944年9月生于永安小陶，非物质文化遗产项目永安小陶竹马灯三明市代表性传承人。

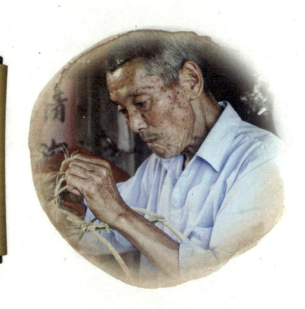

竹马灯是小陶黄氏家族在春节期间自娱自乐的民间习俗，已流传300多年。黄集良生长于竹马灯制作世家，8岁就在其父亲黄圣水的口传身教下学习竹马灯制作，13岁掌握了灯骨架编制和裱纸等基本技术，之后继续学习扎马头、剪纸、鼓经等，在同龄人里成为竹马灯制作工艺的佼佼者。1990年，年迈的父亲将竹马灯民俗活动的组织移交给他，不久，他开始收徒、授徒，村中后辈黄树森和黄天长就是他培养的后起之秀。他们从毛竹处理、编制、糊纸、上画几个过程都深得集良的技艺真传，做出的竹马灯栩栩如生，如今，出师的徒弟们已能独挡一面，分担他的工作。黄集良每年正月初一均召集徒弟们制作竹马灯，初五、初六开始在各村进行游竹马灯的民俗活动，通过活动影响周边村民。现在村里已有十几户能制作马灯，每年竹马灯数量不断上升，竹马灯民俗活动越来越壮观。2013年春节，集良应永安市文体局邀请，参加豪门御景广场非遗文化展示，现场制作竹马灯，并接受过多家媒体的采访，让更多的人知道黄氏家族的竹马灯文化传统，让中国的民间瑰宝得到更好地保护与传承。

刘昌汀

刘昌汀，1953年10月生于永安小陶，非物质文化遗产项目永安小陶二十八宿花灯三明市代表性传承人。

永安小陶二十八宿花灯是缅怀汉光武帝刘秀麾下的"云台二十八将"，为小陶刘氏家族世代相传的民间习俗。刘昌汀从小受家族历史文化的影响，对刘氏家族独有的二十八宿花灯情有独钟。1985年随主事的父亲刘瑞如，参加二十八宿花灯的筹备和表演活动。由于制作工艺复杂、队伍庞大、耗资甚巨，加上刘氏家族居住分散，1986年后活动被迫停止了30年之久。刘昌汀深知二十八宿花灯对于刘氏家族的历史意义，他一直努力奔走，2005年，他召集刘氏宗亲成立联谊会到处筹款，凭着年迈父亲的指导、自己的记忆，并联系利用媒体平台，终于在2007年省档案栏目组的帮助下恢复了其中的十二宿花灯。同年，永安小陶二十八宿花灯被三明市人民政府列入三明市非物质文化遗产名录。2016年，二十八宿花灯全部恢复，还应邀在全国第11个非遗文化遗产日，到福州三坊七巷亮相，刘昌汀对二十八宿花灯民俗文化的保护与传承做出了突出的贡献。

如今，由120余人组成的二十八宿花灯队频繁的参加活动，2016年3月参加福建省长汀刘氏宗亲祭祖大典；2016年6月在全国第十一个非遗日亮相福州三坊七巷；2016年11月参加永安刘氏宗亲祭祖大典，让民俗瑰宝得到更好地保护与传承。

进入三坊七巷

萧方宣

萧方宣，1949年4月生于尤溪县，非物质文化遗产项目尤溪梅仙节板龙三明市代表性传承人。

　　梅仙节板龙，又称板凳龙，至今已有近200年历史。节板龙初由梅仙萧姓家族依"天、地、人、和"4房各制作1条，此后，本村黄姓、陈姓和其他姓氏居民仿效制作参与其中，使梅仙龙灯远近闻名。

　　节板龙由龙珠、龙头、龙身和龙尾组成，龙头在整个迎龙活动中占据重要位置，是节板龙形象的集中表现，萧方宣便是制作龙头的代表人物。他从小就对龙头制作工艺产生浓厚兴趣，每年龙头制作期间都到龙头传人家里观摩、学习。他1978年开始学艺，至1983年已能独立制作，并经常利用工余时间帮助其他乡镇制作龙头并传授工

艺。2013年，他成为该项目的第8代传承人后，注意栽培年轻人，有意识培养他的儿子学习书法、绘画技能，并利用每年制作龙头机会，让儿子在身边学习。现在，他儿子已基本能够独立完成龙头制作。与此同时，他也对本村萧氏其他各房的年轻人进行技术指导，在龙头制作过程中，把有意向学习龙头制作的年轻人招来当助工。2015年12月，中央电视台农民春晚节目组来尤溪拍摄节目时，萧方宣为节目组介绍了梅仙迎龙活动的情况，并现场演绎了龙头制作的全部过程。

附录：

三明市非物质文化遗产 **大事记**

一、三明市人民政府历年颁发的有关非遗的部分文件

三明市人民政府关于公布第一批市级非物质文化遗产名录的通知（摘录）

（三明市人民政府文件 明政文〔2007〕46号）

第一批市级非物质文化遗产名录（共计35项）

民间音乐（2项）

1. 将乐食闹音乐
2. 宁化客家山歌

民间舞蹈（1项）

3. 泰宁大源傩舞

传统戏剧（6项）

4. 沙县肩头棚
5. 永安大腔戏
6. 泰宁梅林戏
7. 永安大腔傀儡戏
8. 尤溪南芹小腔戏
9. 宁化石门山祁剧

曲艺（1项）

10. 将乐南词

民间手工技艺（9项）

11. 将乐民间龙池古砚制作工艺
12. 将乐西山造纸技术
13. 将乐擂茶制作工艺
14. 宁化客家擂茶制作工艺
15. 闽西八大干之明溪肉脯干制作工艺
16. 闽西八大干之宁化老鼠干制作工艺
17. 闽西八大干之清流明笋干制作工艺
18. 沙县小吃制作工艺
19. 永安贡席制作工艺

民俗（16项）

20. 大田华溪稻草龙
21. 大田板灯龙
22. 清流长校十番锣鼓
23. 清流李家五经魁
24. 将乐跑马将军
25. 世界客属石壁客家祖地祭祖大典
26. 宁化客家游傩
27. 宁化牌子锣鼓
28. 宁化淮土高棚灯
29. 永安青水打黑狮
30. 永安槐南安贞旌鼓
31. 永安槐南打黑狮
32. 永安小陶八一龙灯
33. 永安小陶二十八宿花灯
34. 泰宁新桥赤膊灯
35. 泰宁大田蚯蚓灯

三明市人民政府关于公布第二批市级非物质文化遗产名录的通知（摘录）

（三明市人民政府文件 明政文〔2008〕177号）

第二批市级非物质文化遗产名录（共计6项）

民间音乐（1项）

1. 闽派古琴

民间舞蹈（1项）

2. 龙角舞

民间文学（1项）

3. 李寄斩蛇

曲艺（1项）

4. 永安《唱花》

民间手工技艺（2项）

5. 建宁通心白莲制作工艺
6. 清流嵩溪豆腐皮制作工艺

三明市人民政府关于公布第三批市级非物质文化遗产名录的通知（摘录）

（三明市人民政府文件 明政文〔2010〕204号）

第三批市级非物质文化遗产名录（共计13项）

民间音乐（2项）

1.泰宁县道教音乐

2.三元龙船歌

8.沙县夏茂游春牛

9.沙县迎龙和迎烛桥

民俗（7项）

3.沙县定光佛信仰

4.明溪惠利夫人民间信仰

5.明溪胡坊茶花灯

6.永安小陶竹马灯

7.尤溪祭祀朱熹大典

传统手工技艺（4项）

10.宁化木活字印刷术

11.建宁溪源明笋加工工艺

12.永安贡川官丸烧卖宴

13.永安吉山老酒传统制作工艺

三明市人民政府关于公布市级非物质文化遗产项目代表性传承人的通知（摘录）

（三明市人民政府文件 明政文〔2012〕110号）

市级非物质文化遗产项目代表性传承人名单

序号	姓名	项目类别	项目级别	项目名称
01	黎秀珍	传统戏剧	国家级	泰宁梅林戏
02	严建华	民间舞蹈	省级	泰宁大源傩舞
03	严建华	民间舞蹈	省级	泰宁大源赤膊灯
04	黎基求	民间音乐	市级	泰宁道教音乐
05	黄茂生	民间舞蹈	市级	泰宁大田蚯蚓灯
06	熊德钦	传统戏剧	国家级	永安大腔戏
07	邢承榜	传统戏剧	国家级	永安大腔戏
08	罗立根	民　俗	省级	永安安贞旌鼓
09	邓丽娣	传统手工技艺	省级	永安贡席制作工艺
10	杨国民	传统舞蹈	省级	龙角舞（永安）
11	王　华	传统戏剧	省级	永安大腔傀儡戏
12	吴可庭	传统戏剧	省级	永安"唱花"
13	张旺金	传统手工技艺	省级	将乐民间龙池古砚制作工艺
14	刘仰根	传统手工技艺	省级	将乐西山造纸技术

（续表）

序号	姓名	项目类别	项目级别	项目名称
15	刘怀中	曲 艺	省级	将乐南词
16	王渭滨	传统音乐	省级	将乐闽北食闹音乐
17	黄秀凤	传统手工技艺	省级	将乐擂茶制作技艺
18	李炳洪	民间舞蹈	省级	清流李家五经魁
19	巫旺财	传统手工技艺	省级	清流嵩溪豆腐皮制作工艺
20	罗显光	传统手工技艺	省级	明溪肉脯干制作工艺
21	江玫丽	传统手工技艺	省级	宁化客家擂茶制作工艺
22	邱恒勇	传统手工技艺	省级	宁化木活字印刷术
23	邹建宁	传统手工技艺	省级	宁化木活字印刷术
24	林正棠	民间音乐	市级	三元龙船歌
25	黄 振	传统戏剧	省级	沙县肩头棚（肩膀戏）
26	陈丽风	传统戏剧	省级	沙县肩头棚（肩膀戏）
27	杨宗福	传统戏剧	省级	尤溪南芹小腔戏
28	范开梦	民间舞蹈	国家级	大田板灯龙
29	范瑞钰	民间舞蹈	国家级	大田板灯龙
30	温道双	民间舞蹈	国家级	大田板灯龙
31	叶礼行	民 俗	市级	明溪胡坊茶花灯

三明市人民政府关于公布第四批市级非物质文化遗产名录及第三批市级非物质文化遗产扩展项目名录的通知（摘录）

（三明市人民政府文件 明政文〔2015〕89号）

第四批市级非物质文化遗产名录（共计25项）

传统音乐（1项）

1.明溪御帘明朝宫廷打击乐——十二换

传统戏剧（5项）

2.永安张大阔公做场戏

3.建宁龙头宜黄戏

4.建宁黄埠木偶戏

5.沙县盖竹小腔戏

6.大田宋杂剧作场戏

传统技艺（9项）

7.宫廷金银器制作工艺

8.明溪客秋包

9.明溪"闽王牌"宝剑制作技艺

10.将乐大南坑陶瓷制作技艺

11.将乐万安花灯制作技艺

12.沙县夏茂冬酒制作工艺

13.沙县福袋刺绣工艺

14.尤溪桂峰黄酒酿造技艺

15.尤溪原木古法压榨山茶籽油

民 俗（10项）

16.宁化伏虎禅师信俗

17.沙县罗岩太保信俗

18.尤溪梅仙节板龙

19.泰宁上青桥灯

20.泰宁茶东坑鱼子灯

21.泰宁大龙擂茶

22.沙县华光天王庙会

23.沙县七夕蒙学式

24.尤溪陈坑底香线稻草龙

25.尤溪萧公信俗

第三批市级非物质文化遗产扩展项目名录

传统音乐（2项）

1.泰宁上青古乐

2.三元龙船歌

三明市人民政府办公室关于公布三明市第二批非物质文化遗产代表性项目代表性传承人的通知（摘录）

（三明市人民政府办公室文件 明政办〔2017〕86号）

三明市第二批非物质文化遗产代表性项目代表性传承人名单（共20名）

序号	姓名	项目类别	项目级别	项目名称
01	程 勇	民间文学	省级	李寄斩蛇传说
02	杨 诚	传统音乐	省级	将乐食闹音乐
03	黄圣君	传统戏剧	省级	杂剧作场戏（永安）
04	黄发杯			
05	廖国衡		省级	杂剧作场戏（大田）
06	余家金			
07	宁建设		市级	建宁龙头宜黄戏
08	邓建华		市级	沙县盖竹小腔戏
09	黄雪芳	曲艺	省级	闽北南词（将乐）
10	赖庆发	传统技艺	省级	宝剑锻造技艺（明溪）
11	巫松根		省级	木活字印刷术（宁化）
12	谢武秀		省级	福建客家擂茶制作工艺（将乐擂茶制作工艺）
13	陈振云		省级	将乐大南坑陶瓷烧制技艺
14	蔡和书		省级	尤溪桂峰黄酒酿造技艺
15	姜历山		市级	永安贡川官丸烧麦宴
16	林祥康		市级	宫廷金银器制作工艺
17	朱建明	民俗	市级	永安小陶八一龙灯
18	黄集良		市级	永安小陶竹马灯
19	刘昌汀		市级	永安小陶二十八宿花灯
20	萧方宣		市级	尤溪梅仙节板龙

三明市人民政府关于公布三明市第五批市级非物质文化遗产
代表性项目名录的通知（摘录）

（三明市人民政府文件 明政文〔2018〕54号）

序号	项目类别	项目名称	申报地区
01	民间文学（2项）	三明郭居敬"二十四孝"（大田、尤溪）	大田、尤溪
02		《程门立雪》典故	将乐
03	传统音乐（4项）	泰宁山歌	泰宁
04		永安贡川吹打乐	永安
05		槐南唱曲	永安
06		将乐擂茶歌谣	将乐
07	传统舞蹈（2项）	泰宁池塘文傩	泰宁
08		夏茂游鱼	沙县
09	传统戏剧（3项）	水茜木偶戏	宁化
10		清流客家三角戏	清流
11		大田汉剧	大田
12	传统体育、游艺与杂技（3项）	黄厝古棋	泰宁
13		扛龙柱	永安
14		晦翁八段锦	尤溪
15	传统技艺（25项）	三元松阳"糖塔"制作技艺	三元
16		三明红曲制作技艺（大田、沙县）	大田、沙县
17		玉扣纸制作工艺	宁化
18		香龙制作技艺	沙县
19		沙县玉石雕刻技艺	沙县
20		沙县红边茶制作技艺	沙县
21		永安贡川闽笋制作工艺	永安
22		明溪肖家山锅瓷技艺	明溪

（续表）

序号	项目类别	项目名称	申报地区
23	传统技艺（25项）	明溪微雕技艺	明溪
24		清流长校打锡技艺	清流
25		清流长校客家服饰技艺	清流
26		清流刻字技艺	清流
27		将乐分室龙窑建造技艺	将乐
28		将乐米酒酿制工艺	将乐
29		将乐红糖制作技艺	将乐
30		三明游浆豆腐制作技艺（泰宁、将乐）	泰宁、将乐
31		泰宁龙湖包糍制作技艺	泰宁
32		泰宁朱口花灯制作技艺	泰宁
33		泰宁汾信草鞋制作技艺	泰宁
34		泰宁弋口蓑衣制作技艺	泰宁
35		尤溪清溪陶器烧制技艺	尤溪
36		尤溪堂鼓制作技艺	尤溪
37		管前泥鳅粉干烹制技艺	尤溪
38		梅仙肉光饼制作技艺	尤溪
39		"南山婆"草根膳食烹制技艺	尤溪
40	传统医药（3项）	客家巫氏医药	大田
41		痛血康配方及制作技艺	三元
42		李氏摸诊与方药施治法	清流
43	民俗（22项）	汤泉迎花灯	大田
44		明溪饶公信俗	明溪
45		泰宁县大田跳花灯	泰宁
46		杨时祭祀习俗	将乐
47		沙县茶坪打黑狮	沙县

（续表）

序号	项目类别	项目名称	申报地区
48		延祥花灯会	宁化
49		陈塘闹春田	宁化
50		蛟湖龙王潭祭祀习俗	宁化
51		石壁接珠习俗	宁化
52		永安槐南摆供	永安
53		永安槐南上花梁	永安
54		清流欧阳真仙信俗	清流
55		清流灵地舞青狮	清流
56	民俗（22项）	清流长校拔龙	清流
57		清流赖坊摆五方	清流
58		里田公王祭祀习俗	清流
59		清流"过火山"	清流
60		林畲五谷真仙信俗	清流
61		大焙坑"跳火海"习俗	三元
62		松阳"竹神"信俗	三元
63		三明谢祐信俗	三元、梅列
64		萧圣君信俗	尤溪

第三批市级非物质文化遗产代表性项目名录扩展项目名录

序号	项目类别	项目名称	申报地区
01	传统音乐	三明龙船歌（贡川）	永安

三明市人民政府关于申报第六批省级非物质文化遗产代表性项目的函（摘录）

（三明市人民政府 明政函〔2018〕80号）

三明市申报第六批省级非物质文化遗产代表性项目名单（共计22项）

民间音乐（2项）

1.三明郭居敬"二十四孝"（尤溪、大田）

2.《程门立雪》典故

传统戏剧（2项）

3.水茜木偶戏

4.建宁龙头宜黄戏

传统体育、游艺与杂技（1项）

5.扛龙柱

传统技艺（9项）

6.玉扣纸制作工艺

7.清流长校打锡技艺

8.宫廷金银器制作技艺

9.明溪微雕技艺

10.三明红曲制作技艺（大田、沙县）

11.将乐分室龙窑建造技艺

12.永安贡川闽笋制作工艺

13.尤溪清溪陶器烧制技艺

14.沙县红边茶制作技艺

民俗（8项）

15.三明谢祐信俗

16.清流长校拔龙

17.杨时祭祀习俗

18.松阳"竹神"信俗

19.永安小陶二十八宿花灯

20.永安槐南上花梁

21.清流欧阳真仙信俗

22.萧圣君信俗

二、三明非遗大型活动（2006—2018）

2006年 ▶

5月，泰宁县梅林戏成功申报全国第一批非物质文化遗产代表性项目。每年春节期间，举办"小城过大年"泰宁县春节民俗活动，举行灯舞巡演、各项民俗表演。

6月，三明市文化与出版局部署观摩非遗展，由市艺术馆带领各县（市、区）文化馆相关人员，前往福建省博物院，观摩"福建省非物质文化遗产保护成果展"，通过参观和讨论，统一各馆对非遗工作的认识，以促进各地开展非物质文化遗产保护工作。

10月，中共将乐县委宣传部、将乐县文体局、将乐县文联联合主办，县文化馆承办的将乐县首届擂茶风情展演大赛在将乐擂茶文化广场举办。

2007年 ▶

5月24日，将乐县（擂茶、民间音乐、南词表演）、古镛镇（祭祀庙会）被福建省文化厅命名为"福建省民间文化艺术之乡"。

6月，三明市承办福建省文化厅主办的"非物质文化遗产保护成果展"，庆祝我国第二个"文化遗产日"。展览通过图片和详尽的文字资料，生动展示了丰富多彩、具特色的非物质文化遗产，集中体现了保护工作成效，使观众对非物质文化遗产及其保护的重要性有了正确认识。

6月，通过宣传与学习，许多人认识到非物质文化遗产是民族精神文化的重要标识，含有民族特有的思维方式、想象力和文化意识，承载着一个民族或群体的文化密码。同年，市艺术馆把发现、挖掘和保护本市非遗工作列上议事日程，提供非遗信息，配合市文化部门做好申报工作。此前，三明市传统戏剧永安大腔戏、泰宁梅林戏已列入国家第一批非遗保护名录。

8月，将乐县文联编印《福建民间艺术奇葩——将乐南词》一书。

10月，将乐非遗传承人刘怀中专著《将乐南词和食闹音乐》出版发行。

10月，将乐擂茶、竹纸制作、龙池砚等非遗项目参加第一届海峡两岸（厦门）文化产业博览交易会。后来，还以各种形式连年参加此展会。

11月，将乐县在擂茶文化广场举办将乐县第二届擂茶风情展演大赛。

2007年，三明列入第二批国家级非遗保护名录的有：

传统技艺：将乐竹纸制作技艺。

传统舞蹈：龙舞（大田板灯龙）。

列入福建省第一批非遗保护名录的有：

传统音乐：宁化客家山歌。

传统舞蹈：泰宁大源傩、清流李家五经魁。

传统戏曲：沙县肩头棚、尤溪南芹小腔戏、永安大腔傀儡戏。

传统手工技艺：将乐民间龙池古砚制作工艺、明溪肉脯干制作工艺、沙县小吃制作工艺、福建客家擂茶制作工艺。

民俗：永安安贞旌鼓。

2008年 ▶

春节期间，三明市艺术馆组织有关人员深入尤溪山区，采集省级非遗传统戏剧剧种南芹小腔戏，摄制了该剧种骨干演员定妆照及代表作品的声像资料，为后期的挖掘整理提供了参考。

3—5月，按照三明市文化与出版局部署，市艺术馆派出人员参加福建省政府关于开展"闽台宗亲交流和姓氏族谱展"的工作安排，负责有关姓氏族谱的收集、整理、汇报等筹备工作。之后，三明送去21姓氏42本族谱参加省展，获得好评。

5月1日，建宁县举办"迎奥运·庆五一"黄埠木偶戏公演，这也是黄埠木偶戏第一次在广场专场演出，几百名群众观看了演出。

6月7日，将乐手工"竹纸制作技艺"被国务院公布列入第一批国家级非物质文化遗产扩展项目名录。

6月14日，将乐县在镛城影剧院广场举办"纪念第三个全国文化遗产日"活动，同时举办将乐非遗传承人刘怀中著作《将乐南词与食闹音乐》义卖活动，支援地震灾区。

10月，纪念杨时诞辰955周年30集历史短片《杨时》由将乐县委宣传部摄制发行。

11月，将乐县在擂茶文化广场举办第三届擂茶风情展演大赛，连续三届荣获擂茶大赛金奖的古镛镇居民黄秀凤被推荐为将乐擂茶制作工艺代表性传承人。

12月，将乐以擂茶、食闹音乐、南词表演和跑马将军庙会等被文化部命名为"中国民间文化艺术之乡"。

12月9日，将乐县公布第一批县级非物质文化遗产名录。

12月28日，在擂茶文化广场举行"非物质文化遗产"保护知识竞赛颁奖晚会。

2009年 ▶

3月，中共三明市委编制委员会办公室发来《关于三明市艺术馆加挂牌子的批复》（明委编办〔2009〕15号），市艺术馆加挂"三明市非物质文化遗产保护中心"牌子。

3月3日，将乐县文化体育局发布《将文体〔2009〕9号》文件，成立非物质文化遗产普查工作领导小组，开展全县非物质文化遗产普查工作。

3月，按照市、县统一安排，建宁县举行非遗普查培训及工作安排会议。为配合非遗普查，全县9个乡镇的分管领导、县文体局、县文化馆及各文化站负责人参加会议。会上，文体局领导做了动员性发言，县文化馆非遗负责人讲解了普查的内容、要求及注意事项。

4月，建宁启动全县第一次非遗普查工作，经普查登记，各乡镇共有400多项非遗项目入列，几乎涵盖了非遗项目的所有内容，为建宁县非遗工作开展提供了第一手资料。

5月，三明市非物质文化遗产普查成果将乐县卷汇编。

5月，将乐南词艺术研究会成立，刘怀中任首任会长。

7月4—7日，第四届"京沪闽"音乐创作暨福建省艺术节音乐研讨会在福建省永安市举行。研讨会由福建省文化厅主办，福建省艺术研究院、中共永安市委宣传部、永安市文化体育与出版局、福建省闽派古琴艺术研究中心承办。活动邀请了卞祖善、王西麟、李吉提、奚其明等来自北京、上海以及省内著名的多位作曲家，对福建省的音乐创作和永安市国家级非遗代表性项目大腔戏等传统戏剧以及省级非遗代表性项目闽派古琴艺术的传承发展开展了一系列研讨活动。

2010年 ▶

1月，泰宁县非物质文化遗产普查工作进入扫尾阶段，《泰宁县非物质文化遗产》一书编辑完成，并交付出版。

4月，三明市民间社会团体"梅列区物质与非物质遗产保护协会"成立。

5月，将乐擂茶、将乐龙池砚参加上海第41届世界博览会福建馆精品区展示。

6月，三明市非物质文化遗产保护中心正式成立。中共三明市委常委、宣传部长徐铮在三明市博物馆为中心授牌并举行揭牌仪式。中心成立后，与三明市艺术馆合署办公，市艺术馆承担其主要工作。自此，市艺术馆在市文化与出版局领导下，启动三明市"非遗"保护工作机制，深入进行三明市非遗的全面普查。通过长时间普查，基本了解和掌握了全市非遗的种类、数量、分布状态、生存环境、保护现状及存在的问题。

6月，为纪念中国第五个"文化遗产日"，三明市艺术馆与梅列区物质与非物质文化遗产保护协会联合主办"三明市首届非物质文化遗产节"，协办单位和特别协办单位有两区文体局、沙县文化馆等19个单位，是当时三明市涉及非遗项目最大规模的一次活动。三明市委常委、宣传部长徐铮、市政府副市长陈凤珠、市委原副书记林纪承、市文化与广电局局长陈丽珍、福建省艺术馆馆长、省非遗保护中心主任吴志跃以及三明市文化与广电局、两区有关领导参加了活动。本次活动内容丰富，其中会演推出了龙船歌演唱、古诗吟唱、方言朗诵《弟子规》、民间"万岁鼓"等原生态文化遗产节目；"三明市非遗保护成果图片展"、民间非遗传人现场表演、百人包粽子大赛等活动，还特邀了万只蝴蝶剪纸世界吉尼斯纪录创造者、民间艺术家周建波所作的18米长卷蝴蝶剪纸现场展示，给参加活动的群众留下了深刻印象。

随后"三明市非物质文化遗产保护成果展"，在市艺术馆展览厅和三明广场展出，并送到三元广场、沙县文化馆、永安市曹远乡和市艺术馆扶贫点洋溪中心小学等地展出，让更多的人知道非遗，了解非遗，参与非遗保护。

6月，三元区组织的"三明市龙船歌表演演唱"获梅列区非遗表演赛集体优秀奖。

6月12日，将乐县在步行街举办第五个"中国文化遗产日"宣传活动。同时，由县文化馆光明永吉艺术扶贫点组成的擂茶小传人表演队作为市表演队成员，在福州三坊七巷文化遗产日展演活动上表演将乐擂茶制作。

6月11日，建宁县举办"文化遗产日"宣传活动，展出展板30多片，发放宣传单和宣传册800多份，取得了良好的宣传效果。

6月11日，宁化县文化馆在翠园广场举办"非物质文化遗产日"大型宣传活动。

8月，泰宁县文化馆组队参加"三明市首届客家山歌演唱比赛"，非遗项目客家山歌《新娘歌》表演唱获第二名。

8月10日，将乐县文化馆陈圣洁创作改编的擂茶歌谣《客家擂茶谣》获三明市首届客家山歌比赛一等奖。之后作品在中国音乐家协会核心刊物《歌曲》杂志发表，再获中国音乐家协会与中共龙岩市委举办的"首届海峡客家歌曲创作演唱比赛"十大金曲奖和最佳作曲奖。

同年12月，中央人民广播电台海峡之声播出客家语专访《客家擂茶谣》创作、指导和演唱歌手。

8月26日，将乐县举办"非物质文化遗产"专题讲座。

9月，建宁县举办民俗调演。均口龙头宜黄戏、黄埠木偶戏、溪源傩舞、溪口舞龙等12个节目参演，为建宁百姓献上非遗文化大餐。

9月，《杨时与将乐》由福建省将乐杨时研究会、福建省将乐县客家文化研究会组织编撰，成都时代出版社出版，编著作者吴福瑞。

12月1日，宁化县举行世界客属祭祖大典，宁化县文化馆组织了大型民俗表演参加祭祖大典。

12月18日，将乐县在擂茶文化广场举办第五届"玉华洞杯"擂茶风情展演大赛。

2011年 ▶

2月，泰宁县主编的《守望与传承——泰宁县非物质文化遗产》出版。

4月，将乐擂茶制作工艺代表性传承人黄秀凤受邀参加中央电视台《生活早参考》栏目，录制《擂的茶》，向全国电视观众介绍擂茶的制作方法、营养成分和保健功效。

6月9日，建宁县文化馆举办"文化遗产日"宣传活动。活动展出宣传展板40多片，发放宣传单和宣传册、纪念品1200多份。

6月11日，泰宁县举行《八闽丰碑——纪念中国共产党诞辰90周年全省革命历史文物联展》开幕式暨泰宁县第六个"文化遗产日"活动启动仪式。县文化馆主办"泰宁县非物质文化遗产图片展"，并在仪式上捐赠了《守望与传承——泰宁县非物质文化遗产》一书。

6月，将乐县非物质文化遗产图片展在各乡镇、社区、学校巡回展览。

11月7日，"中国擂茶之乡"将乐县迎来首届海峡两岸客家擂茶文化交流会。来自台湾新竹和高雄、江西黎川、福建宁化、泰宁、将乐等两岸六地6支擂茶茶艺表演队，同台展演擂茶制作工艺，共同演绎了这一古老习俗。国台办常务副主任郑立中出席了交流会，1000多名客家乡亲欢聚一堂，畅谈擂茶文化。

12月2日，将乐歌谣《客家擂茶谣》代表三明市参加广西北海世界客属第24届恳亲大会开幕式文艺晚会。

12月7日，由将乐县高唐小学学生表演的将乐歌谣《客家擂茶谣》、将乐花灯小调《吉祥歌》、南词小调《将乐美将乐乐》参加2011年12月中央电视台"风车大舞台"节目录制，并于次月由中央电视台少儿频道播出。

2012年 ▶

6月，三明市政府公布了"市级非物质文化遗产项目代表性传承人"名单，并要求各地认真贯彻"保护为主、抢救第一、合理利用、传承发展"的工作方针，鼓励和支持非遗项目代表性传承人开展授徒传艺或教育培训活动，安排展示，提供宣传，切实做好非遗保护工作。

6月9日，泰宁县文化馆在全国第七个"文化遗产日"活动中举办了"泰宁县文化遗产图片展"，进行了广泛的非遗宣传。

6月，将乐县非物质文化遗产图片展在各乡镇、社区、学校进行巡回展览。

9月，将乐歌谣《客家擂茶谣》获三明市"一市县一歌"比赛三等奖。

10月，建宁县举办第二届民俗调演，均口龙头宜黄戏、黄埠木偶戏、黄埠花灯舞、溪源傩舞、溪口舞龙、濉溪龟蚌舞等13个节目参演。

11月1日晚，"中国·宁化客家祖地旅游形象大使选拔赛"文艺晚会在世界客属文化交流中心举行。宁化县文化馆演出队伍与福建省歌舞剧院、三明市歌舞团和客家祖地旅游形象大使选拔赛的选手共同承担当晚的演出。

11月12日晚，为迎接第二十五届世界客属恳亲大会，宁化县举行"公益体彩，情系祖地"为主题的文艺演出，给在即的盛会助威造势。近千市民共同欣赏了这场文化盛宴。

11月20日，将乐县文化馆推出百人大型原生态歌舞《擂茶迎客》，在三明世界客属第25届恳亲大会开幕式文艺晚会上演出。

12月，将乐非遗传承人程勇、刘怀中编导的将乐花灯小戏《欠条》获福建省第五届艺术节曲艺比赛三等奖，并参加第五届福建省艺术节优秀曲艺节目汇报演出。

12月23日，中共将乐县委宣传部、县文体广电出版局主办、县文化馆承办了"2012年将乐县民间文艺调演"，各乡镇的文艺演出队以各自的乡土特色文艺作品参加了调演。

12月28日，将乐歌谣《客家擂茶谣》参加在福州西湖宾馆举办的福建省各界人士新年茶话会文艺演出。

2012年三明市列入国家级第三批非遗扩展项目的有：

民俗：祭祖习俗（石壁客家祭祖习俗）。

列入省级第四批非遗项目的有：

传统音乐：将乐食闹音乐。

曲艺：闽北南词（将乐）。

传统技艺：宁化木活字印刷术。

民俗：定光佛信仰（沙县）、惠利夫人信俗（明溪）、朱熹祭典（尤溪）。

2013年 ▶

1月，三明市艺术馆举办"世客会恩亲大会精彩回顾摄影展"，展现世客会各种精彩瞬间。时任三明市委宣传部部长曾祥辉、三明市政府副市长张丽娟、三明市文化广电新闻出版局局长陈丽珍等领导观看了展览，并在观看过程中与摄影者进行交流，由图思忆，共同回眸恩亲大会，探讨世客会对三明经济合作与文化交流带来的影响。

2月17日，三明市非物质文化遗产学会在沙县古县村召开成立大会暨第一次会员代表大会。该学会是我市专门从事非物质文化遗产研究的社会团体，学会成员由我市民俗文化方面的专家、学者与非物质文化遗产保护工作者组成，三明市委原副书记林纪承担任学会总顾问。学会的宗旨是让更多的社会力量参与非物质文化遗产的保护和合理开发利用，探索和制定非遗保护的开发利用和保护方案，挖掘、整理、保护、开发利用、弘扬我市的民族民间文化，促进我市非遗项目与旅游、会展、文化贸易的结合度，使我市非物质文化遗产得到社会的确认、尊重和弘扬，同时也意味着全市非物质文化遗产保护工作开始走上自主发展、自我管理的轨道，对于弘扬三明本土优秀的民间传统文化，抢救保护濒危的物质

与非物质文化遗产，促进我市物质与非物质文化遗产的交流、传承和发扬具有重要意义。

6月14日，由中共泰宁县委宣传部、文体广电出版局、文联主办，县文化馆、博物馆承办的庆祝全国第八个"文化遗产日"泰宁县非遗展演活动在状元文化广场举行，整场活动共分文化遗产图片、音像资料展、非遗手工技术展示及非遗专场演出。

6月，三明市非遗保护中心、三明市非遗学会联合举办"三明龙舟文化——市区《龙船歌研讨会》"。市非遗学会会长与三明学院教授、地方非遗热心人士参加研讨，并听取了龙船歌传人用方言和普通话演唱《龙船歌》。研讨会对《龙船歌》进行了多角度探讨，形成共识，争取将三明市区《龙船歌》上升为省级非遗项目。三明市委原副书记、市非遗学会总顾问林纪承做总结发言。

6月，按照市统一部署，三明市各县（市、区）分别举办非遗传承和保护培训班。各县（市、区）文广局、县文化馆和各乡镇分管领导、文化站负责人、文化站非遗工作人员参加了培训。

9月，三明市文化广电新闻出版局向福建省文化厅推荐我市第四批国家级非遗项目，上呈《关于上报第四批国家级非物质文化遗产项目推荐名单的请示》（明文广新〔2013〕178号），推荐沙县小吃制作工艺、将乐擂茶制作工艺、永安安贞旌鼓、尤溪南芹小腔戏、泰宁大源傩舞、清流李家五经魁等6个省级非遗项目申报第四批国家级非遗项目。

10月，三明市艺术馆联合三明非遗网、中国电信三明号百信息服务分公司、梅列区非遗保护协会、飞彩文化传媒有限公司共同举办"三明市区第三届非物质文化遗产节"。该活动向市民展示了三明本土龙舟制作的核心技术和本土龙舟竞渡中的"丢楫"等古老习俗，还有傩舞、小腔戏等精彩节目助兴，令观者大开眼界，充分体验了本市非物质文化遗产的魅力。

11月6日，由将乐县人民政府主办，将乐县文体广电出版局、将乐县客家联谊会承办的"客家情浓、擂茶飘香"活动，在第九届海峡两岸林业博览会暨投资贸易洽谈会"将乐主题日"三明市林博会主展馆广场举办。

11月7日，第二届海峡两岸客家擂茶文化交流会在将乐举办，来自海峡两岸的千余名客属乡亲齐聚"擂茶故乡"将

乐，透过共有的擂茶文化，畅叙浓浓的客家乡情。

2014年 ➤

3月，三明市客家文化艺术中心组建成立古琴传习所，之后又相继成立三明古琴艺术团、三明琴会、朱熹·杨表正古琴艺术研究会，广泛传承非遗古琴艺术。

5月2日　中央电视台4套《江河万里行》栏目播放《三元龙船歌》采访节目。

5月，泰宁县传统音乐著作《泰宁道教与上青道曲研究》由宗教出版社出版。为了更好地传承、保护民间音乐非遗项目，泰宁县成立了县民间音乐协会。

6月，位于三明名胜"正顺庙"内的"三明市非物质文化遗产博览苑"落成，由三明市非遗保护中心派专人管理，向市民免费开放。博览苑采取"一月一轮展"方式，即每月每县（市、区）轮流布展一期，将三明各地国家级、省级、市级的非遗项目，包括那些老百姓喜闻乐见的传统民俗风情引进"博览苑"，进行展示、表演。这样做，既可全面展示三明各地非遗优秀项目，又可使内容不断更新，形成没有时间限制的非遗主题成果展。每遇新的展演，市艺术馆即事先通过网站公告或手机短信、微信发布动态信息，吸引更多的群众参与活动，从培养兴趣、热爱到自觉保护非遗，壮大非遗的传承与保护队伍。

自三明市非遗博览苑落成起至2015年初，三明各县（市、区）入选国家、省、市的部分非遗项目，分期分批在三明市非遗博览苑轮番展演，计有永安青水大腔戏、永安闽派古琴、永安大湖新冲"唱花"、明溪"闽王牌"龙凤宝剑、明溪肉脯干、梅列区民间剪纸、清流长校十番锣鼓、清流五经魁、宁化木活字印刷术、宁化木偶戏、宁化牌子锣鼓、建宁黄埠木偶戏等参加展演，观者如潮，大获好评。

6月，永安市文化馆以"让文化遗产活起来""非遗保护与城镇化同行"等为主题，配合市博物馆开展"文化遗产进校园"活动，在永安八中校园内布置了14块展板，向同学们介绍自己身边的非物质文化遗产。同时，重新布置了文化馆一楼展厅，调整、充实了非遗展板内容，增加了图片介绍，让人们更加形象地了解永安的非遗项目。

6月14日第九个中国"文化遗产日"当天，永安市文化馆利用流动舞台车的大屏幕，滚动播放本市非遗项目宣传片，并组织青年志愿者，分别在南门广场、步行街、龟山文化广场等场所开展街头宣传，共派发宣传单3000份，同时通过手机短信、网络论坛等平台向市民宣传"文化遗产日"，让更多的人了解非物质文化遗产，取得了较好的宣传效果。

从2014年起，永安市文化馆在馆内设立永安闽派古琴传习所，每年举办一期古琴艺术普及班，面向社会免费招生，同时在贡川中学设立了艺术扶贫教学点，免费提供古琴、桌椅以及艺术指导，招收学员100多名，培养了一批具有一定演奏水平的习琴爱好者。6月15日晚，一场别开生面的古琴演奏会在文化馆举行，所有的演奏者均为文化馆古琴传习所培训的学员。演奏会有古琴独奏，齐奏，与陶笛、小提琴合奏等表现形式，曲目风格丰富多样，有流传甚广的《流水》《酒狂》等经典名曲，也有曲调唯美、中西融合的《好风好水》等新曲。演奏会为到场的古琴爱好者和市民奉上了一场视觉和听觉的盛宴。

6月，泰宁县文化馆以"文化遗产日"为契机，积极开展"福建省文化遗产进社区、进校园、进军营"，在县实验小学、和平社区以及森林武警中队举办遗产保护图片展、上青仪式音乐专场等非遗宣传演出活动。

7月2日，将乐县非遗传承人程勇、刘怀中作词，刘怀中作曲的南词说唱《李寄斩蛇》，获福建省首届"丹桂奖"少儿曲艺大赛二等奖。

7月25日，三明市非遗博览苑迎来了近百名特殊的"客人"，他们是来自泉州华侨大学的学生志愿者和市艺术馆艺术扶贫点梅列区洋溪镇洋溪中心小学的暑期留守儿童们。他们兴致勃勃地参观了博览苑内展出的三明市国家级、省级非遗图文展板，认真地倾听讲解，细细地品味这难得的传统文化大餐。展览使同学们领略到了传统文化的丰富多彩、博大精深，对非遗文化有了更加形象、直观的认识和了解，增强了大家传承、弘扬和保护非物质文化遗产的责任感和使命感。

8月，三明市文化广电新闻出版局发布《关于发放2014年非物质文化遗产传承人年度扶持补助的通知》，向全市各级非遗项目代表性传承人发放2014年度补助金，全市共计30名非遗项目代表性传承人领取了年度补助金。

8月14日，将乐南词说唱《李寄斩蛇》获第六届全国少儿曲艺大赛三等奖，这是自1964年以来南词说唱作品《赵书记治水》参加"上海之春"文艺汇演50年后再次走出福建，填补了将乐县文艺作品参加国家级赛事和将乐南词用土官话进行舞台表演等多项空白，并创造了南词表演幼儿演员参演、参赛的新纪录。

10月，为配合将军后代合唱团造访宁化，宁化县组织"唱响中国——走进中央红军长征出发地宁化"专场文艺演出，宁化县文化馆编排了《客家山歌联唱》《割掉髻子当红军》等具有地方红色历史特色的节目参演。

12月，"建宁县非遗月"活动项目均口龙头宜黄戏、黄埠木偶戏、建宁通心白莲制作工艺、建宁溪源明笋加工工艺参加三明市非遗大型展示活动。

12月，将乐县通过福建省第四批特色文艺示范基地评审，被省文联授予"将乐南词艺术研究传习基地"。

12月，将乐"擂茶技艺与习俗"第三次被文化部命名为"中国民间文化艺术之乡"。

2015年 ▶

元旦至春节期间，市非遗博览苑举办"三明市非遗系列展演"。向三明市民推出了宁化县"牌子锣鼓"、建宁县"黄埠木偶戏"等客家文化遗产奇葩。"牌子锣鼓"是客家乐人在南迁过程中，吸收、融汇各地民间器乐、宗教音乐之长，综合创新的一种兼具南北特色的民间器乐演奏样式。而"黄埠木偶戏"则起源于清代中期，艺人手中牵线，木偶跳跃腾挪，文武戏俱全，神形兼备。许多观众是第一次看到这样的表演，不禁啧啧称奇。

2015年初，三明市区沙溪十里闽学文化长廊规划建设启动。

1月，泰宁县在三明市"非物质文化遗产宣传月"中举办"泰宁专场"，泰宁县文化馆于10日、17日、24日、31日分别组织了梅林戏、大田走马灯制作、傩舞、鱼仔灯制作等精彩项目，到三明市非遗展示中心展演，受到观众欢迎。

2月，将乐创作歌曲《碗碗擂茶片片心》获第12届福建音乐舞蹈节声乐创作二等奖，广场舞《敬上客家幸福茶》获第12届福建音乐舞蹈节优秀奖。

3月，明溪选送的"'闽王'牌黑檀重剑"获三明市第四届百花奖三等奖。

4月，三明市做好永安大腔戏、泰宁梅林戏、祭祖习俗

（石壁客家祭祖习俗）3个项目申报2015年国家级非物质文化遗产保护专项资金，获得批准。

4月，三元区"三明龙船歌"接受中央电视台中文国际频道《远方的家》江河万里行栏目专题采访，并于当年5月2日在央视播出。

5—6月，泰宁县举办"寻找最美非遗守望者"和"最受群众喜爱的非遗项目"遴选和成果展示活动。活动分为非遗节目演出区、非遗技艺展示区及文化遗产图片区。活动充分展示了泰宁县悠久的非遗文化，带给了大家视觉上的享受和浓浓的乡愁，同时也提升了泰宁县创建国家公共文化服务体系示范区水平，激发了非遗守望者投身非遗保护传承工作的热情。

5—10月，三明市进行18个项目第五批省级非遗项目申报工作。同时，开展第四批市级非遗项目申报和评审工作，共有25个项目纳入三明市第四批非遗项目名录，2个项目纳入三明市第三批市级扩展项目名录。至此，三明市市级非遗项目已达81项。

5月，明溪县选送的"闽王玄武剑"宝剑系列获第十届中国（莆田）海峡工艺品博览会银奖，作品"闽王"牌楼兰刀获2015年中国工艺美术百花奖优秀奖。

6月10日，三元区组织三元非遗学会在全市非遗日活动舞台上，现场演唱《龙船歌》。

6月13日是全国第十个"文化遗产日"，三明市以"保护成果 全民共享"为主题，在市艺术馆举行了文化遗产日系列宣传活动。此次系列活动由三明市文化广电新闻出版局主办，市艺术馆、市非遗保护中心、洋溪镇政府、梅列区文化馆、三元区文化馆、尤溪县文化馆等单位承、协办。市人大、市政协、市文广新局领导出席了启动仪式。活动邀请了三元龙船歌、三元民歌联唱、沙县肩膀戏等非遗项目前来参演，期间穿插包粽子比赛、旗袍走秀、连笔空心字和茶道香道表演，并有本土风味粽子、明溪客秋包、清流豆腐皮、建宁白莲等特色产品展销。

6月，三明市非遗博览苑进行提升改版，于全国第十个"文化遗产日"重新开放。苑门重启后，推出了"《忘不了的乡愁》——三明市古村落古民居摄影展""《记住乡愁》——三明市历史文化名村写真书画展"，并邀请了梅列区洋溪舞龙、三元大旺鼓、尤溪稻草龙、尤溪小腔戏等非遗节目

进行展演。这些年代久远、历史文化含金量高的展演不但样式较前丰富，质量也有所提升，更加有助于广大市民近距离感受本土非遗的魅力。

6月13日，建宁县举办"文化遗产日"宣传活动。展出宣传展板40多片，发放宣传单和宣传册、纪念品1300多份，扩大了宣传效果。同时在广场上举行包粽子、打糯糍、卷香包、剪纸等活动，争奇斗艳的非遗活动引得许多群众围观。

6月14—17日，三明市非遗工作人员赴泉州参加"保护非物质文化遗产实践国际培训及中国福建木偶戏在亚太地区的传播交流推广活动"。

6月，明溪肉脯干制作工艺、宝剑锻造技艺（明溪）、明溪客秋包制作技艺三个非遗项目参加三明市非物质文化遗产保护宣传系列活动。

6月，梅列区文化馆组织洋溪舞龙队、谢佑文化系列参加三明市非遗项目展演。当月，梅列非遗协会举办梅列区"第四届非遗节"。

7月27日，明溪御帘明朝宫廷打击乐——十二换、明溪"闽王牌"宝剑制作工艺、明溪客秋包制作工艺、明溪微雕技艺、明溪盖洋牛会等5个非遗项目入选明溪县第一批县级非遗保护名录。

8月8日，将乐县把民间艺人纪念文艺祖师田公元帅活动纳入非遗保护范畴，列入经常性开展的非遗活动内容。

9月6日，经过5个月的积极筹备与收稿，由福建省艺术馆、三明市文化广电新闻出版局主办，三明市艺术馆、尤溪县文化体育广电新闻出版局承办的"纪念朱熹诞辰885周年全国书法大赛"评选工作圆满结束。此次大赛收到来自全国22个省市书法爱好者的投稿，总计536幅。通过评选，共评选出80幅获奖作品，其中，一等奖2幅，二等奖4幅，三等奖6幅，优秀奖68幅，获奖作品结集出版。

9月，宁化县文化馆组织举行了"携手大客家"客家民俗文艺晚会。

10月1日，尤溪县"朱子文化园"全面建成并正式对外开放。

11月，明溪县选送的"闽王"牌卧龙剑获中国（安溪）家居艺博会"匠心杯"金奖，"闽王"牌唐剑获银奖，宝剑锻造技艺（明溪）参加海峡两岸（三明）林业博览会；宝剑锻造技艺（明溪）代表性传承人赖庆发被授予福建省民间工艺

大师荣誉称号。

12月，在福建省首届丹桂奖电视曲艺大赛业余组比赛中，将乐南词说唱《山无粮、水无税》获创作奖二等奖，演员获新人奖三等奖，将乐县文化馆获大赛优秀组织奖。将乐南词说唱《香樟颂》获业余组创作奖一等奖，演员获业余组新人奖一等奖。

2016年 ▶

2月，三明市艺术馆组织全市群文舞蹈创作人员深入大田县汤泉村进行"打黑狮、迎花灯"传统民俗文化采风活动，向民间汲取创作营养，他们详细了解了大田县"打黑狮、迎花灯"的历史沿革、花灯制作工艺以及展示方式等相关情况，为创作采集素材。

2月，三明市做好大田板灯龙、祭祖习俗（石壁客家祭祖习俗）、泰宁梅林戏、永安大腔戏4个项目进行国家级非物质文化遗产保护专项资金申报工作，获批专项资金。

3月，三明市进行朱熹祭典（尤溪）、永安安贞旌鼓等4个省级非遗项目申报2016年度省级非遗保护专项资金；朱熹祭典（尤溪）、《李寄斩蛇》等5个省级非遗项目申报2017年度省级非物质文化遗产保护专项资金，并获批2016年度省级非物质文化遗产保护专项资金。

4月，永安在青水畲族乡集镇中心举办了青水有史以来最大规模的文化活动"三月三畲族文化节"。活动融大型民俗文化踩街、非遗展示、打黑狮舞、畲族迎龙灯、畲族婚俗、"多彩青水、神秘畲寨"——畲族文艺演出、传统戏剧展演、宗教祭祀仪式、民俗艺术展示、畲族服饰展示，传统手工技艺品展、畲族美食展销，以及中国传统村落、中国少数民族特色村寨——沧海畲族村观光，国家级自然保护区——天宝岩和自然生态旅游、农业产业观光、红色文化学习，省级文物保护单位——福临堡和省级文物保护单位——安仁桥观光、传统戏剧演出，开闽第一王审知驻军遗址群观光、灯光秀表演等特色项目于一体，观光人数达3万人次以上，非物质文化遗产在"三月三畲族文化节"中的展示尤为引人注目。其中，国家级非遗项目——永安大腔戏在大腔戏剧院演出《白兔记》《双鞭记》剧目场次18场次，省级非遗项目永安大腔傀儡戏演出《加冠晋禄》《海游记》《罗帕记》和传统折子戏剧目场次18场次，观众人数共达7000多人次；三明

市级非遗项目打黑狮表演也吸引了许多观众。活动全面系统地展示和反映畲汉民族丰富多彩的历史特色文化遗产，进一步提升了非遗文化内涵。

4月28日，宁化县举办纪念《延安文艺座谈会上的讲话》发表74周年暨庆祝"五一"国际劳动节京剧演唱会。

5月，根据省非遗保护中心要求，三明市上报非遗评审专家库名单。经过研究，三明市共上报了民间文学、传统音乐、传统舞蹈、传统戏剧、曲艺、民俗、摄影等各门类专家12名。

5月1日，宝剑锻造技艺（明溪）系列产品参加第十一届中国（莆田）海峡工艺品博览会，赖志强的金属工艺作品"闽王神剑"获金奖。

6月11日，三元区派员参加三明市非遗表演队，赴福州参加三坊七巷非遗展演活动，展示松阳糖塔工艺及三元七夕节祭礼习俗等三元区非遗项目。

6月11日，将乐县派员参加三明市非遗表演队，赴福州参加三坊七巷非遗展演活动，展示西山纸、擂茶、龙池砚等将乐县非遗项目。

6月11日下午，三明市"共饮沙溪水·同唱龙船歌——2016端午节水上龙舟表演大型活动"在列东大桥至梅列大桥之间1300米水域内火热上演。全区25个坊堡、400多位划手驾驭20多条龙舟参加。

6月，梅列区文化馆选送的非遗项目"宫廷金银器"，应邀参加福建省非遗系列活动——"三明非遗进坊巷"系列活动的展览。同年10月29日，"宫廷金银器"荣登中央电视台一套《我有传家宝》栏目。

6月21日，三明市艺术馆组织非遗进校园活动，将三元龙船歌教学作为"两学一做"教育系列活动之一，送进艺术扶贫对口学校洋溪中心小学，为非遗项目的传承和发展营造浓厚氛围。

6月，明溪肉脯干制作工艺、宝剑锻造技艺（明溪）、明溪客秋包制作技艺、明溪微雕技艺四个非遗项目参加福建省福州市"三坊七巷"非物质文化遗产保护宣传系列活动。

6月，明溪客秋包制作工艺保护单位闽客食品有限公司被三明市评定为"市级重点龙头企业"。

6月，清流县文化馆举办非遗进校园活动，从小学到高中，走进了11所学校。活动内容包括省级非遗项目"十番锣鼓"和"五经魁"展演、非遗展板、实物的展示，既传播了非遗保护的理论知识，又展示了非遗项目的独特风貌，大受学生与家长的欢迎。通过学生全方位、多角度的参与，让非遗的潜在魅力和文化内涵激发学生的爱国热情，培养学生的民族自豪感和文化认同感。开展"非物质文化遗产进校园"活动，以兴趣为导向，播下对非遗文化热爱的种子，给非遗传承传来"一脉香"。兴趣往往是最好的老师，通过非遗文化进校园，最大的效果就在于开启学子们的兴趣点。实践证明，让非遗资源走进校园，是呵护民族文化传统、促进非遗文化传承的有效途径。

7月，根据《文化部非物质文化遗产司关于征集第四届中国非物质文化遗产博览会非物质文化遗产保护学术成果展学术出版物的函》文件精神，三明市上报了《宁化（石壁）客家祠堂》《第三届石壁客家论坛论文集》《泰宁道教与上青道曲研究》《泰宁梅林戏》等4本学术出版物，寄往文化部参展。

7月，将乐南词说唱《山无粮水无税》获福建省第二届少儿"丹桂奖"曲艺大赛节目奖三等奖，将乐县文化馆获优秀组织奖。

8月1—12日，三明市艺术馆与市非遗保护中心联合全市12个县（市、区）文化馆，共同承办非遗专题"半台戏"公共文化服务配送活动，向全市人民展示省级以上非遗戏剧的经典选段及"坊巷非遗快拍摄影赛"获奖作品。"非遗折子戏"故事情节诙谐有趣，令人过目难忘；"坊巷快拍"记录下的民俗风情栩栩如生，历史印记清晰，这些都让群众近距离了解三明先人鲜活生动的故事，留下了永恒的记忆。对祖先智慧的崇敬和了解，将会孕育出对非遗传承与保护的新生力量。

8月18日晚，宁化县举办"中国共产党建党95周年暨纪念中国工农红军长征胜利80周年红军歌曲歌手赛"。

8月9—12日，将乐南词说唱《山无粮水无税》赴福州参加第七届全国少儿曲艺展演活动。

10月14日，宁化县举办"客家祖地 映象宁化"摄影大赛颁奖典礼暨第22届世界客属石壁祖地祭祖大典客家风情文艺晚会。中央电视台《乡约》栏目组录制了宁化县文化馆出演的节目《客家杯花舞》《客家山歌》。

11月6日，宝剑锻造技艺（明溪）《"闽王牌""战剑"获第九届海峡两岸（厦门）文化产业博览会"中华工艺优秀作品"银奖。同月8日，三明市人力资源和社会保障局、三明市财政局公布"闽王"宝剑制作工艺室为"三明市技能大师工作室"。

11月13日起，三元区文化部门与区关工委、教育局派出多名文化志愿者，到三元区18所中、小学进行非遗巡讲活动。

12月21—23日，福建省文化厅主办，福建省艺术馆、省非遗保护中心、三明市文广新局承办，市艺术馆与市非遗保护中心协办的"2016年福建非遗保护培训班"在三明市举办，全省各设区市文广新局社文科长、非遗保护中心负责人及业务骨干参加了培训。本次培训主题是贯彻习近平总书记关于文化遗产保护的一系列重要讲话精神，以及福建省委、省政府对福建文化遗产保护工作的重要指示。培训班邀请了国家非遗保护工作专家委员会副主任、中国非遗保护协会副会长、原文化部非遗司巡视员周小璞、联合国教科文组织亚太地区非遗国际培训中心副主任张晶、福建省艺术馆非遗办公室主任刘如珍3位专家进行授课。专家们分别为学员讲授了非遗代表性项目和传承人申报工作的注意事项、非遗公约的解读、文化生态保护区建设的探索与实践等课程，从多方面对非遗保护工作的开展进行深入浅出的讲解。培训充分调动了学员们的积极性，对提高福建省非遗保护业务骨干的业务素质，进一步推进全省非遗保护工作发展，将起到积极的促进作用。

2017年 ▶

1月，福建省公布我省第五批非遗项目名录，三明市8项列入，分别是将乐民间故事李寄斩蛇、泰宁上青古乐、杂剧作场戏（大田、永安）、明溪"闽王牌"宝剑制作技艺、将乐大南坑陶瓷制作技艺、尤溪桂峰黄酒酿造技艺、宁化伏虎禅师信俗、沙县罗岩太保信俗。

1月1日，由永安市槐南镇政府主办的第二届安贞（中国）古银币研讨会暨千人"探古堡、鉴古币、聆古韵、品古味"活动在槐南镇西华举行。活动内容包括开锣仪式、古银元展览、古币交流会、非遗文化展演、千人牛宴等项目。参加活动的有来自福建省收藏协会会长周野及全国各地知名的藏品爱好者、文化爱好者。省非物质文化遗产－－安贞旌鼓、

杂剧作场戏，三明市非物质文化遗产槐南打黑狮、民俗舞蹈"安贞情丝"等节目纷纷亮相，很好地展现了最具槐南特色的非物质文化。

1月，三元区政协文史委和区非遗学会联合组织编写的三《读懂三元——三元龙船文化》专辑出版，该书较全面记载了三元龙舟文化的历史与现状。

3月17日，将乐县文广局、县教育局主办，县文化馆、县教师进修学校承办"我是南词小传人"将乐南词进校园系列活动骨干教师培训班，来自全县中、小学职业中专及幼儿园的专职音乐教师参加了培训。同时还在全县各中学、小学、幼儿园组织实施南词传承的普及教学和重点节目的编排工作。活动以全县幼儿、小学、中学3个组别13个南词节目的展演决赛并作汇报演出。经过教学、比赛和演出，不仅集体学习将乐南词、小调蔚然成风，还涌现出一批南词曲艺新苗，取得了可喜的成果。

4月18—22日，永安市青水畲族乡举办第三届"三月三畲族文化节"。通过精心组织的系列活动，突出展示了当地丰富多彩的非物质文化遗产。其中，国家级非物质文化遗产项目——永安大腔戏在大腔戏剧院演出《白兔记》《双鞭记》20场次，福建省级非物质文化遗产项目永安大腔傀儡戏演出《加冠晋禄》《海游记》《罗帕记》和传统折子戏26场次，观众共达9000多人次；三明市级非物质文化遗产项目打黑狮也有不俗表现，观众把演出场所围得水泄不通。

青水"三月三畲族文化节"是青水畲族乡最大规模的文化活动，自2016年起已在青水集镇中心连续举办了3届，一届比一届办得精彩，一届比一届内容丰富，大型民俗文化踩街、打黑狮舞、畲乡迎龙灯、畲族婚俗、农业产业观光、"多彩青水、神秘畲寨"——畲族专题文艺演出、畲族美食展销、畲族服饰展示、传统手工技艺品展销、十里赏花和中国传统村落、中国少数民族特色村寨——沧海畲族村观光，国家级自然保护区——天宝岩和自然生态旅游、红色文化学习、省级文物保护单位福临堡、安仁桥观光、宗教祭祀仪式、闽王王审知驻军遗址群观光、灯光秀表演等特色项目不一而足，吸引了众多海内外观光客。

4月14—16日，国家印刷博物馆调研组来宁化调研福建省非遗项目木活字印刷术。18、19日，福建省政协来宁化调研福建省非遗项目雕版印刷术保护与传承工作。

4月，梅列区非遗项目"宫廷金银器"代表性传承人林祥康应邀参加第十二届中国海峡工艺品博览会，其银器作品《日月同辉》《鎏金香炉》分别在展览的评选中获得金奖和银奖。

4月26日，明溪闽王龙凤宝剑"赵云剑"被福建省艺术馆非物质文化遗产博览苑收藏。

5月，三明市组织龙船队赴上海参加"斐讯杯"2017年中国龙舟公开赛（上海·普陀站）暨第十四届上海苏州河城市龙舟国际邀请赛。三明龙舟健儿高唱传统"龙船歌"，搏击苏州河。

5月，梅列区文化馆开展"迎六一·非遗进校园"活动，陈大中心小学百余名小学生参观了展板。通过非遗宣传展板的展示与解说，提高学生对非物质文化遗产的兴趣，做非遗保护的未来者。

5月，梅列区文化馆通过调查摸底和申报，经区政府批准，公布了首批区级非物质文化遗产项目名录及首批区级非物质文化遗产项目代表性传承人名录。

5月1日，明溪县选送的"闽王牌"天王剑获第十二届中国（莆田）海峡工艺品博览会金奖，"闽王牌"银凤剑获同期博览会铜奖，"闽王牌"凸花剑获第九届福建省工艺美术精品"争艳杯"银奖，"闽王牌"黄龙镇宅宝剑获优秀奖，"闽王牌"十二生肖守岁剑与"闽王牌"如意剑分别获优秀奖。

5月24日，明溪县政府公布第一批县级非遗项目代表性传承人，有：明溪御帘明朝宫廷打击乐——十二换代表性传承人张正根、明溪"闽王牌"宝剑制作工艺代表性传承人赖庆发、明溪客秋包制作技艺代表性传承人陈清平、明溪微雕技艺代表性传承人毛祚胜。

5月30日，三元传统《龙船歌》响彻沙溪河两岸，三明所有龙船队麇集沙溪，举行年度龙舟赛，数万市民沿河岸观看比赛，为参赛者奋力击浪的拚搏精神和高超技艺喝彩。

6月，福建省文化厅与三明市政府以"加强文化遗产保护，振兴传统工艺"为主题，联合举办了"三明非遗进坊巷"系列活动。三明市艺术馆精心筹备承办的"三明非遗走进三坊七巷"在福建省非遗博览苑拉开帷幕。福建省政协副主席陈向先，省政协办公厅主任刘宏伟，省文化厅党组书记、厅长陈秋平，省政协文史委主任陈维山，省文化厅副厅

长陈吉，省政协文史委副主任凌冰，省集邮协会会长黄建计，省新闻出版广电局副局长蒋达德，三明市政府副市长张丽娟等领导与嘉宾出席开幕仪式。

6月9日，三元区举办端午节龙船文化系列活动，系列活动包括新龙船下水、点睛、祭礼、唱龙船歌、竞渡和汉服旗袍展示等。

6月10日，三明市举办第十二个"文化和自然遗产日"系列宣传活动。"邯郸、泉州、三明"三地非遗展演启动仪式在三明万达广场隆重举行，市艺术馆组织人员前去观摩学习。此次活动有邯郸市的永年吹歌——传统曲牌吹奏、泉州拍胸舞、客家擂茶等来自邯郸、泉州、三明三地非遗项目展演。此次展演不仅是一次文化交流盛宴，还是推动非物质文化遗产"走出去、请进来""海丝"精神的体现。

6月10日，泰宁县在状元文化广场举办庆祝"文化和自然遗产日"泰宁县非遗展演朱口专场，集中展示展演了泰宁县朱口镇的非物质文化遗产项目，引发观众的广泛兴趣。福建省非遗博览苑泰宁县分苑项目建设前期工作和设计大纲基本完成。

6月13日下午，由清流县文体广电出版局、县文化馆、县博物馆联合举办"非遗""扫黄打非"走进清流县实验中学。当日的展演节目有河北邯郸市的非遗项目冀南皮影戏、馆陶木偶戏和传统曲牌吹奏，百余名学生兴致勃勃观看了非遗项目展演。表演馆陶木偶戏的老师们不仅现场表演了非遗项目，还近距离地指导学生如何操作木偶，现场气氛十分活跃。此次活动丰富了学生的校园生活，也进一步弘扬了中国传统文化，让非物质文化得以代代相传。

6月13日晚，三明市第二个"文化和自然遗产日"系列宣传活动——"邯郸 泉州 三明"三地非遗展演走进清流，在清流县影剧院隆重举行。本次展演由三明市文化广电新闻出版局、邯郸市新闻文化广电出版局主办、三明市非物质文化遗产保护中心、邯郸市非物质文化遗产保护中心、清流县文体广电出版局承办，清流县文化馆协办。精彩的非遗项目表演博得了广大观众的阵阵赞叹。

7月13日，由南平市文化艺术馆、三明市艺术馆共同主办"闽西北记忆——南平三明非物质文化遗产摄影作品联展"在三明市艺术馆展厅开幕。本次展览共展出120件（组）摄影作品，其中南平市非物质文化遗产摄影作品80

件，三明市非物质文化遗产摄影作品40件。摄影师们用光影技术，借用镜头下的语言，表达两地人民对非物质文化遗产的珍视与热爱，对古代劳动人民智慧结晶的保护与传承。本次的两地交流联展，更好地促进了非物质文化遗产的传承，并通过非遗回归生活，让更多的人了解非遗文化。

7月18日，三明市列东中学社会实践小组开展非遗调研，了解我市非遗概况。实践小组首先来到市艺术馆，与非遗保护中心的工作人员进行座谈，了解非遗相关知识。座谈会后，实践小组先后参观了"闽西北记忆"——南平三明非物质文化遗产摄影联展和市非遗博览苑，通过一幅幅摄影作品以及博览苑的图文介绍、项目实物直观地了解我市的非物质文化遗产。之后，实践小组又到三元区非遗保护中心，向三明龙船歌传承人林正棠学习龙船调。此次调研活动作为非遗进校园活动的进一步延伸，是三明市非遗进校园活动一个新的非遗传承保护方式，通过一系列的观摩学习，同学们纷纷表示受益匪浅，为他们的暑期调研活动提供了丰富的素材。

9月27日，三明市派出团队赴河北省邯郸市参加第十二届中原民间艺术节。艺术节以"艺术的盛会·非遗的节日"为主题，邀请全国各地具有鲜明地方特色的国家级非物质文化遗产项目、民间技艺绝活及具有浓厚地域风情的文艺节目汇聚邯郸演出。三明市由市艺术馆组成特色艺术小分队，带着沙县肩膀戏折子戏、提线木偶和连笔空心字绝活等节目参加交流，得到各地观众的普遍好评。

10月12日，由清流县纪委选送的民俗舞蹈表演《五经魁》，参加三明市纪检监察系统"喜迎十九大——不忘初心继续前进"文艺晚会演出，这个节目生动体现了正义与邪恶之间的对决，博得满堂彩。活动将清流县省级非物质文化遗产——五经魁搬上舞台，与现实生活相结合，通过开发实现古为今用，是清流非遗文化工作的一种新探索。

10月15日，宁化县第二十三届世界客属石壁祖地祭祖大典客家风情文艺演出在体育馆举行。

10月，三元区文化馆在重阳节举办中村大焙坑"跳火海"等客家文化展示活动。

11月6日，明溪县选送的"闽王牌"牡丹剑、"闽王牌"青龙剑获第十届海峡两岸（厦门）文化产业博览会铜奖。11月6——9日，明溪宝剑锻造系列参加海峡两岸（三明）林业博览会展出。

同年，"荣兴牌"肉脯干参加福建省旅游局组织的百佳旅游商品评选活动中，被评为"福建好礼"百佳旅游商品。生产企业明溪荣兴食品有限公司参加福建省商标局组织的"十月实施商标战略"活动中，被评为"龙头企业"。

11月，明溪县肖家山铜瓷工艺代表性传承人王艳青的作品《青春豆》获首届世界遗产金狮奖·综合类银奖。

11月3—6日，将乐县4位非遗传承人的作品在第十届海峡文博会海峡工艺优秀作品奖评选中获奖，分别是：陈振云《孔雀东南飞》获金奖，刘仰根的《西山玉扣纸》、张旺金的《群英会》和陈盛林的《桃寿春晖》获铜奖。

12月，将乐南词传承人刘怀中创作的作品将乐南词《程门立雪》，获第二届福建省曲艺"丹桂奖"大赛南曲业余组节目奖三等奖，作者获文学奖。

12月，梅列区非遗项目"宫廷金银器"受邀参加海上丝绸之路非物质文化遗产大展。

12月，三明电视台摄制并播放了"三元年俗"专辑共6集，包括三元区域民间送灶神、扫厝、奉年节、春联春旗、糍粑、米粿制作等民俗纪实。

为弘扬优秀传统文化，推动当地戏剧传承和发展，丰富群众节日文化生活，满足广大人民群众精神文化需求，大田县每年9月均举办民间戏曲展演活动，目前已成功举办8届。展演活动持续近20天，广大市民每晚可免费欣赏木偶剧、高甲戏、汉剧、越剧等十余部场经典戏曲，让广大戏迷朋友们过足一把"戏曲瘾"，为民间剧团提供展示空间和交流平台，得到了群众的热烈欢迎。

每年正月二十，大田太华镇汤泉迎花灯节，纪念五代时战死沙县清源洞的太保公，以祈来年风调雨顺、五谷丰登。每值此时，在外工作、经商的乡人，都会返回乡里与家人团聚，乡人也会呼朋唤友，摆下酒席为他们接风洗尘。祠堂里彩灯高悬，在鞭炮声中焚香祭祖，共迎花灯节。

自2016年起，大田县均在春节期间组织"狮王争霸赛"，目前已成功举办两届，让来自各乡镇的十余支舞狮队同堂竞技，争夺"狮王"称号，让群众一饱眼福。大田又在舞狮内容和形式运用上进行创新，尝试在"狮形、服饰、礼仪"等内容加以改进，使舞狮这一传统民俗文化增添了更多时尚和科技元素增添了不少艺术性、观赏性和趣味性。

每年农历十月二十三是大田县屏山乡美阳村"护国侯王"的诞辰,是美阳村一年一度的传统庙会。大家通过舞狮、唱戏、几十口肥猪大比拼等丰富多彩的活动来庆丰收,祈福来年有好收成,逐渐演变为独具地方特色的"节"。活动当天,村民们在祠堂内外摆上品种丰富的供品,敬天谢地,并将自家养的大肥猪宰杀干净,抬到村里的祠堂前,由村里德高望重的老者称重,评选出"猪王"。赛猪活动热闹非凡,吸引了众多村民与外地游客前来观赏。

2018年 ▶

1月6日,三明市艺术馆、市客家文化艺术中心共同主办的"向经典致敬"古琴音乐会在市艺术馆三楼演艺厅举行。三明市古琴艺术团团长罗金华与弟子们分别弹奏了《平沙落雁》《醉渔唱晚》《神人畅》《茉莉花》等十余首名曲。应邀莅会的著名古琴演奏家卫祖光,即兴为大家演奏了古琴名曲《流水》,并与到场的古琴爱好者展开热烈互动,畅谈他对三明古琴艺术的传承与普及的深刻印象。

在弘扬传统之中叠加创意,彰显古琴文化的魅力是这场音乐会的特色。主办方精心编排琴曲,在古琴演奏中融入吉他、洞箫、馨铃等乐器伴奏,推出中西乐合奏形式。其间还穿插了茶艺、太极、剑术、民间舞蹈等表演,充分表达了青年古琴爱好者对中华传统文化在传承中创新的意向。

1月15日,三明市非物质文化遗产保护中心公示"全国非物质文化遗产保护工作先进集体和先进个人"推荐名单,同时公布了拟推荐的先进集体和先进个人的先进事迹。

根据文化部《关于评选全国非物质文化遗产保护工作先进集体和先进个人的通知》(文非遗函〔2017〕1204号)文件精神,市非保中心严格按照评选条件,经民主择优推荐,领导班子集体研究,拟推荐永安市槐南镇新农村建设服务中心为参选先进集体、推荐木活字印刷术(宁化)代表性传承人邱恒勇为参选先进个人。公示期自公布之日起至2018年1月19日止。

1月,明溪县总工会授予宝剑锻造技艺(明溪)传承人赖庆发同志为2017年度明溪县"金牌工匠"荣誉称号。

1月26日,三明市非物质文化遗产保护中心主办,涵德福建智心馆服务中心承办的三明市首届《向·自由——让心灵去旅行》梵呗颂钵音乐会在三明市艺术馆三楼演艺厅举行。

梵呗颂钵是国家级第二批非物质文化遗产保护项目。"心理咨询师协会音乐治疗专委会"副主任委员常成老师在音乐会上表演了金刚萨埵百字明、莲花生大师心咒、药师佛心咒、藏传大悲咒、山秘境、律动的光、生命之河、智慧之树、心轮之歌、六字大明咒、嘎亚垂·曼陀罗、米拉日巴礼赞文、传递大爱、感恩祝福等节目,让群众聆听到传唱千百年的古老旋律和独特的西藏圣咏"狮子吼"金刚念诵咒语,体验一场与众不同、不可思议的听觉盛宴。

2月1日,三明市非物质文化遗产保护中心发出"关于推荐申报第五批市级非物质文化遗产代表性项目有关事项"的通知。

2月3日,三明市艺术馆、三明市书协主办的"三明市首届刻字艺术展"在三明市艺术馆展厅开幕,福建省书法家协会刻字艺术委员会为这次展出的指导单位。

展览展出了全市刻字艺术家、爱好者111幅作品,代表了三明刻字艺术的整体风貌。三明刻字艺术历史悠久,古汀州四堡曾是明清时期四大雕版印刷基地之一,清流县长校镇即在此地域。2003年,福建省首个刻字艺术创作基地在清流县长校镇灵台山落户,此后福建省第三、第六届刻字艺术展、省第三期刻字艺术讲习班、国展创作辅导班及136人参加的海峡两岸刻字艺术讲习班先后在灵台山举办。中国书法家协会刻字委员会编印的《中国刻字艺术20年》(1991—2011)一书中有关三明的记载达20余处。书法报、书法导报、东南电视台、海峡卫视、福建日报、三明日报、时代三明等媒体也从不同角度对三明刻字艺术进行了专题报道。

2月,经福建省文化厅专家评审、社会公示、评审委员会审议等程序,确定了福建省第四批非物质文化遗产代表性项目代表性传承人名单。三明市李寄斩蛇传说传承人程勇、泰宁上青古乐传承人黎基求、杂剧作场戏(永安)传承人黄发杯、杂剧作场戏(大田)传承人廖国衡、将乐大南坑陶瓷烧制技艺传承人陈振云、木活字印刷术(宁化)传承人邱恒勇、宝剑锻造技艺(明溪)传承人赖庆发、将乐擂茶制作工艺传承人谢武秀8位传承人上榜。至此,三明已有国家级非物质文化遗产项目5项,省级非物质文化遗产项目39项,市级非遗项目81项;有国家级非遗传承人3人,省级非遗传承人29人,市级非遗传承人52人。

2月4—7日，"福建杂剧作场戏学术考察活动"在大田县文江镇朱坂村举行。来自文化部、中国艺术研究院和江西、四川、台湾等地戏曲专家及韩国学者共31名参加考察活动。专家们赴朱坂村实地考察了杂剧作场戏所在地环境，观看了杂剧作场戏演出，并和传承人、村民进行了座谈，对杂剧作场戏作了高度评价。

2月22—24日，"福建杂剧作场戏学术考察活动"在永安市槐南镇槐南村展开，并在槐南张大阔公文化广场举行了隆重的开幕式。

此次学术考察活动，由福建省艺术研究院、永安市政府、大田县政府共同主办，槐南镇人民政府、大田县文化馆承办。来自文化部、中国艺术研究院、福建省艺术研究院、四川省艺术研究所、江西省艺术研究院和福建、台湾、韩国等地部分高校的专家学者参加了考察活动。各位专家学者在观看杂剧作场表演后，一致表明：杂剧作场戏是田野调查的重大发现。它既有诸多古杂剧因素的遗存，又有浓厚的地域文化特征和民间色彩，是我国早期戏曲流传与地域宗族、宗教、人文以及传统社会多种力量共同作用的结果，有着深沉丰厚的历史积淀和古老独特的艺术形态。其剧本文学，对于研究福建乃至我国早期戏曲，具有珍贵的文化艺术价值和不可多得的参鉴意义。文化部的几位戏剧专家就此提出了宝贵的指导意见，中国艺术研究院戏曲所所长、研究员王馗教授在槐南作场戏的传承方式上提出：唐代的音乐，宋代的华林戏，戏剧形态的文化样式，形成一个传统，民间自然传承。而作场戏文化就属于一个普通人的传承，普通的社区群体的传承。韩国汉阳大学教授吴秀卿提出：因为中韩之间历史上的文化交流，韩国现在也还有用"作场""科"这样的名称。槐南作场戏这个艺术形式，内涵非常丰富，它的文化遗产价值非常重要，可以作为研究中韩戏剧文化的参照。最早发现这一珍贵的杂剧遗存形态并进行了深入研究，发表了一系列重要研究成果的福建省艺术研究院研究员叶明生也表态，将继续对作场戏的剧目文本、表演形式、音乐唱腔、传承体制、科仪操演以及区域社会结构、宗族祭祀、非遗保护等进行全方位的深入研究。

2月23日，宝剑锻造技艺（明溪）传承人赖庆发和合作者张国明发明的"具有剑术锻炼效果检测功能的宝剑"专利，获得国家"实用新型专利"。

2月24日，三明市三元区岩前镇党委政府、三元区文体广电出版局、三元区旅游局、三元区民宗局联合举办了"忠山十八寨民俗文化旅游节"。活动现场锣鼓喧天，鞭炮齐鸣，民俗表演、古寨寻宝、急脚尊王祭祀及回宫、红色体验、图片展、百桌宴等民俗文体活动，让到场的八方宾客充分领略了千年古寨魅力四射的民俗文化和红色历史底蕴。

3月1日，建宁县举办"贺新春"民俗展演活动。均口龙头宜黄戏、黄埠木偶戏、里心采茶舞、溪源傩舞、溪口舞龙、濉溪龟蚌舞、黄坊板凳龙、伊家客家婚俗等非遗精彩节目参加了演出。

3月2日晚，沙县在县体育公园和城区主街道举行第三届民俗展演踩街活动。

3月8日，明溪饶公信俗、明溪盖洋板凳龙、明溪肖家山锡瓷工艺、明溪洪家山土法造纸、明溪御帘古村大腔戏等5个非遗项目入选明溪县第二批县级非物质文化遗产保护名录。

3月15日，清流县组织申报县级第5批非物质文化遗产10个项目。

3月20日，梅列区非物质文化遗产保护中心成立。办公地点设梅列区文化馆，与梅列区文化馆合署办公，将致力于推进非物质文化遗产保护工作。

3月28日，建宁县宜黄戏走进学校，演员和学生们一起互动，取得了很好的效果，加深了孩子们对非遗的了解。

4月27日—5月2日，明溪非遗产品宝剑参加第十三届海峡两岸（莆田）艺博会展览、展销活动。赖志强创作的《青釭剑》在该届博览会优秀作品评比中获银奖。

4月28日—5月2日，将乐县非物质文化遗产项目竹纸制作技艺、大南坑陶瓷烧制技艺参加在莆田市举办的第十二届海峡工艺博览会。

5月，将乐竹纸制作技艺被文化和旅游部、工业和信息化部联合发布的第一批国家传统工艺振兴目录列为文房制作类保护项目。

5月，竹纸制作技艺传承人刘仰根被认定为第五批国家级非遗代表性项目传承人。

5月5日，大田县"闽中戏曲文化园"开园。文化园建筑面积7700平方米，建有地域文化展示区、地方戏曲体验区、文创企业集中展示区、文创产品销售区、创作交易区等5个功能区。

闽中戏曲文化园是集地域文化展示、非物质文化遗产保护、戏曲歌舞文艺表演、剧目创作交易、电子商务等功能一体化的文化旅游集聚区。入驻的文创企业不仅有戏曲体验馆、茶道馆、银元馆等展馆，还引入了旗袍、苏绣、根雕、奇石、琴艺等古色古香的传统产业，同时也引入了手绘、创意书吧、VR体验等新兴文化产业，实现了文化产业的多元发展，满足了周边区域服务业、商业等需求。

5月，由大田县文化馆举办的大田县"首届非遗手工技艺大赛作品展"在闽中戏曲文化园展出。本次大赛，共征集了67件来自各乡镇的非遗手工作品。

5月11日，宝剑锻造技艺（明溪）传承人赖庆发和合作者赖志强发明的"宝剑展示架"获得国家"实用新型专利"。同月25日，赖志强、叶玉莲、张国明发明的"可防止醉酒舞剑的宝剑"获得国家"实用新型"专利。

5月19—28日，将乐非遗项目将乐南词市级代表性传承人黄雪芳携将乐实验小学青年教师赴台湾参加"第八届海峡两岸曲艺欢乐汇"交流演出，表演了将乐南词传统曲目《天官赐福》。

5月25日，三明市举行第五批非物质文化遗产代表性项目申报评审会。全市11位专家、评委分传统技艺组、民俗组、杂项组（民间文学、传统音乐、传统舞蹈、传统戏剧、曲艺、传统体育游艺与杂技、传统医药）3组进行评审。评委们根据《三明市非物质文化遗产代表性项目评审标准》，认真审查各项目的申报资料、观看项目申报片，评审论证项目及项目保护单位，提出评审意见并进行投票。经过专家组的评选和监审组确认，共有65个项目符合市级非物质文化遗产代表性项目标准，准予申报。

5月26日，清流县文化馆"非遗项目进校园系列活动"启动。省级项目"十番锣鼓"等走进城关中学，传承弘扬传统文化。

5月29日，三明市文化广电新闻出版局官网根据市非遗项目评审会评审结果，公示了三明市第五批市级非物质文化遗产代表性项目推荐名单（共65项），公示结束无异议后，将报市政府审核、命名公布。本批次非遗项目是各县（市、区）根据三明市文化广电新闻出版局《关于推荐申报第五批市级非物质文化遗产代表性项目有关事项的通知》的要求，积极组织开展申报的，申报的项目及门类（70个）为历年来最多，其中"传统医药"和"传统体育游艺与杂技"作为新的门类参与了申报，进一步健全了三明非遗名录体系，体现了非遗的挖掘与保护已经引起各地的普遍重视。

5月30日，梅列区文化馆在陈大中心小学开展"迎六一·非遗进校园"活动。重点推出新制非遗展板进行宣传展示，从而提高学生对非物质文化遗产的认知，激发了兴趣。

5月31日，明溪县第十三个"文化和自然遗产日"系列宣传活动之非遗进校园，在明溪县城关中心小学隆重举行。活动以"多彩非遗，美好生活"为主题，举办了明溪县非遗知识公开课、明溪非遗代表性项目传统技艺展示和互动、明溪非遗代表性项目简介和精品展、福建省非遗项目成果图片展等多项活动，近千名学生参加了这次活动。通过传承人与学生现场制作、非遗互动表演、展示、课堂授课等方式，学生们近距离接触非遗传统工艺，大大增强了青少年保护文化遗产的意识。

6月3日，将乐南词说唱《西门豹》获第三届福建省曲艺"丹桂奖"少儿大赛儿童组二等奖、《李寄斩蛇》获少年组入围奖。

6月7日，梅列区文化馆举办的非物质文化遗产展览走进森林武警三明大队。展览通过文字、图片结合的方式，让武警官兵们真切地感受到传统文化的珍贵，受到官兵们的热情欢迎。

6月8—9日，沙县文化馆和县非物质文化遗产保护中心选送的新版越剧《梁祝》选段《回十八》，参加"三明晋江两地非遗戏曲进校园成果交流展演"，获得好评。

6月8—9日，在将乐县擂茶文化广场举办"庆祝改革开放40周年·新时代、新生活、新传承——文化和自然遗产日"活动。

6月8—29日，明溪宝剑锻造技艺非遗产品参加福建省文化厅举办的第二届福建非遗传统工艺精品展示、展览活动。

6月9日，泰宁县在福州三坊七巷成功举办了全省首个县级非遗进坊巷——"泰宁乡村非遗进坊巷"活动。泰宁县文化馆组织近150名非遗传承人、23个项目、500余件展品赴榕参加展演。活动分踩街表演、手工技术展示、传统小吃制作、舞台表演4大板块，让广大观众多方位了解泰宁非遗文化。活动受到省艺术馆及县主要领导的肯定和省市县各级领导的一致认可。整场活动由福建电视台、东南卫视等十余家电视台及人民网、新华网、东南网等多家媒体宣传报道。

6月9日，将乐县非遗项目将乐擂茶、大南坑陶瓷参加三明市第十三个"文化和自然遗产日"系列宣传活动。

6月9日，清流县文化馆在"文化与自然遗产日"举办非遗宣传展示活动。

6月9—29日，将乐县非遗项目将乐大南坑陶瓷烧制技艺、将乐民间龙池古砚制作技艺，赴福州参加第二届福建非遗传统工艺精品大展。

6月10日，尤溪县文化参访团走进台湾，参加在台湾新竹县举办的第二届"华人朱子文化节暨新竹朱子学堂纪念朱熹诞辰888周年朱子文化系列活动"。6月13日，作为这次文化活动的重头戏，尤溪县带去的大型歌舞情景剧——《朱子礼乐·儒风雅韵》在台湾新竹县演艺厅连演3场，将活动推向高潮。

整场情景剧分"序幕""童蒙开笔""成人冠笄""成婚喜礼""相和之歌"5个篇章，向台湾同胞全面展现了朱子家礼中"通礼""开笔礼""成人礼""成婚礼"等习俗礼仪，受到台湾同胞的热烈欢迎。台湾新竹县与尤溪县有关领导、朱子文化研究会会长、台湾海峡两岸朱子文化交流促进会理事长同3000多名观众一同观看了演出。

6月11日，建宁县举办"文化遗产日"宣传活动。活动开展了包粽子、打糯糍、包香包、编中国结等活动，并展出宣传展板50多片，发放宣传单和宣传册、纪念品1500多份，取得了良好的宣传效果。

6月16日，建宁黄埠木偶戏进行广场演出。推出了3个黄埠木偶戏传统节目和2个新编创节目，吸引了300多名群众观看，得到了一致好评。

6月18—20日，第九届海峡论坛"朱子风·两岸情"文化交流活动在尤溪县举行。尤溪县文化部门为此推出了"朱子礼乐·儒风雅韵"大型歌舞情景剧，该场演出由"序幕""童蒙开笔""成人冠笄""成婚喜礼""祭祀吉礼""相和之歌"等6个篇章组成，集中展示了朱子文化圣地、礼乐之乡的民俗风情。

7月12日，三明市政府公布了三明郭居敬"二十四孝"、泰宁山歌等65个项目入选三明市第五批非物质文化遗产代表性项目名录。至此，三明已有国家级非物质文化遗产项目5项，省级非物质文化遗产项目39项，市级非遗项目146

项；有国家级非遗传承人4人，省级非遗传承人29人，市级非遗传承人52人。

7月21日，清流县经精心组织，在长校镇举行"非物质文化遗产风采展"暨第二届"长校水果采摘节"。

7月，沙县文化馆剪纸班到三明参加非遗活动。

7月，梅列区为有效保护非物质文化遗产，通过普查、专家评审论证等程序，公布了谢佑信俗文化、碧溪烛桥龙、大源花灯3个项目为梅列区第二批非物质文化遗产名录。

8月，将乐县非遗项目竹纸制作技艺、大南坑陶瓷烧制技艺、将乐民间龙池古砚制作技艺，参加首届三明市非遗传统工艺精品展。

9月15日，建宁县黄埠桂阳举办庙会，舞龙、黄埠花灯、木偶戏等民俗节目在庙会中大显身手，万余观众喝彩声不断，整场庙会充满了浓郁的民俗氛围。

9月26日，清流县开展非物质文化遗产《清流记忆》专题片座谈研讨会。

10月，清流县文化馆举办《客家三角戏》走进幼儿园活动，引导下一代认识非遗。

10月15日，泰宁非遗文创产品采购项目通过专家评审、评分，以政府采购——竞争性磋商方式，在三明华建招标代理有限公司公开招标，最终确定福建锄禾教育投资发展有限公司为中标单位。目前，已完成30个项目184个品种的设计研发工作。

10月16日，将乐县非物质文化遗产项目竹纸制作技艺福建省玉竹金纸文化发展有限公司入选福建省首批非遗代表性项目生产性保护传承重点单位。

10月20日，建宁县举办了"优秀传统文化莲乡行——走进黄埠"活动。活动包括黄埠木偶戏、龙头宜黄戏、黄埠花灯、里心花灯、溪源傩舞、黄坊板凳龙等10几个民俗节目的表演，万余名群众参加并观看了表演。

10月22—24日，尤溪县举办纪念朱熹诞辰888周年"朱子故里品秋韵"古琴音乐会。本次活动由尤溪县联合三明市社科联、中国朱子学会、中华朱子学会、中国音乐史学会、台湾海峡两岸朱子文化交流促进会共同举办，国内外著名朱子学和古琴专家学者、金门燕南书院代表、海峡两岸朱氏乡亲和书法家、画家、摄影家等社会各界代表汇聚一堂，合力传承和弘扬朱子文化。

音乐会以潘贤杰的《春江花月夜》拉开序幕，随后多名古琴专家携同演奏人员，为在场的观众献上了一场视听盛宴。整场演出历时2小时，现场座无虚席，掌声不断。据史料记载，朱熹是史上古琴大师之一，对琴律、琴论有着极深的研究，谱有《碧涧流泉》《月坡》《水清吟》等琴曲。他不仅在理学、思想、教育方面造就了尤溪崇文重教的传统，而且以他深刻的艺术造诣影响着后人，营造了尤溪县域"户有诵，家有弦"的古琴传习氛围。

10月30日，"福建（泰宁）乡村非遗博览苑"项目开标，厦门翰林苑建设工程有限公司中标。目前已完成展陈大纲编写和方案的深化设计以及施工方案的制作。

11月1—5日，明溪宝剑锻造技艺系列产品参加第十一届海峡两岸（厦门）文博会展览、展销活动。赖正根作品"'闽王'双龙双凤宝剑"获"海峡工艺精品奖"金奖；孙炳祥作品《黑木香扇》获银奖。

11月2—5日，将乐县非物质文化遗产项目竹纸制作技艺、大南坑陶瓷烧制技艺、将乐民间龙池古砚制作技艺、将乐擂茶制作工艺，参加了第十一届海峡两岸（厦门）文化产业博览交易会，其中大南坑陶瓷烧制技艺项目作品《龙凤呈祥套组香薰》获得本届博览交易会"海峡工艺精品奖"评比银奖。

11月6—10日，明溪宝剑锻造技艺系列产品参加第十四届海峡两岸（三明）林业博览会展示、展销活动。

11月，推荐沙县肩膀戏、沙县红边茶制作技艺、沙县罗岩太保信俗3个项目参加福建省非物质文化遗产保护专项资金申请。

11月11日，将乐县举办"杨时故里情——纪念杨时诞辰965周年文艺晚会"。

11月20日，将乐县非遗项目作品龙池砚、大南坑陶瓷获第七届福建艺术节——福建优秀民间艺术作品优秀奖。

11月26日至12月26日，明溪宝剑锻造技艺系列产品参加福建省文化厅举办的第七届福建艺术节福建优秀民间艺术作品展示、展览活动。

11月28日，由三明市艺术馆选送、将乐县文化馆演出的将乐南词说唱《程门立雪》，获"第七届福建艺术节全省群众曲艺会演"三等奖，并被选送参加30日晚上的"百姓大舞台"惠民演出。这次会演由福建省文化和旅游厅主办，福建省艺术馆、各设区市文化广电新闻出版局、平潭综合实验区社会事业局承办。

12月12日，三明市组织申报的"福建省玉竹金纸文化发展有限公司"、泰宁大源傩舞生产性保护单位"泰宁县新桥乡大源傩农家乐专业合作社"入选福建省首批（25家）非遗代表性项目生产性保护传承重点单位名单。本次遴选是福建省文化和旅游厅组织开展的。

12月12日，将乐县举办为期一周的舞龙指导员培训班。

12月14日，清流县省级非遗项目"十番锣鼓"再进城关中学开展活动，进一步加深了青少年对重点非遗项目的印象。

12月21日，清流县城关中学音乐课开启了省级非遗项目"十番锣鼓"的教学课程，这是在更广泛范围培植新一代非遗传承人的有益尝试。

12月，将乐大南坑陶瓷烧制技艺项目参加将乐县博物馆在北京大学举办的"乐土瓷韵"福建将乐窑文物展。

2018年，三元区组织编写城东乡《台溪坂自然村简史》。

三元区积极倡导优秀传统龙舟文化活动，派代表参加三明市龙舟协会主办的"永嘉天地杯"三明市区龙舟邀请赛活动。

三元区组织并派出非遗志愿者走进校园，以《三元是块红色土地》《家规、家训》《弟子规》为主题，定期在区内18所中小学进行巡讲活动。

三元非物质文化遗产学会以"孝"为主题，协助三元区妇联主办的"倡导孝老爱亲，树立婚育新风，共建和谐社会"平安和谐家庭活动。

后 记

　　非物质文化遗产和物质文化遗产共同承载着人类社会的文明，是人类社会得以延续的文化命脉。我市非常重视非遗工作，十几年来，在经历了全市性普查、挖掘、保护、传承与申报的完整过程之后，我市的非遗工作得到了全面有效的推进。

　　本次出版的《根与魂——三明非物质文化遗产》收录记载了截至2018年12月31日前我市非遗的141个项目、52位传承人和全市非遗的重大活动，并配以相应图照，希翼实现提供较为全面的存史、资政的借鉴资料的作用。

　　本书以各县（市、区）文化馆所提供的文字资料为基础，兼采其他有关三明非遗的著述，力求让非遗项目与传承人风貌更全面、更饱满。非遗项目大多年代久远，口口相传，难免有误，本书在编撰的过程中，针对诸多项目的源流等问题，多方查找资料，并将初稿分县（市、区）电传各地，要求进行认真校对或订正，如此仍难免有疏漏之处，敬请方家不吝赐教。

编者

2019年秋

图书在版编目(CIP)数据

根与魂:三明非物质文化遗产/洪明升主编. —福州:海峡文艺出版社,2019.12(2024.3重印)
ISBN 978-7-5550-2089-9

Ⅰ.①根… Ⅱ.①洪… Ⅲ.①非物质文化遗产—介绍—三明 Ⅳ.①G127.573

中国版本图书馆 CIP 数据核字(2020)第 020808 号

根与魂

——三明非物质文化遗产

洪明升　主编

出 版 人	林　滨
责任编辑	吴昌钦
出版发行	海峡文艺出版社
经　　销	福建新华发行(集团)有限责任公司
社　　址	福州市东水路 76 号 14 层
发 行 部	0591—87536797
印　　刷	三河市兴博印务有限公司
厂　　址	河北省廊坊市三河市杨庄镇大窝头村西
开　　本	889 毫米×1194 毫米　1/16
字　　数	250 千字
印　　张	16
版　　次	2019 年 12 月第 1 版
印　　次	2024 年 3 月第 2 次印刷
书　　号	ISBN 978-7-5550-2089-9
定　　价	98.00 元

如发现印装质量问题,请寄承印厂调换